一丝一世界

老科学家学术成长资料采集工程

中国工程院院士传记丛书

1927年 出生于上海

1944年 入读东吴大学

1958年 调入上海化纤筹建办公室

1980年 上海合成纤维研究所所长兼总工程师

1995年 当选中国工程院院士

2001年 东华大学教授

老科学家学术成长资料采集工程
中国工程院院士传记丛书

一丝一世界

郁铭芳传

何雅　张燕　彭这华　戴叶萍◎著

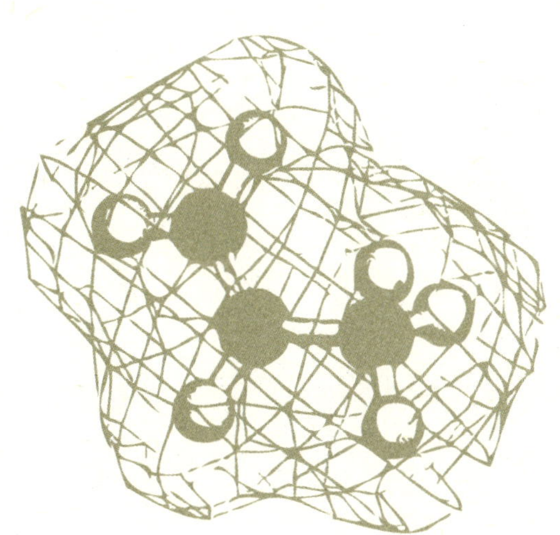

上海交通大学出版社
中国科学技术出版社

图书在版编目(CIP)数据

一丝一世界：郁铭芳传/何雅等著. —上海：上海交通大学出版社，2015(2020重印)
(老科学家学术成长资料采集工程丛书)
ISBN 978-7-313-11819-6

Ⅰ.①一… Ⅱ.①何… Ⅲ.①郁铭芳—传记 Ⅳ.①K826.16

中国版本图书馆CIP数据核字(2014)第170647号

出 版 人 韩建民 苏 青
责任编辑 张善涛 刘怡锦
责任营销 陈 鑫
版式设计 中文天地

出　　版 上海交通大学出版社 中国科学技术出版社
发　　行 上海交通大学出版社
地　　址 上海市番禺路951号
邮　　编 200030
发行电话 021-64071208
传　　真 021-64073126
网　　址 http://www.jiaodapress.com.cn

开　　本 787mm×1092mm 1/16
字　　数 219千字
印　　张 15
彩　　插 3
版　　次 2015年1月第1版
印　　次 2020年10月第3次印刷
印　　刷 上海天地海设计印刷有限公司
书　　号 ISBN 978-7-313-11819-6
定　　价 42.00元

老科学家学术成长资料采集工程
领导小组专家委员会

主　任： 杜祥琬

委　员：（以姓氏拼音为序）

巴德年　陈佳洱　胡启恒　李振声

王礼恒　王春法　张　勤

老科学家学术成长资料采集工程
丛书组织机构

特邀顾问（以姓氏拼音为序）

樊洪业　方　新　齐　让　谢克昌

编 委 会

主　编： 王春法　张　藜

编　委：（以姓氏拼音为序）

艾素珍　董庆九　胡化凯　黄竞跃　韩建民

廖育群　吕瑞花　刘晓勘　林兆谦　秦德继

任福君　苏　青　王扬宗　夏　强　杨建荣

张柏春　张大庆　张　剑　张九辰　周德进

编委会办公室

主　任： 许向阳　张利洁

副主任： 许　慧　刘佩英

成　员：（以姓氏拼音为序）

崔宇红　董亚峥　冯　勤　何素兴　韩　颖

李　梅　罗兴波　刘　洋　刘如溪　沈林芑

王晓琴　王传超　徐　捷　肖　潇　言　挺

余　君　张海新　张佳静

老科学家学术成长资料采集工程简介

老科学家学术成长资料采集工程（以下简称“采集工程”）是根据国务院领导同志的指示精神，由国家科教领导小组于2010年正式启动，中国科协牵头，联合中组部、教育部、科技部、工信部、财政部、文化部、国资委、解放军总政治部、中国科学院、中国工程院、国家自然科学基金委员会等11部委共同实施的一项抢救性工程，旨在通过实物采集、口述访谈、录音录像等方法，把反映老科学家学术成长历程的关键事件、重要节点、师承关系等各方面的资料保存下来，为深入研究科技人才成长规律，宣传优秀科技人物提供第一手资料和原始素材。按照国务院批准的《老科学家学术成长资料采集工程实施方案》，采集工程一期拟完成300位老科学家学术成长资料的采集工作。

采集工程是一项开创性工作。为确保采集工作规范科学，启动之初即成立了由中国科协主要领导任组长、12个部委分管领导任成员的领导小组，负责采集工程的宏观指导和重要政策措施制定，同时成立领导小组专家委员会负责采集原则确定、采集名单审定和学术咨询，委托中国科学技术史学会承担具体组织和业务指导工作，建立专门的馆藏基地确保采集资料的永久性收藏和提供使用，并研究制定了《采集工作流程》、《采集工作规范》等一系列基础文件，作为采集人员的工作指南。截至2014年底，已启动304 位老科学家的学术成长资料采集工作，获得手稿、书信等实物原件资料 52 093 件，数字化资料 137 471 件，视频资料 183 878 分钟，音频资料 224 828 分钟，具有重要的史料价值。

采集工程的成果目前主要有三种体现形式，一是建设一套系统的“老科学家学术成长资料数据库”（本丛书简称“采集工程数据库”），提供学术研究和弘扬科学精神、宣传科学家之用；二是编辑制作科学家专题资料片系列，以视频形式播出；三是研究撰写客观反映老科学家学术成长经历的研究报告，以学术传记的形式，与中国科学院、中国工程院联合出版。随着采集工程的不断拓展和深入，将有更多形式的采集成果问世，为社会公众了解老科学家的感人事迹，探索科技人才成长规律，研究中国科技事业的发展历程提供客观翔实的史料支撑。

总序一

中国科学技术协会主席　韩启德

老科学家是共和国建设的重要参与者，也是新中国科技发展历史的亲历者和见证者，他们的学术成长历程生动反映了近现代中国科技事业与科技教育的进展，本身就是新中国科技发展历史的重要组成部分。针对近年来老科学家相继辞世、学术成长资料大量散失的突出问题，中国科协于2009年向国务院提出抢救老科学家学术成长资料的建议，受到国务院领导同志的高度重视和充分肯定，并明确责成中国科协牵头，联合相关部门共同组织实施。根据国务院批复的《老科学家学术成长资料采集工程实施方案》，中国科协联合中组部、教育部、科技部、工业和信息化部、财政部、文化部、国资委、解放军总政治部、中国科学院、中国工程院、国家自然科学基金委员会等11部委共同组成领导小组，从2010年开始组织实施老科学家学术成长资料采集工程。

老科学家学术成长资料采集是一项系统工程，通过文献与口述资料的搜集和整理、录音录像、实物采集等形式，把反映老科学家求学历程、师承关系、科研活动、学术成就等学术成长中关键节点和重要事件的口述资料、实物资料和音像资料完整系统地保存下来，对于充实新中国科技发展的历史文献，理清我国科技界学术传承脉络，探索我国科技发展规律和科技人才成长规律，弘扬我国科技工作者求真务实、无私奉献的精神，在全社会营造爱科学、学科学、用科学的良好氛围，是一件很有意义的事情。采集工程把重点放在年龄在 80 岁以上、学术成长经历丰富的两院院士，以及虽然不是两院院士、但在我国科技事业发展中作出突出贡献的老科技工作者，充分体现了党和国家对老科学家的关心和爱护。

自 2010 年启动实施以来，采集工程以对历史负责、对国家负责、对科技事业负责的精神，开展了一系列工作，获得大量反映老科学家学术成长历程的文字资料、实物资料和音视频资料，其中有一些资料具有很高的史料价值和学术价值，弥足珍贵。

以传记丛书的形式把采集工程的成果展现给社会公众，是采集工程的目标之一，也是社会各界的共同期待。在我看来，这些传记丛书大都是在充分挖掘档案和书信等各种文献资料、与口述访谈相互印证校核、严密考证的基础之上形成的，内中还有许多很有价值的照片、手稿影印件等珍贵图片，基本做到了图文并茂，语言生动，既体现了历史的鲜活，又立体化地刻画了人物，较好地实现了真实性、专业性、可读性的有机统一。通过这套传记丛书，学者能够获得更加丰富扎实的文献依据，公众能够更加系统深入地了解老一辈科学家的成就、贡献、经历和品格，青少年可以更真实地了解科学家、了解科技活动，进而充分激发对科学家职业的浓厚兴趣。

借此机会，向所有接受采集的老科学家及其亲属朋友，向参与采集工程的工作人员和单位，表示衷心感谢。真诚希望这套丛书能够得到学术界的认可和读者的喜爱，希望采集工程能够得到更广泛的关注和支持。我期待并相信，随着时间的流逝，采集工程的成果将以更加丰富多样的形式呈现给社会公众，采集工程的意义也将越来越彰显于天下。

是为序。

总序二

中国科学院院长　白春礼

由国家科教领导小组直接启动，中国科学技术协会和中国科学院等 12 个部门和单位共同组织实施的老科学家学术成长资料采集工程，是国务院交办的一项重要任务，也是中国科技界的一件大事。值此采集工程传记丛书出版之际，我向采集工程的顺利实施表示热烈祝贺，向参与采集工程的老科学家和工作人员表示衷心感谢！

按照国务院批准实施的《老科学家学术成长资料采集工程实施方案》，开展这一工作的主要目的就是要通过录音录像、实物采集等多种方式，把反映老科学家学术成长历史的重要资料保存下来，丰富新中国科技发展的历史资料，推动形成新中国的学术传统，激发科技工作者的创新热情和创造活力，在全社会营造爱科学、学科学、用科学的良好氛围。通过实施采集工程，系统搜集、整理反映这些老科学家学术成长历程的关键事件、重要节点、学术传承关系等的各类文献、实物和音视频资料，并结合不同时期的社会发展和国际相关学科领域的发展背景加以梳理和研究，不仅有利于深入了解新中国科学发展的进程特别是老科学家所在学科的发展脉络，而且有利于发现老科学家成长成才中的关键人物、关键事件、关键因素，探索和把握高层次人才培养规律和创新人才成长规律，更有利于理清我国科技界学术传承脉络，深入了解我国科学传统的形成过程，在全社会范围内宣传弘扬老科学家的科学思想、卓越贡献和高尚品质，推动社会主义科学文化和创新文化建设。从这个意义上说，采集工程不仅是一项文化工程，更是一项严肃认真的学术建设工作。

中国科学院是科技事业的国家队，也是凝聚和团结广大院士的大家庭。早在1955年，中国科学院选举产生了第一批学部委员，1993年国务院决定中国科学院学部委员改称中国科学院院士。半个多世纪以来，从学部委员到院士，经历了一个艰难的制度化进程，在我国科学事业发展史上书写了浓墨重彩的一笔。在目前已接受采集的老科学家中，有很大一部分即是上个世纪80、90年代当选的中国科学院学部委员、院士，其中既有学科领域的奠基人和开拓者，也有作出过重大科学成就的著名科学家，更有毕生在专门学科领域默默耕耘的一流学者。作为声誉卓著的学术带头人，他们以发展科技、服务国家、造福人民为己任，求真务实、开拓创新，为我国经济建设、社会发展、科技进步和国家安全作出了重要贡献；作为杰出的科学教育家，他们着力培养、大力提携青年人才，在弘扬科学精神、倡树科学理念方面书写了可歌可泣的光辉篇章。他们的学术成就和成长经历既是新中国科技发展的一个缩影，也是国家和社会的宝贵财富。通过采集工程为老科学家树碑立传，不仅对老科学家们的成就和贡献是一份肯定和安慰，也使我们多年的夙愿得偿！

鲁迅说过，“跨过那站着的前人”。过去的辉煌历史是老一辈科学家铸就的，新的历史篇章需要我们来谱写。衷心希望广大科技工作者能够通过“采集工程”的这套老科学家传记丛书和院士丛书等类似著作，深入具体地了解和学习老一辈科学家学术成长历程中的感人事迹和优秀品质；继承和弘扬老一辈科学家求真务实、勇于创新的科学精神，不畏艰险、勇攀高峰的探索精神，团结协作、淡泊名利的团队精神，报效祖国、服务社会的奉献精神，在推动科技发展和创新型国家建设的广阔道路上取得更辉煌的成绩。

总序三

中国工程院院长　周　济

由中国科协联合相关部门共同组织实施的老科学家学术成长资料采集工程，是一项经国务院批准开展的弘扬老一辈科技专家崇高精神、加强科学道德建设的重要工作，也是我国科技界的共同责任。中国工程院作为采集工程领导小组的成员单位，能够直接参与此项工作，深感责任重大、意义非凡。

在新的历史时期，科学技术作为第一生产力，已经日益成为经济社会发展的主要驱动力。科技工作者作为先进生产力的开拓者和先进文化的传播者，在推动科学技术进步和科技事业发展方面发挥着关键的决定的作用。

新中国成立以来，特别是改革开放 30 多年来，我们国家的工程科技取得了伟大的历史性成就，为祖国的现代化事业作出了巨大的历史性贡献。两弹一星、三峡工程、高速铁路、载人航天、杂交水稻、载人深潜、超级计算机……一项项重大工程为社会主义事业的蓬勃发展和祖国富强书写了浓墨重彩的篇章。

这些伟大的重大工程成就，凝聚和倾注了以钱学森、朱光亚、周光召、侯祥麟、袁隆平等为代表的一代又一代科技专家们的心血和智慧。他们克服重重困难，攻克无数技术难关，潜心开展科技研究，致力推动创新发展，为实现我国工程科技水平大幅提升和国家综合实力显著增强作出了杰出贡献。他们热爱祖国，忠于人民，自觉把个人事业融入到国家建设大局之中，为实现国家富强而不断奋斗；他们求真务实，勇于创新，用科技为中华民族的伟大复兴铸就了辉煌；他们治学严谨，鞠躬尽瘁，具有崇高的科学精神和科学道德，是我们后代学习的楷模。科学家们的一生是一本珍贵的教科书，他们坚定的理想信念和淡泊名利的崇高品格是中华民族自强不息精神的宝贵财富，永远值得后人铭记和敬仰。

通过实施采集工程，把反映老科学家学术成长经历的重要文字资料、实物资料和音像资料保存下来，把他们卓越的技术成就和可贵的精神品质记录下来，并编辑出版他们的学术传记，对于进一步宣传他们为我国科技发展和民族进步作出的不朽功勋，引导青年科技工作者学习继承他们的可贵精神和优秀品质，不断攀登世界科技高峰，推动在全社会弘扬科学精神，营造爱科学、讲科学、学科学、用科学的良好氛围，无疑有着十分重要的意义。

中国工程院是我国工程科技界的最高荣誉性、咨询性学术机构，集中了一大批成就卓著、德高望重的老科技专家。以各种形式把他们的学术成长经历留存下来，为后人提供启迪，为社会提供借鉴，为共和国的科技发展留下一份珍贵资料。这是我们的愿望和责任，也是科技界和全社会的共同期待。

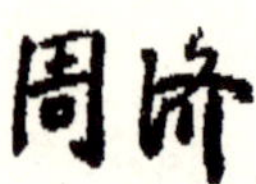

序一

2012 年 5 月，得知自己被列入中国科协牵头实施的“老科学家学术成长资料采集工程”采集对象，我深感荣幸。采集工程是一项开创性的工作，学校专门成立了由校领导领衔的采集工作领导小组，并组织何雅、张燕、彭这华、戴叶萍四位同志成立工作小组，具体负责采集工作。其实，我始终觉得自己不是一个科学家，仅是一个普通科技工作者。学校如此重视此项工作，我深为感动。因此，当工作小组的同志们找我讨论学术成长经历、学术成果、访谈提纲，搜寻照片与资料，进行视频访谈时，我尽量配合他们，觉得这是我应该做的工作。

我自认为自己的一生非常幸福。20 世纪民国时期，我出生在一个幸福和睦的家庭，有着愉快的童年。作为家中的长子长孙，我从小就深得祖辈、父辈的宠爱，他们带我出席各种场合，开阔了我的眼界。20 岁时，叔父们还带我游历了台湾，至今我还印象深刻。父母向来开明民主，升大学时，让我自主选择填报自己喜欢的化学专业。这为我日后从事化纤研究打下了专业基础。

20 世纪 50 年代中期，党和国家对知识分子政策开始调整。1956 年 1 月，中央召开了全国知识分子问题会议，指出知识分子“已经是工人阶级的一部分”，阐述了如何最大限度地发挥知识分子作用的政策和措施。随后，上海市委相应地出台了《上海市 1956—1957 年知识分子工作纲要》，上海市各系统都发出了动员学非所用技术人员归队的号召。技术归队的政策使我有机会从纺织系统转入自己向往已久的化纤领域工作，让我能够学以致用，发挥专业特长，为解决人民穿衣难问题贡献绵薄之力。

20 世纪 60 年代，我先后陪同厂领导接待了前来上海合成纤维实验工厂视察的朱德、董必武、班禅额尔德尼、聂荣臻等国家领导人，极大地鼓舞了我开展科研工作的信心。尤其是 1963 年 1 月，能亲耳聆听周恩来总理的报告，让我异常激动。他对科技工作者提出的“实事求是，循序渐进，齐头并进，迎头赶上”的希望，成为我人生的座右铭，一直激励着我攻坚克难、不断探索，始终奋斗在化纤研究前沿。

我的一生又是非常幸运的。小学五年级时因患病没有参加期终考试差点留级，不料却意外跳级升入东吴大学附中。大学时期，我有幸师从顾翼东先生，得其悉心教诲，他的 5 个“W”治学方法，成为我日后研究的有效法则，使我受益匪浅。在国棉十七厂工作时期，幸运地结识了我的妻子姜淑文，她陪伴我走过了半个多世纪，料理好家中一切，使我能够全身心扑在工作和研究上。尤其在“文革”时期，当我受到冲击时，她隐瞒了自己的艰难处境，始终在身后默默地支持和安慰我。1983 年，我被查出肝部出现肿瘤，准备动大手术开刀，幸得汤钊猷院士在开刀前一晚例行巡查时建议采用保守疗法，免去了我打开腹腔、切除三根肋骨的身体创伤。我现在身体健康，这得感激汤钊猷院士。1995 年当选院士出乎我的意料。在化纤领域还有许多科学家和专家，像我们东华大学的化纤泰斗钱宝钧教授等，他们做出的贡献比我大得多，所以我感到自己很幸运。而且，我取得的所有成果，不是我一个人的功劳，是同志们共同努力的结果。当选院士对我是一种荣誉，也是一种鞭策。

大学毕业后，我的思想逐步成熟与进步，最终于 1954 年加入中国共产党。其间，我的表哥戎戈、同事兼师姐王丽云以及同事赵子耀给了我不少帮助，他们的指引和帮助使我思想上得以快速进步。而今，作为一名近 60 年党龄的老党员，我感到很自豪！

一年来，采集工作小组的何雅、张燕、彭这华、戴叶萍四位同志勤勤恳恳，开展了大量的工作，包括资料的搜集与整理、访谈音视频拍摄等，在研究报告初稿成形后，及时送给我修改。其间，反反复复与我商讨一些细节问题，不断完善。报告较为翔实地还原了我的学术经历和成长过程。尤其让我感动的是，他们不辞辛劳，到苏州大学档案馆采集到了我自以为已领取而后在“文革”中已销毁的、事实上从未领取的东吴大学毕业证书。对于他们的努力和付出，我深表感谢！

当然，我也有自己的一些遗憾，如没到东吴大学苏州校园上过一天学、普通话不标准。最大的遗憾就是：作为长期从事合成纤维科技工作，先后担任上海合成纤维实验工厂、上海合成纤维研究所主要负责人达 30 年之久的科技工作者，眼看着还要靠引进技术和设备来建设工厂。经过几代化纤人的努力，我国已从一片空白飞跃发展成化纤大国。虽然化纤大国的梦圆了，但是我们离化纤强国还很远，和世界发达国家相比仍有很大差距。我们每年仍需进口各类化纤原料、化纤和化纤织物，大型、先进的技术和设备仍需从国外引进，也还缺乏中国制造的原创性的纤维，没有属于我们自己的中国丝。以前我们主要做的是“赶”的工作，但“超”的方面不满意。今后这个任务就需要我们年轻的一代去完成了。“艰苦奋斗，迎难而上；开拓创新，赶超世界先进水平；努力学习唯物辩证法，树立正确人生观”是我的人生格言，愿与大家共勉！

2013 年 9 月于上海

序二

郁铭芳是著名的化纤专家，也是我国合成纤维工业领域的拓荒者。20世纪50年代郁铭芳参与研制了我国第一根合成纤维锦纶、第一根国产降落伞用锦纶；60年代致力于芳纶、聚酰亚胺纤维、碳纤维等高性能纤维的研究并取得重大成果，为国防建设作出贡献；60至80年代组织了涤纶短纤维、高速纺等项目研究，推动了涤纶生产装备的国产化，为解决国人"穿衣难"发挥了显著作用；80年代在国内率先申请非织造布技术研究课题，为非织造布技术的推广开创先河；90年代担纲上海聚酯项目总工程师，为解决当时上海纺织原料短缺问题贡献了智慧。可以说，郁铭芳为我国合成纤维工业的发展作出了开拓性的贡献。

我与郁铭芳1975年相识。当年，基于国防建设需要，上海市军工办根据国防科工委指示，组织了一个包括上海合成纤维研究所、上海纺织科学研究院、上海硅酸研究所、上海情报研究所、上海碳素厂在内的联合攻关组，研制用于航空航天领域中的耐高温材料。上海合成纤维研究所和上海碳素厂负责碳纤维研究，郁铭芳担任上海合成纤维研究所碳纤维研究项目负责人；上海纺织科学研究院和上海硅酸研究所负责材料研究，我当时是上海纺织科学研究院碳-碳复合材料研究项目的负责人。

碳纤维是碳-碳复合材料的基础，由于其在航空航天等国防工业中有重要用途，西方国家将其视为军用物资，对我国实行“禁运”并封锁生产技术，我们只能自力更生。研制过程中，需要不断改进实验方法以保证碳纤维的质量，郁铭芳承受了很大的压力但乐观积极，在每次的项目进展情况讨论会上，他都对研究中存在的困难、改进的办法认真汇报。研制成功的碳纤维原丝及预氧化丝为我们顺利研制碳-碳复合材料奠定了重要的基础。直到现在我们使用的碳纤维原丝及预氧化丝仍然由上海合纤所提供。在共事的这段时间里，郁铭芳的严谨态度和敬业精神让我印象极为深刻。

郁铭芳 1995 年当选中国工程院院士，我也于 1997 年当选，同属中国工程院环境与轻纺工程学部，之后便经常一起参加各类学术会议，对郁铭芳也有更多接触和了解。郁铭芳为人正直、热情，善解人意、待人谦和，对名利十分淡泊，有着大家风范，令人钦佩。

中国工程院院士

2013 年 9 月 30 日

郁铭芳院士

2012 年 11 月，采集小组访谈郁铭芳采集音视频资料（左起：何雅、郁铭芳）

2013 年 1 月，采集小组在郁铭芳家中与其交流采集档案资料（左起：戴叶萍、郁铭芳、张燕、何雅、彭这华）

2013 年 5 月，采集小组在上海合成纤维研究所采集实物资料（左起：彭这华、张燕、余荣华、郁铭芳、戴叶萍、何雅）

目 录

图片目录

导 言

涤纶、锦纶等大家耳熟能详的纤维，都属于合成纤维。合成纤维是化学纤维的一种，是用合成高分子化合物为原料制得的化学纤维的统称，其产品形态为丝状物，我们俗称“合纤丝”。目前，涤纶是世界产量最大、应用最广泛的合成纤维品种，其产量占世界合成纤维产量的 2/3 以上，世界上超 2/3 涤纶产量在中国。而早在 20 世纪 50 年代，我国合成纤维工业还是“一穷二白”，短短半个世纪，我国从零起步，现已成为名副其实的化纤大国，并稳步向化纤强国迈进。其间，郁铭芳发挥了筚路蓝缕的作用，他参与研制并纺出了中国第一根合成纤维，随后在涤纶工业化、高性能纤维研究、非织造布生产方面都做出了艰苦的努力，为解决穿衣问题和国防战略做出了卓有成效的贡献。可以说，郁铭芳是中国合纤工业的拓荒者、见证者和推动者。我们用“一丝一世界”来记述郁铭芳与“合纤丝”的故事，勾勒他的学术成长特点，冀望小小一根丝描绘出我国合成纤维工业多彩的发展画卷；同时，用丝丝禅意表达我们对郁铭芳纯净心灵、孜孜于学术的敬意。

郁铭芳，1927 年 10 月生于上海，祖籍浙江鄞县(今宁波市鄞州区)，我国合成纤维工业的开拓者，著名化纤专家，中国工程院院士，现任东华大学材料科学与工程学院教授、博导，中国纺织工业联合会科学技术顾问、中国纺织工程学会高级顾问等。

郁铭芳出生于一个普通的职员家庭，父母非常重视对子女的教育。郁铭芳从小接受了良好的教育，童年就读于美国传教士开办的慕尔堂幼稚园，小学入读湖州旅沪中小学，初中和高中在东吴大学附中、正养中学学习，打下了良好的数学、英语基础，培养了对化学的浓厚兴趣。因高中成绩优异，他以总分第三名成绩直接入读由东吴大学文理学院和之江大学两校留沪部分联合组成的私立华东大学化工系，并获减免学费。因为战乱，郁铭芳经历了颠沛流离的大学生活，先后辗转四处校址，却始终坚持认真学习，学业成绩甲等，曾获理学院荣誉生称号。我国无机化学奠基人之一、化学家顾翼东教授指导他完成有关印染用蓝色染料研究的大学毕业论文，将其引入化学研究之门。

1948 年，郁铭芳由东吴大学化工系毕业，通过中国纺织建设公司招考，录用为公司染化研究试验室练习助理技术员；1949 年至 1956 年在国营上海第十七棉纺织厂工作，历任技术员、生产技术科副科长等职；1956 年郁铭芳积极响应国家和上海市知识分子“技术归队”号召，主动要求到化学纤维领域工作，希望更大程度地发挥自己的专业特长，为国家解决穿衣难问题作贡献；1956 年至 1957 年调入国营上海第二印染厂任生产技术科副科长；1957 年 11 月，上海市人民委员会遵照国家在第二个五年计划期内发展合成纤维的方针，提出筹建合成纤维工业的任务，成立由华东纺织管理局、上海市纺织工业局、纺织工业部纺织科学研究院上海分院及华东纺织工学院①等单位组成的化学纤维研究工作小组。郁铭芳作为参与化学纤维前期研究的 11 位技术人员之一，被调至纺织工业部纺织科学研究院上海分院工作，从此与化学纤维结下不解之缘，成为新中国化纤工业的首批建设者之一。

1958 年至 1964 年，郁铭芳在纺织科学研究院上海分院及上海合成纤维实验工厂工作，历任生产技术科副科长、科长、副总工程师。其间，参与纺出第一根国产合成纤维锦纶 6 丝，制成中国第一批合成纤维制品袜子和渔网；参与研制出第一根国产军用降落伞用锦纶长丝，并屡次突破技术难关，成功研制出了一系列应国防军工之需的锦纶特品丝，为我国航空工业的发展作

① 华东纺织工学院创建于 1951 年，1985 年更名为中国纺织大学，1999 年更名为东华大学。

出了重要贡献。1964 年上海合成纤维实验工厂改组为上海合成纤维研究所，1965 年郁铭芳任副所长兼副总工程师，1980 年任所长兼总工程师，1986 年任总工程师。其间，先后组织领导“碳纤维腈纶原丝和聚酰亚胺纤维”“中强型碳纤维的研制”“为国防工业配套芳纶 1414（两种溶剂体系）”“年产 300 吨涤纶短纤维中间试验”和“涤纶长丝高速纺丝工艺与设备”等项目，主持“丙纶喷丝直接成布”项目等，相继获全国科学大会奖、国家科技进步二等奖、“献身国防科技事业”荣誉证章等。1990 年，年过花甲的郁铭芳借调到上海纺织涤纶总厂筹建上海市重大工程——年产 7 万吨聚酯项目，任总工程师，当年晋升为教授级高级工程师。1992 年享受国务院政府特殊津贴。1995 年 5 月当选为中国工程院院士。2001 年应东华大学之邀来校任教。2002 年被中国工程院授予光华工程科技奖。

2012 年 6 月，我校接到“老科学家学术成长资料采集工程”任务后，即组织成立了以党委副书记、副校长为组长，党办、宣传部、人事处、科研处、档案馆及院士所在学院相关部门负责人为组员的郁铭芳院士学术成长资料采集工程领导小组，同时组织人员成立工作小组，具体负责实施郁铭芳院士学术成长资料的采集工作。在一年多的采集过程中，采集工作小组主要以郁铭芳的学术成长经历为主线，围绕家庭背景、求学历程、师承关系，以及对郁铭芳学术成就产生深刻影响的工作环境、学术交往中的关键人物、重大事件和重要节点等，从口述资料、实物资料和音像资料三方面开展采集工作。共采集到实物资料 678 件、数字化资料 1 313 件、音频资料 1 619 分钟、视频资料 1 278 分钟，其中对郁铭芳直接口述访谈音视频资料 764 分钟。

采集小组成员分别至上海、北京、苏州、宁波、南京、太仓、葫芦岛等多地 23 处与郁铭芳生活、工作经历相关的场所和机构进行采集，包括中央档案馆、中国纺织工业联合会、上海市档案馆、上海市黄浦区档案馆、上海市闸北区档案馆、上海合成纤维研究所、上海纺织控股（集团）公司、上海联吉合纤有限公司、苏州大学、南京中航工业宏光空降装备有限公司（原 513 厂）、方大化工集团（原锦西化工厂）、宁波市鄞州区地方志办公室等。所采集到的资料包括传记回忆类 12 件、手稿类 71 件、信件类 47 件、档案类 222 件、著作类 1 件、论文类 15 件、专利类 11 件、学术评价类 1 件、新闻报道类 57 件、图纸类7件、证书类131件、照片类622件以及其他实物类158件。其中不乏珍贵的资料，如在苏州大学档案馆发现郁铭芳1948年6月在私立东吴大学毕业时未曾领取的毕业证书，采集小组对其进行复制，并将此复制件作为生日礼物送给郁铭芳；在郁铭芳儿子住所采集到20世纪60年代郁铭芳的工作笔记，其中详细记录了1963年1月29日郁铭芳现场聆听周恩来总理在上海科学技术工作会议上提出“四个现代化”的报告内容；在郁铭芳家中采集到郁铭芳亲笔写给原纺织工业部副部长季国标、杜钰洲的信件，郁铭芳在信中提出关于“十五”国家级重点项目“高新技术在纺织工业的应用和发展”有关化纤部分的修改和补充建议，以及对《纺织行业科技进步发展纲要》的修改意见；在郁铭芳主要工作单位上海合成纤维研究所采集到院士曾经组织领导或主持科研项目的相关设备组件及纤维实物；在郁铭芳家中采集到院士自童年至今各个人生阶段以及与其学术成果相关的照片等。

采集小组在前期与郁铭芳本人深入沟通的基础上，提炼出其六大学术贡献和科研成果，并据此形成8大版块18个主题50个访谈点的访谈提纲。按照其学术成长的足迹，从家庭背景、童年生活、学生时代、工作初期、投身化纤、履职东华大学，一直到人生回顾总结，遵循口述史的规范，对郁铭芳本人进行了完整的口述访谈，前后分8次进行，形成了764分钟的直接访谈音视频资料，访谈整理稿10余万字。为了进一步充实和考证资料，间接访谈了郁铭芳以前和现在的同事、上级部门领导、同行、同学、亲属、学生等36人，其中包括上海大学孙晋良院士，原纺织工业部科技司司长华用士，原上海纺织工业局副局长丁力，原上海联吉合纤有限公司总工程师谢宇江，原锦西化工厂副总工程师张曾衍，原上海国棉十七厂教授级高工赵子耀，原南京513厂冶金科科长刘长明等。

采集工作中，小组成员对纺织、化纤、口述史、科技史等领域相关书籍进行了认真广泛学习，形成了郁铭芳学术成长脉络图，并及时加以更新完善，分国际背景、国内背景、上海形势、院士情况、资料来源、预计采集资料等栏目形成资料长编，累计35 000余字；据此整理形成郁铭芳年表1万余字；同时用学术成长脉络图、资料全宗、年表循环比对、补充查找的方法对年表不断进行考证和完善。

采集小组全面搜集整理了有关院士的传记性资料和发表的文章，发现有关郁铭芳的传记性资料整体不多，只有一本文学性传记和8篇出版物中的传记性短文。其中《郁铭芳传》是由宁波市委、市政府组织宁波作家以宁波籍院士为题材创作的《院士之路》系列传记文学作品，作者为青年女作家符利群。该传记用文学笔法介绍了院士的成长经历，意在反映院士的精神世界。传记性短文中有一篇刊登在中国工程院学部工作部编的《中国工程院院士自述》中，由院士亲自执笔记述自己难忘的片段经历和感受，其他均为由他人撰写的人生经历和主要学术成果贡献简介。

基于前期大量的资料采集和学术经历研究工作，按照老科学家学术成长研究报告撰写要求，采集小组反复研究讨论，梳理郁铭芳学术成长过程中的重要关节点，明确了本研究报告的撰写思路和结构。从郁铭芳早年求学时期、工作初期经历，到投身化纤，之后在化纤研究领域不断取得重大成果，再到晚年进高校培育化纤人才这样一条主线，翔实勾勒郁铭芳的学术成长经历。突出郁铭芳学术成长过程中的几个关键节点：一是求学时期对化学的浓厚兴趣，大学师从著名化学家顾翼东教授，引入化学研究之门；二是由初期在纺织系统工作到决心投身化纤，走上化纤研究之路，并在合成纤维研究和产业化方面初展锋芒，参与研制了中国第一根合成纤维锦纶、第一根国产降落伞用锦纶；三是身担技术决策和行政领导重任，组织带领单位研究人员探索创新，在涤纶短纤维、高速纺以及高性能纤维研究方面如芳纶、碳纤维、聚酰亚胺纤维等项目，取得了突出的研究成果；四是退居二线后仍担任技术要职，先后担纲非织造布项目、上海重大工程聚酯项目总工程师，指导并与年轻人一起攻克技术难关，取得重要成就；五是当选院士后，进入高校，致力于化纤人才的培养，为实现中国化纤梦不懈努力追求。

本书共分为十章。第一章主要介绍郁铭芳的家庭背景以及童年、中小学求学经历，阐述了郁铭芳善育重教的家庭环境，从幼儿园、小学到中学所受的良好教育，学校浓厚的学习氛围、优秀的师资、科学的教学方法等，为其打下了扎实的数学、英语基础，更为重要的是培养了对化学的浓厚兴趣。第二章描述了郁铭芳在战争年代颠沛流离的大学生活，先后辗转四处，却始终坚持认真求学，深受导师顾翼东教授治学方法影响，由其指导并完成有关印染用蓝色染料研究的大学毕业论文，将其引入化学研究之门。第三章介绍郁铭芳大学毕业后在纺织系统工作初期的成长经历，主要叙述其在解放前参加护厂斗争情况，反映思想变化和成长的轨迹。第四章阐述了郁铭芳学术生涯中的关键点和重要转折点，他响应国家政策、顺应时代需求，提出技术归队申请，决心投身化纤专业，由此进入合成纤维研究领域，并在上海化纤筹建和上海合成纤维实验工厂建设与发展时期，参与我国第一根合成纤维锦纶、第一根军用降落伞锦纶长丝研制，参与我国首家自行设计、制造的锦纶生产车间建设以及实验工厂改建研究所等工作，勾勒了传主由普通科研人员到技术、行政领导的转变与成长过程，也从侧面反映中国、上海合成纤维工业起步、发展的背景与历程。第五章叙述了郁铭芳担任主要技术领导期间，先后组织领导了从涤纶短纤维生产中间实验到涤纶长丝高速纺丝的国家科研项目，由此推动了国内涤纶工业化生产的经历。第六章介绍郁铭芳紧跟国际化纤发展前沿，组织领导科研人员展开对芳纶、碳纤维、聚酰亚胺纤维等高性能纤维的研究过程。第七章描述了郁铭芳临近退休卸任所长职务后，仍担任总工程师，亲自担纲非织造布项目研究，为我国应用推广非织造布技术发挥了先导作用。第八章介绍郁铭芳花甲之年被借调上海纺织涤纶总厂任上海市重大工程年产 7 万吨聚酯项目总工程师，发挥重要技术领军作用。第九章阐述了郁铭芳作为一名从事化纤研究长达半个世纪的老科学家心中的遗憾，即中国虽为化纤大国却远非化纤强国，自主创新能力与成果仍不足。郁铭芳为了弥补这一遗憾，晚年履职高校，致力于化纤人才的培养，同时关心国内外化纤科技发展情况，积极参加中国工程院有关咨询项目，大力倡导加大化纤领域创新力度，为实现中国化学纤维之梦孜孜以求。第十章介绍了郁铭芳美满、幸福、和谐的家庭生活，包括伉俪情深、父慈子孝、宽松愉快的家庭氛围，同时记述了郁铭芳幸运人生中的一些小插曲。

本书在撰写过程中，除了突出郁铭芳的学术成长转折点和关键点之外，还注重两点追求：一是史学目标。郁铭芳是中国化纤发展的开拓者、推动者和见证者之一，从 1958 年纺出第一根国产合成纤维到如今我国化学纤维产量已占全球的三分之二，解决了老百姓穿衣和国防军工战略两大方面的需求。本书力求通过郁铭芳的学术成长经历，从一个侧面反映中国化纤发展史。二是价值追求。在对郁铭芳学术成长重要节点铺陈时，突出其家庭影响、教育背景、师承关系以及自身的努力。而本书后部分章节从郁铭芳的人生遗憾谈到中国化纤梦，作总结、提炼和升华，旨在提高立意，追求更高的价值。

第一章
浓浓学趣

郁铭芳出生于上海一个职员家庭，祖籍浙江鄞县（今宁波市鄞州区）。身为小家庭长子、大家庭长孙的郁铭芳度过了幸福的童年。在重视教育的家庭氛围中，郁铭芳先在慕尔堂幼稚园、私立湖州旅沪中小学接受启蒙教育，后入读东吴大学附属中学。这一时期成为郁铭芳学术成长道路的良好开端。

重育善教的家庭

1927 年 10 月 3 日（农历九月八日），郁铭芳在上海出生。上海是座海纳百川的移民城市，土生土长的上海“土著”并不多，很多人祖辈一代都来自外地。郁铭芳祖籍在浙江鄞县。鄞县地处浙江东部沿海，位于宁绍平原东端，其中山区、平原、水域面积分别约占 51％、38％、11％，有“五山四地一分水”之称。鄞县也是一座人杰地灵的历史名城，素有“文献之邦”“诗书之乡”的美誉，是著名的“院士之乡”。新中国成立以来，鄞县籍两院院士已有 30 余位。

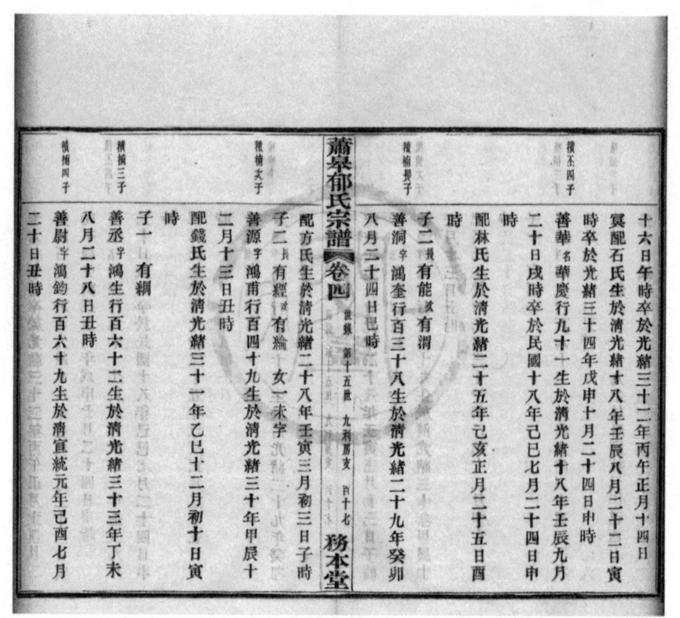

積丕四子

積楠長子

十六日午時卒於光緒三十二年丙午正月十四日
冥配石氏生於清光緒十八年壬辰八月二十二日寅
時卒於光緒三十四年戊申十月二十四日申時
善華 名華慶行九十一生於清光緒十八年壬辰九月
二十日戌時卒於民國十八年己巳七月二十四日申
時
配林氏生於清光緒二十五年己亥正月二十五日酉
時
子二 長有能 次有渭
善洞 字鴻奎行百三十八生於清光緒二十九年癸卯
八月二十四日巳時

蕭臯郁氏宗譜　卷四　世錄　第十五世　九利房支　百十七　務本堂

積楠次子

積楠三子

積楠四子

配方氏生於清光緒二十八年壬寅三月初三日子時
子二 長有經 次有綸 女一 未字
善源 字鴻甫行百四十九生於清光緒三十年甲辰十
二月十三日丑時
配錢氏生於清光緒三十一年乙巳十二月初十日寅
時
子一 有綱
善丞 字鴻生行百六十二生於清光緒三十三年丁未
八月二十八日丑時
善尉 字鴻鈞行百六十九生於清宣統元年己酉七月
二十日丑時

图 1-1　《郁氏宗谱》(存于浙江宁波天一阁)

郁铭芳的老家位于现宁波市鄞州区萧皋碶村。据《钟公庙街道志》记载,该村所在地民国时期原属桃江乡,1949 年 5 月建村。[①] 萧皋碶村为典型的浙东水乡村落,四面环河。南宋初年,萧皋建起一道由前塘河泄向九曲江的水闸,名为"萧皋碶",此后累经修缮名闻一时,萧皋碶村也因碶得名。古时的萧皋碶地区曾盛极一时,文人墨客、官员商贾往返不绝。郁姓是村里的大姓,明代初年郁氏祖先从山东迁来定居,浙江宁波天一阁藏书楼至今存有《鄞县南萧皋郁氏宗谱》,郁铭芳在家谱上的名字为"有纲"。而今,旧时的村落已随着时代的变迁化为城市的一部分。沿袭宁波人偏爱闯荡上海滩的传统,郁铭芳曾祖父郁午乔离开"越江春水绿如罗"(明沈明臣《萧皋别业竹枝词十首》)的萧皋碶,迁往上海谋生。

上海自开埠以来,逐步发展成为远东最繁荣的港口和经济、金融中心,吸引了全国四面八方的人前来淘金或讨生活。因地缘关系和强大实力,由宁波人形成的"宁波帮"尤其令人瞩目,在政界、商界、学界都涌现了一批社

① 钟公庙街道志编撰委员会:《钟公庙街道志》。宁波:宁波出版社,2011 年,第 323 页。

会风云人物。宁波商帮更是在金融、航运、五金、新药、颜料等行业独占鳌头，创造了多项“中国第一”。

因乡谊关系也为发展需要，初来乍到的外地人到上海后，大多会寻求同乡会的庇护，依靠同乡的力量，所谋的职业或从事的行业常具有地域性的色彩。后来上海滩赫赫有名的“火柴大王”“煤炭大王”刘鸿生就是宁波人，并且很乐意扶持乡里。由于上海的近代民族工业发展迅速，聚集了众多的工商企业，人口密集的上海对煤炭的需求十分旺盛，煤炭行业利润可观。郁午乔同许多宁波同乡一样，选择从煤炭生意起家。他和一位夏姓同乡在北京路(今北京东路)合开了一家煤号，名号为“敦大成”，专做煤炭批发生意。

郁午乔育有两子一女，长子即郁铭芳的祖父郁瀛初(谱名积南)。郁铭芳的叔祖父早故，留下孤儿寡母共同生活。郁午乔去世后，敦大成煤号及乡下土地分为两股，一股由郁瀛初所有，一股由叔祖父之子郁信甫所有。

郁瀛初接管敦大成煤号后，生意蒸蒸日上。上海煤炭行业虽有两百年历史，上海居民使用煤球的时间却很晚。1926 年刘鸿生在上海创办第一家机制煤球厂——中华煤球公司第一厂，此后煤球方在居民、商家中普遍使用。敦大成煤号也开始销售机制煤球，销路甚旺。郁瀛初不仅在上海开设联号恒大成煤号(位于今虹口区)，还在浙江杭州、嘉兴等地开设分店。他很擅于捕捉商机，一度在日本设有坐庄(派人在产地日本直接采购木炭到上海)，1919 年“五四运动”爆发后才停歇。郁瀛初因母亲与侄子郁信甫一家同住在宁波城，缺乏照顾，便在宁波设立天生煤号，另在宁波乡下购田，连同祖上留下的田共 125 亩左右，田租收入交付宁波店中维持营业并补贴家用。此外，他还曾与人合伙开办凤祥余百货批发店。①

郁家在生意兴隆的同时，也是人丁兴旺。郁瀛初共有子女十人，其中有七个儿子、三个女儿(长女为前妻所生)。郁铭芳的父亲郁鸿甫为次子。家底殷实后，郁瀛初在上海先后购置三处地产。其中一处在南市，面积一亩多，建有旧屋。还有一处在公共租界南无锡路 80 号，后造有一幢新楼。南无

① 郁铭芳人事档案，《郁鸿甫关于家庭情况的证明材料》，1965 年 1 月 26 日，东华大学人事档案室藏档。

锡路邻近南京东路，属于上海较为繁华的地带。郁铭芳出生的时候，一大家子就乔迁新居了。这幢房子前为敦大成煤号，后为三层的石库门楼房，中间有一个天井，建造时选用的都是好木料，建好后颇为气派，据说当时是南无锡路上最好的房子。郁铭芳一家住在二楼，房间很明亮，从大阳台上可以看到楼下做煤站的几十平方米空地。小时的郁铭芳会和妹妹调皮地爬到煤堆上玩耍，有时则兴奋地瞧着伙计们踩着木板往"煤山"上担煤。

"宁波帮"商人闯荡江湖，历经生意场的风雨坎坷。他们亲身体会到"秀才不怕衣衫破，只怕肚里没有货"，要改变现状，最重要的就是发愤学习，因而他们普遍重视教育，郁瀛初也不例外。虽然子女众多，他仍然倾力让子女接受高等教育。郁铭芳三叔郁鸿生、四叔郁鸿君、小叔郁鸿元、小姑郁蔚珍都上过大学，其中三叔和小姑还分别毕业于上海东吴大学法学院、复旦大学。同住一个屋檐下，他们对郁铭芳产生了潜移默化的影响，郁铭芳小时就很向往读书，爱好学习。

郁铭芳两岁时祖父去世，次年祖母张氏也去世了。在他的记忆中，每至除夕，家里人都会把祖父母的照片挂出来，两边再挂上写有一些诗句的条幅，摆出鱼、肉、菜等来祭奠。祭拜时，要一家家依次出来磕头，拜完开始吃东西。后来几个叔叔家先后添了子女，家里也越来越热闹了。①

在整个大家庭里，郁铭芳是第三代里的第一个男孩，堂房只有大伯家的堂姐比他大一岁。受重男轻女传统思想的影响，身为长孙的郁铭芳很受长辈宠爱。郁铭芳三叔、四叔都爱看京剧，一般在大年夜戏院会上演有名角担纲的京剧曲目，他们就带上郁铭芳一起去看戏，如著名京剧老生马连良出演的《借东风》等。郁铭芳因此也很爱看京剧，后来还跟着名家学了二胡。小姑姑郁蔚珍尤其偏爱郁铭芳，姑侄两人经常一起去大光明戏院看电影，郁铭芳至今还能津津有味地讲述美国影片《孤儿历险记》等电影情节。郁蔚珍从复旦大学毕业时，还带他参加了自己的毕业典礼。忆及童年岁月，郁铭芳对小姑姑总是念念不忘。工作后但凡有机会去北京，他都会到住在北京的小姑姑家看望。小姑姑去世后，他还专门到坟前吊唁。

---

① 郁铭芳口述访谈，2012 年 10 月 24 日，上海。资料存于老科学家学术成长资料采集工程馆藏基地。

图 1-2　郁铭芳父母合影

郁铭芳的父亲郁鸿甫（1905—1994），谱名善源，虽然没有上过大学，但也受过良好的新式教育，毕业于华童公学。华童公学是上海公共租界工部局 1904 年开设的第一所华人子弟学校，校长长期由英国人担任，1945 年为纪念抗日英雄谢晋元更名为上海晋元高级中学。华童公学仿照英国中等学校，学制九年（预科三年、正科六年），课程主要采用英语讲授。该校规定学生在读至高年级五班时需参加香港大学入校初试，录取后方能升入第六班（即毕业班）继续读书，香港方面每年派专员来上海招考。郁鸿甫和其他同学一样也考取了，本可以有机会去香港读大学，但父母亲反对儿子远行，还为其订了门亲事，郁鸿甫从华童公学毕业后就留在上海工作。①

1924 年起，在同学、亲友的介绍下，郁鸿甫先后在上海工部局电力公司、泰兴洋行、英商纶丰洋行、纶昌纱厂工作，主要做会计工作。1926 年，他遵照父母之命与苏州姑娘钱佩玉结婚。郁鸿甫的英文和数学很好，动手能力很强，家里小东西都是自己修理。他同父亲一样十分重视子女的培养，认为不读书不行，无论条件多艰苦也要供孩子读书。郁鸿甫共有子女五人，依次为郁铭芳、郁铭娟（女）、郁珊娟（女）、郁漱芳（男）、郁孟娟（女），分别毕业于东吴大学、华东师范大学、大连工学院（现名大连理工大学）、中国人民解放军

① 郁铭芳人事档案，《郁鸿甫关于家庭情况的证明材料》，1965 年 1 月 26 日，东华大学人事档案室藏档。

军事工程学院(时称“哈军工”)和苏州农业学校(现名苏州农业职业技术学院)。除郁孟娟读的是中专农校,其他人都是大学毕业。

郁铭芳的母亲钱佩玉(1907—1991),老家在苏州,在家中十个兄弟姐妹中排名老末,取十全十美之意昵称为“全美”。她受过小学教育,是一名贤惠善良的家庭主妇,解放后曾在里弄居委会担任治保委员。钱佩玉很疼爱子女,一有空就给孩子们绘声绘色地讲神话传说,牛郎织女、嫦娥奔月、孙悟空大闹天宫……这些常让小时的郁铭芳听得入神。这些美妙故事成为他脑海中对母亲的温馨怀念,更激发了他对自然未知领域的好奇心,直接促成他对天文的爱好。在整个求学阶段,郁铭芳都显示出很强的求知欲和好奇心。

钱佩玉非常孝顺长辈。郁铭芳六七岁时,在邮政系统工作的外祖父在他家附近上班,母亲就让保姆陪着他去送饭。外祖父格外疼爱郁铭芳,一见外孙总是笑逐颜开,祖孙俩会很亲昵地鼻子碰鼻子热乎一下,等到吃好饭才回家。郁铭芳十来岁时,外祖父过世,母亲每隔一段时间就会接外祖母到家里小住。外祖母也很喜欢郁铭芳,和他睡在一张床上聊天。耳濡目染,郁铭芳自小养成尊重长辈的习惯,这一点在其后的家庭生活中给家人留下深刻印象。

与之相应,郁铭芳很小的时候就知道体谅别人。有一次,家中保姆抱他坐黄包车回家时,因车未停稳,一不小心把他摔到地上。回家后,母亲很心疼摔痛的郁铭芳,责备保姆,他便急着为保姆说情,说不关她的事,是自己不小心。“三岁见老”,与人为善,其后也成为郁铭芳为人处世的一个信条。

童年的记忆虽只是零星碎片,给心灵带来的影响却很久远。时隔八十余年,再回忆起来,仍给郁铭芳留下了很温馨的回忆。“在这个家庭里,我不仅受到父母比较好的教育和培养,而且叔叔、伯伯、姑姑都对我非常好。总的感觉,我是生活在一个比较幸福的家庭里。”①在这样的家庭氛围中,郁铭芳从小就很自信乐观,其学习之路在承载着家人的希望中早早开启了。

① 郁铭芳口述访谈,2012 年 10 月 24 日,上海。资料存于老科学家学术成长资料采集工程馆藏基地。

沪上名校的启蒙

慕尔堂幼稚园的童年岁月

在20世纪初的中国，教会教育占据重要一席。1931年，郁铭芳家所在的租界里有了第一所独立幼稚园——美国传教士安迪生夫妇创办的慕尔堂幼稚园。在洋行里做职员的郁鸿甫很快做出决定，把郁铭芳送到这家新式幼稚园里去学习。

慕尔堂(1958年易名沐恩堂)对于郁铭芳实在是值得大书特书的地方。①慕尔堂前身为1887年美国监理会传教士李德建造的监理会堂，1900年为纪念美国堪萨斯州捐款人慕尔死去的女儿，更名为慕尔堂，英文意即慕尔纪念堂。20世纪20年代末，慕尔堂信徒已逾千人，原址不够使用，于是筹款另觅新址建造。新堂位于虞洽卿路三马路口(今黄浦区西藏中路汉口路口)，由著名建筑师匈牙利人邬达克设计，1931年落成。② 慕尔堂是幢典型的哥特式教堂，包括大礼堂及钟楼、四层楼附屋等，大礼堂可容纳上千人，红砖外墙庄重肃穆，长窗尖顶，配以圣经故事为主的彩绘亮丽玻璃窗。慕尔堂除作为基督教的宗教活动场所，还是一个社交堂，教堂内举办有社

图1-3　1931年建成的慕尔堂(图片由上海黄浦区档案馆提供)

---

① 抗战期间，郁铭芳就读的美国教会学校东吴大学及其附属中学曾借慕尔堂办学。

② 上海市地方志办公室:《上海名建筑志》。上海:上海社会科学院出版社，2005年，第696页。

图1-4 1933年，郁铭芳在上海兆丰公园(今中山公园)游玩

会教育、医药、慈善、救济、体育等事业，慕尔堂幼稚园就设在大礼堂旁边的四层楼建筑里。

在郁铭芳的记忆里，幼儿园的生活充满童趣和快乐。老师会教小朋友们做操，伸伸胳膊踢踢腿，郁铭芳在做这种活动时都很高兴。他和小朋友们经常在院子里面荡秋千，有时会听到教堂唱诗班传来的优美歌曲。慕尔堂里有个小花园，里面栽种着一些不知名的红花，花蕊中有根小管子吸起来甜甜的，郁铭芳和小朋友们到了休息时间都跑去抢着吃。

在幼儿园上学时，郁铭芳还享受到特别的好处。那时，三叔郁鸿生已订婚，未婚妻在幼儿园隔壁的家政培训班上课，学习内容就包括制作蛋糕等点心。每次做好蛋糕后，她就会送到幼儿园给郁铭芳吃。郁铭芳毕业时，学校在兰心大戏院组织了正式的毕业演出，也邀请小朋友的家长来观看。郁铭芳印象中，那时的兰心大戏院虽然比较小，但是装饰得非常好，他和20多个小朋友一起上台去表演做操，伸手踢腿的，感觉很开心。

在郁铭芳年幼时期，幼儿园为数不多，上幼儿园不是很普遍。凡此种种点滴给郁铭芳留下很好的童年印象，“总的来说，我的童年生活还是非常幸福的。”①

童年的郁铭芳过着无忧无虑的幸福生活，然而安定的生活很快就被战火打破。这一次直接殃及郁家，五叔郁鸿章不幸牺牲在日军枪口下。1932年1月28日，日军以保护日侨、执行防卫协定为名，悍然进攻上海闸北，国民政府第十九路军奋起抵抗，“一·二八”淞沪抗战爆发。各界人士纷纷声援救护，其中上海煤业同业公会组织了中国红十字会煤业特别救护队，煤炭商

① 郁铭芳口述访谈，2012年10月24日，上海。资料存于老科学家学术成长资料采集工程馆藏基地。

人家庭的郁鸿章积极报名参加，成为第一队队员。3 月 1 日上午，郁鸿章前往闸北参与救护，因救护队汽车已先行开赴闸北，改乘第一支队救护车。汽车行至东宝兴路，他下车步行，走到邢家桥附近时，突遭八字桥方面的日军射击，身中两弹。当日下午，郁鸿章在宝隆医院因伤势过重身亡，年仅 22 岁。[①]《申报》次日即刊发报道《日兵枪杀红十字队队员》。

日军不顾国际公约射杀红十字救护队员，这一事件引发社会的强烈愤慨。上海煤业同业公会举行声势浩大的出殡游行，将郁鸿章的血衣等示众。这次游行震惊沪上，上海市市长吴铁城为此专门撰写悼念文章，郁鸿章被安葬于万国公墓。郁铭芳跟随家人参加了出殡游行。

> 我那时大概只有五六岁，年龄比较小，坐在一个小轿子里面，前面就是我叔叔的血衣，我们跟着它在家附近兜了一个圈子。这是对我有很大教育意义的事情。虽然当时我还不太能够理解，但是我至少对于叔叔牺牲这件事感觉到很悲伤，而且对日本人积下了非常大的怨恨。[②]

这幕场景深深地印在郁铭芳脑海里，此后他每听家人说起五叔时都对日本人很是愤恨。年幼的郁铭芳虽然有些懵懵懂懂，但已经隐约感到生活不再平常。5 月，中日双方签署了《淞沪停战协定》。但是，一纸停战协定换来的只是战争的片刻平息，炮火一旦燃起，想过太平日子只能是个奢望，这也注定郁铭芳往后的求学生活不复宁静。

入读湖州旅沪中小学

1933 年，郁铭芳即将入读小学。当时，比他大四岁的小叔郁鸿元在湖州旅沪中小学读书。出于方便也为有个伴，家人将郁铭芳一并送到这所学校，后来大妹妹郁铭娟也就读此校。

---

① 上海闸北区志编纂委员会:《上海闸北区志》。上海:上海社会科学院出版社，1998 年，第 1271 页。
② 郁铭芳口述访谈，2012 年 10 月 24 日，上海。资料存于老科学家学术成长资料采集工程馆藏基地。

图 1-5 郁铭芳在照相馆 10 周岁留影（摄于 1936 年 9 月 28 日）

有趣的是，因为“铭芳”这个名字颇为柔美，刚进小学的郁铭芳还被老师误会为女生，一连被点了三次名、举了三次手，老师的目光才从女生移到他那里。下课后，两个调皮的男同学合伙把郁铭芳推到女生群里。郁铭芳因此不肯再去学校，次日由父亲陪他去，老师批评了男生，他才安心地上起课来。

湖州旅沪中小学是上海有名的私立学校，陈立夫、金石书画大家朱复戡等都曾就读该校。学校前身为 1906 年创办的湖州旅沪公学，地址在老上海城西门一带（今人民路），翌年迁址北浙江路（今闸北区浙江北路）信昌里。学校在辛亥革命烈士陈英士（字其美）等人的倡议下开办。由湖州巨商沈联芳、凌铭之[①]等人组织的湖州旅沪同乡会成立后，在“教育救国”思想影响下，接手湖州旅沪公学，并公推凌铭之为校长，校训为“朴实”。凌铭之任校长达 20 余年，他在办学上注重革新，重视体育和学生思想品德培养，倾产办学，注意延聘名师，提高教学质量，学校声誉日隆。凌铭之因此两次受到国民政府嘉奖，当时有“路（沪宁铁路）北唐伯耆（市北公学校长），路南凌铭之”之誉。[②]

1924 年湖社成立，成为上海最有影响的同乡团体之一。1926 年，湖社接办湖州旅沪公学，将其更名为湖州旅沪中小学，并成立校董会，校董包括陈果夫、朱骝先、陈立夫、张静江、戴季陶等社会名流。湖社十分重视文化教育事业，成立时即设有专门的教育管理委员会，后改为湖社教育部。[③] 依托声势显赫的湖社，湖州旅沪中小学不断添置教学设备，充实师资力量，设有图书馆，学生组织有演讲会、辩论会、篮球队、乒乓队、国术班等，朝气蓬勃，

---

① 凌铭之(1875—1937)，名祖寿，浙江吴兴(今湖州)人，经营缫丝业，曾任湖州旅沪同乡会董事。
② 闸北二中百年校庆办公室：《闸北二中百年校庆纪念画册》。内部刊行，2006 年，第 2 页。
③ 陶水木：湖社浅探。《湖州师专学报》(哲学社会科学)，1998 年第 3 期，第 81 页。

成为上海名盛一时的私立学校。学校原只招收湖州籍子弟，随着办学规模的扩大，学校开始面向非湖州籍学生招生，郁铭芳也得以就读该校。

因湖社的缘故，学校很尊敬陈英士。与国民党高层的深厚渊源，也使得学校十分重视国民教育和党化教育，学校每星期都要举行纪念周。在蒋介石五十岁生日时，全校学生都到龙华机场参加庆祝活动。1936 年“西安事变”蒋介石被释放后，学生们还买了爆竹庆祝，情绪高涨。①

湖州旅沪中小学校风严谨，开设的国民教育课程，除“三民主义”，还包括国语、本国历史地理、世界历史地理、数学、卫生、自然科学等，并加以合群生活训练，培养学生爱护民族的观念。而且小学部因是为升入中学做准备，重质不重量。② 郁铭芳读书很用功，成绩优秀，深得老师们的喜爱。

郁鸿甫对郁铭芳寄予厚望，非常关心他的学业。郁铭芳印象中小学作业并不多，父亲有空就会指导他做作业。同父亲擅长数学一样，郁铭芳的数学成绩在各门功课里很突出。为激发他的学习兴趣，郁鸿甫有时会发些奖励，许诺成绩考得好一点，就可以买一样玩具或者其他想要的东西。有一次，郁铭芳很眼馋一辆小自行车，这在当时属比较奢侈的物品，一般孩子少有。他就对父亲讲，要是他能考到第一名，父亲就要答应他买一辆小自行车。后来，郁铭芳果真考了第一名，高兴地得到父亲奖励的小自行车。

在其他方面，郁鸿甫也很注意培养郁铭芳，一有机会就带他去参加一些重要活动，开阔眼界，多见世面。在与华童公学毕业的老同学聚会时，郁鸿甫总会带上郁铭芳，向老同学作介绍，鼓励儿子和大家交流。郁铭芳七八岁时，一次，郁家煤炭店的经理要请一个外国客户吃饭谈生意，因为店里没有一个人会讲英语，就请懂英文的郁鸿甫去做翻译。去的时候，郁鸿甫把郁铭芳也带上了。郁铭芳从未去过这种场合，去了之后很高兴，特别是父亲还把自己介绍给外国人，更让他感到得意。郁铭芳觉得很稀奇，那是他第一次和外国人近距离接触。

钱佩玉也很疼爱子女，每逢考试都会多给一点零花钱。考试结束后，郁

---

① 郁铭芳人事档案，《郁铭芳思想小结》（上海国棉十七厂），东华大学人事档案室藏档。

② 湖州旅沪中小学：《湖州旅沪中小学改组方案》，上海市闸北区档案馆藏档。

图 1-6 20 世纪 30 年代，郁铭芳与妹妹郁铭娟在家中煤炭店合影

铭芳就带妹妹一起去校门口的小贩处买零食吃，调皮的他没有平均分配，而是每次都比妹妹多吃点，回忆时感觉"自己是个不好的哥哥"。

父母亲的重视让郁铭芳学习的劲头更足，但此时时局愈加恶化。1937 年，卢沟桥的烽火烧到上海。"八一三"事变后，淞沪会战爆发。这次会战是抗日战争中的中日首场重要交锋，也是抗日战争中规模最大、战斗最惨烈的战役，前后历时三个月。最终，日军占领上海除租界以外的全部地区。地处闸北的湖州旅沪中小学在劫难逃，校舍被日军驻扎占领，损毁严重，更为惨痛的是"至二十余年来之学校记事册及统计图表等等，荡焉无存"。[①] 郁铭芳小学期间的学籍档案至今无以留存，大概也是因此缘故。

校舍被占，湖州旅沪中小学被迫迁至租界内湖社社所继续办学。湖社社所于 1932 年建成，地处贵州路北京路路口，房舍宽敞，二楼为陈英士纪念堂。众多社会团体也曾借用湖社社所会场举行各种活动。抗战爆发后，湖社开办难民收容所，收留因战事涌进租界的大量难民。在这种情况下，学校办得甚为艰难。郁铭芳记得，"会场里弄几个木架子，旁边用纱结成的网分成几间教室，学生在里面上课。我们四年级时只好搬到这个地方上课了。"[②]

此时，郁家的经济情况开始紧张起来。因祖父母去世，煤号里祖父的股份由郁铭芳叔伯九人继承，另有一半叔祖的股份由堂伯继承。依照中国传统习俗，长子为大，祖父的产业包括宁波乡下的田产由大伯郁鸿奎出面主

① 湖州旅沪中小学：《湖州旅沪中小学三十周年纪念刊》，上海市档案馆藏档。
② 郁铭芳口述访谈，2012 年 10 月 24 日，上海。资料存于老科学家学术成长资料采集工程馆藏基地。

持。但大伯并不像祖父那般勤勉，店中事务主要靠外面聘用的经理打理，店里经营每况愈下。几个叔叔先后结婚后，大家庭的开销越来越大，光景大不如前。郁铭芳有时会听到叔父们唉声叹气地谈起店中营业衰败，虽有不满，但是因为传统习俗力量的影响，也只敢背后说说。① 动荡的社会局势则让勉强维持的郁家煤炭店遭遇重创。

抗战爆发后，郁家设在虹口的恒大成煤号毁于战火，开设的所有分店几近破产，敦大成煤号也因货源断绝被迫歇业，与店里合股的夏姓同乡也开始拆股。更让郁家惶恐的是头顶飞掠而过的飞机和未知的炸弹。郁家所住的南无锡路毗邻繁华的南京路。作为有名的商业街，南京路上商店林立，人来人往，十分热闹。"八一三"事变后，既非军事区也非居民区的南京路也没能躲过炸弹的袭击。随后几日，先是国民政府空军飞机的炸弹因故误落在南京路大世界、永安公司附近，后是日军竟在人口密度最高的南京路先施公司门前投掷重磅炸弹，死伤众多。

战事逼人，郁家萌生逃意。思来想去，一家人觉得还是回宁波乡下最保险。大伯不知从哪里搞来一条比较大的木头帆船，在一天夜晚，全家十余人坐到船里等黄浦江涨潮。没曾想潮向不对，难以开船，等了一晚上都不行，一家人只好回来另谋打算。考虑家里离丢炸弹的地方太近，郁家全部搬到法租界大姑姑家，打起了地铺，后在附近租间大的厅房住下。郁铭芳因为年纪小，倒不是很担心。借住的房间窗口对着马路，他就专门盯着来往的汽车看有哪些牌子。上海沦陷后，郁家又搬回南无锡路。

虽然形势维艰，但是郁铭芳的学习还算是按部就班进行。紧接着，一场突如其来的大病打乱了这种节奏。1938 年春，正读五年级的郁铭芳不幸染上了伤寒症。这在当时是种很危险的病，很多人因病情严重而丧命。郁铭芳的父母心急如焚，多方想办法医治。因为平常习惯看中医，他们就先去找好的中医。刚巧，他们认识一位比较出名的张姓中医，也是宁波人。因为对方很忙，只有中午吃饭时有点空歇，于是每天到吃饭时间，父母就叫人把郁铭芳背到张医生家里看病。

---

① 郁铭芳人事档案，《郁铭芳思想小结》(上海国棉十七厂)，东华大学人事档案室藏档。

吃了一段时间中药，郁铭芳的病终于治愈，可以重回学校读书，但经这一番折腾后，郁铭芳在学业上遇到了麻烦。湖州旅沪中小学教学管理很严格，规定没有期终考试成绩不能升级。郁铭芳因为生病未赶上五年级的期终考试，也错过了补考日期，没有考试成绩。学校坚持这种情况下只能重读五年级。郁铭芳好胜心很强，坚决不同意。“再读五年级我不高兴了，这么读了五年级，两个五年级，变留级了。”①父母亲虽说也不想儿子重读五年级，但也没有办法。郁鸿甫坚持说不读书不行，既然学校里有这个规定，只好再去读五年级。郁铭芳很不情愿，就在家里哭着不肯去学校。

就在一家人为此发愁的时候，却峰回路转。郁铭芳的哭声引起住在隔壁的三叔郁鸿生的注意，郁鸿生过来询问缘由，弄清事情原委后，就安慰郁铭芳帮着去想办法。做律师的郁鸿生毕业于上海东吴大学法学院，与东吴大学的老师较为熟识。经联系，东吴大学附属中学同意郁铭芳直接去读书。事情发展出乎意料，郁铭芳非常惊喜，觉得很幸运，不但没有留一级，反而升一级，成为了初中一年级学生。他后来回想起来觉得并不值得，“因为我至少跳掉一年，六年级的课没有上，马上读中学一年级，读起来是比较累的。”②这段插曲让郁铭芳与东吴大学及其附属中学结下不解之缘。

东吴附中的日子

战争烽火中的专注

1938年，郁铭芳如愿以偿进入上海私立东吴大学附属中学，开启其在东吴的十年学习生涯。因为这种附属关系，郁铭芳在东吴附中的求学生活与东吴大学战时的变迁密切关联。

---

① 郁铭芳口述访谈，2012年10月24日，上海。资料存于老科学家学术成长资料采集工程馆藏基地。

② 郁铭芳口述访谈，2012年10月24日，上海。资料存于老科学家学术成长资料采集工程馆藏基地。

东吴大学历史悠久，1900 年由美国基督教监理会（今卫理公会）在苏州博习书院旧址天赐庄创办，美国人孙乐文（D. L. Anderson）任首任校长。学校逐步发展形成一个庞大而又完整的教育体系，包括苏州的文理学院、上海法学院、苏州第一中学、上海第二中学、湖州第三中学、无锡第四中学，20 所附属小学、惠寒小学等。① 解放前美国基督教会在华开办的十余所教会大学中，著名的当属燕京大学、辅仁大学、圣约翰大学、东吴大学等，东吴大学法学院更是声名远扬。

就在郁铭芳入读附中的前一年，"八一三"事变发生，日军不断派飞机对苏州狂轰滥炸。11 月苏州沦陷，国民政府要求所有学校一律撤离至安全地带。东吴大学在校长杨永清②、教务长徐景韩③、总务长冯家声等教授带领下，先迁至湖州。因日军登陆金山卫，湖州形势也变得危急，再迁至安徽屯溪（今黄山）。另有一部分师生向长沙转移，一部分回到上海。年底南京失守后学校被迫继续流亡，校长杨永清则返回上海探究形势。此时的上海，日军尚未进占租界，处于日军围困下的公共租界和法租界，一时成为国民党和日伪势力暗中较劲的"真空"地带，史学界称为"孤岛"，在租界内还可以开展教学活动。

1938 年，东吴大学及其附属中学在上海租界复校，校本部设在慕尔堂，教室分布在大礼堂南北两侧的三层楼房内。另有三所教会大学圣约翰大学（上海）、沪江大学（上海）、之江大学（杭州）在租界避难办学，于是四所学校联合成立华东基督教联合大学。没有自己的校舍，联合大学就租借大陆商场楼上授课。④

大陆商场位于南京路山东路口，1933 年建成，1938 年更名为慈淑大楼。因其

---

① 王国平:《东吴大学简史》。苏州:苏州大学出版社，2009 年，第 67 页。

② 杨永清（1891—1956），字惠庆，浙江镇海县（今宁波市镇海区）人，生于常州府无锡县。教育家、外交家，东吴大学首任中国籍校长。东吴大学文学士，美国华盛顿大学法学硕士，美国佛罗里达南方大学荣誉法学博士。

③ 徐景韩（1894—1952），字学潮，江苏苏州人。毕业于东吴大学，1917 年获东吴大学化学硕士。留学美国芝加哥大学获理学硕士。后任东吴大学教授、文理学院教务长。

④ 上海通志编纂委员会:《上海通志》（第十四卷民族、宗教）。上海:上海人民出版社、上海社会科学院出版社，2005 年，第 1599 页。

图 1-7 20 世纪 30 年代的大陆商场（图片由上海黄埔区档案馆提供）

面积大、房间多，成为战时难民、学校相对理想的落脚处。四校共同租用房舍百余间，用来做教室、实验室。其中东吴大学文、理学院及附中在三楼。郁铭芳就是在慕尔堂、慈淑大楼度过了艰难的初中生活。“那时因为日本侵华，飞机到上海来轰炸丢炸弹，我们还在读书。我们基本上就是在这样的条件下学习。”①

即便如此，还是好景不长。1941 年 12 月 8 日，太平洋战争爆发，日本对英美宣战，随即日军攻入租界，上海全境被日本占领。日军进入租界时在南京路举行了入城式，当天公共汽车停驶，有些路段日军布岗放哨。日军宣布慕尔堂成为占领目标，要学校立即撤离。所有师生只得撤离出来。其后，慕尔堂成为日军的宪兵司令部，大堂甚至被改成马厩。国民政府明确反对任何学校继续在上海办学。失去了办学之地，东吴大学开始继续漂泊，留在上海的部分后来与之江大学组建为私立华东大学。皮之不存，毛将焉附。东吴附中也难以为继。

东吴附中解散后，学校的一些爱国教师不甘心就此停止办学，便自发组织起来。为不受亡国奴教育，学校更换名称，重新组建“正养补习学校”即正养中学，隐名办学，推举范烟桥②为校长。学校名称取自东吴大学校训“养天地之正气，法古今之完人”。抗战胜利后东吴大学附中才恢复，并迁回苏州。

正养中学的办学条件更是艰苦，连固定校舍都没有。整个高中三年，郁铭芳都随着学校租赁的校舍流动上课。高一时在愚园路锡珍女子中学（解放后曾改设为上海私立幸福幼儿园）；高二时搬到爱文义路（今北京西路）

① 郁铭芳口述访谈，2012 年 10 月 24 日，上海。资料存于老科学家学术成长资料采集工程馆藏基地。

② 范烟桥（1894—1967），学名镛，字味韶，号烟桥，别署含凉生、鸱夷室主、万年桥、愁城侠客，江苏吴江同里人。鸳鸯蝴蝶派早期代表作家之一，著有《烟丝》、《中国小说史》、《范烟桥说集》、《吴江县乡土志》等。

乐群中学三楼(解放后曾改设为三联中小学);高三下学期时搬到南阳路滨海中学(解放后曾改设为私立新浦初中)。因为是借的校舍,郁铭芳和同学们只能走读,见缝插针地利用其他中学空余时间上课,每天只能上半天课。

随着战事吃紧,郁家在宁波乡下的经济情形越来越坏,逐渐趋于破产,郁家卖掉上海一处地产才勉强应付过去。1941 年太平洋战争爆发后,纶昌纱厂解散,郁铭芳的父亲失业了,经大姑父费昌年介绍,在上海贸通银行(后关闭)谋了份职员的差使。这是一家小银行,郁鸿甫收入很少,又要供应子女读书,日子捉襟见肘。东吴附中是私立学校,学费很贵,郁铭芳有一学期的学费也是靠叔父周济。约有半年,父亲再由大姑父介绍进入老凤祥银楼工作,收入颇丰,经济情况逐渐好转。但宁波乡下的光景越来越差,终于在 1944 年不再供给,大家庭除住在一起外,生活用度均由各家自己负担。① 家庭状况的变化对郁铭芳造成了不小的影响,他更加重视学习,希望"能好好读书,将来可以做些事情,好让一家人过上幸福生活"。②

此时正处日占时期,中学里推行日化教育,原来读英文的不读了,要强迫读日文。那时社会上英文有很大用处,日文没有什么用,郁铭芳不愿意学习日文,应付了事,老师也是睁只眼闭只眼,放任不管。郁铭芳觉得学习中有侮辱性的成分,感到很受压迫,心情很低落。

国难当头,山河破碎,郁铭芳期盼着战争快点结束,胜利早点到来。郁铭芳对政治并不感兴趣,对共产党更是知之甚少。因为汪精卫投降日本建立了伪政府,郁铭芳觉得国民党坚持抗日是件很不容易的事,迁都后的重庆成为他想象中的文明之地。他曾给在重庆生活的一个姑姑写信,表示非常羡慕。太平洋战争爆发时,郁铭芳很兴奋,他认为这一次美英参战后,战争应该可以很快胜利了。可是美国在太平洋战场上的一连串失败让他很失望,但终究会胜利的信念始终在他心头。③

---

① 郁铭芳人事档案,《郁铭芳自传》,1955 年 5 月 11 日,东华大学人事档案室藏档。

② 郁铭芳人事档案,《郁铭芳个人经历介绍(干部自传)》,1956 年 2 月 29 日,东华大学人事档案室藏档。

③ 郁铭芳人事档案,《郁铭芳个人经历介绍(干部自传)》,1956 年 2 月 29 日,东华大学人事档案室藏档。

勤学至上

由于苏州沦陷，原在苏州的东吴大学附属中学的老师逃到上海，原苏州东吴大学的一些老师也在附中兼课，因而，在上海避难办学的东吴大学附中汇聚了一批优秀的师资，有些老师还很有名气。虽然硬件条件很差，但堪称雄厚的师资为郁铭芳创造了得天独厚的学习条件。

郁铭芳从小就喜欢数学，初中数学老师张旭民[①]有种教学方法对他的学习很有帮助。张旭民常在教完课程后的空余时间做一种数学测试游戏，名为“Head Mark”。结合学习进度，他在黑板上书写一道数学题目，要求在三分钟内做好。时间到后，他写出正确答案，做对的同学可以越过做不出来或做错的同学，换到前面的座位上，而升到最前一位的学生就能获得一个“Head Mark”，然后退到最后一位，游戏继续进行。当时班里大概有 20 多名学生，有时一堂课要做六七道题目。这种方法让学生很紧张，但也很有兴趣。郁铭芳数学成绩一直比较好，每次做“Head Mark”游戏时都能升级换座位，上了半年的课，就得到好几个“Head Mark”。郁铭芳很喜欢这种教学方法，“这对我提高数学方面的兴趣的确蛮有刺激作用的”。[②]

物理老师是东吴大学的陈宝珊[③]，也是郁铭芳的大学老师。他的女儿陈丽琏是郁铭芳的中学同学。陈宝珊在国内率先引进了美国哈佛大学由布拉克(Braque)和大卫斯(Davids)编撰的英文物理学课本，将其翻译成国内第一本物理教科书《实用物理学》，供高中学生使用，出版后很受欢迎。

教国文的老师程小青[④]、范烟桥当时都是名人。巧的是，程小青的儿子程育刚、范烟桥的儿子范崇海也是郁铭芳的同班同学。

---

① 张旭民(1904—1986)，江苏常熟人，毕业于东吴大学，任东吴大学附属中学教师，后任教于江苏师范学院(今苏州大学)。

② 郁铭芳口述访谈，2012 年 10 月 24 日，上海。资料存于老科学家学术成长资料采集工程馆藏基地。

③ 陈宝珊(1896—1979)，江苏苏州人，1923 年毕业于东吴大学物理系，后留校任教。

④ 程小青(1893—1976)，原名程青心，别署茧翁，祖籍安徽安庆，生于上海。撰有 30 余部侦探小说，被誉为中国现代侦探小说“第一人”。

民国时期外国侦探小说很流行，程小青翻译了英国柯南道尔著的《福尔摩斯探案》，因撰写侦探小说《霍桑探案》一举成名，还写过《雨夜枪声》《董小宛》等电影剧本，被誉为“中国的柯南道尔”。他没有进过正式学校，自学成才。他上课时喜着西装，操一口带点苏州口音的上海话，虽然自己写过不少充满悬念的侦探小说，但除了讲解教科书上的内容，极少讲故事。

范烟桥多才多艺，不仅通谙小说、电影、诗、小品文、弹词等，还擅长书画，被誉为“江南才子”。学生们都知道他在上海明星影片公司为大明星周璇写过《夜上海》等十几首流行歌曲。与程小青不同，他上国文课时通常身着长袍，配戴茶色墨镜，刚开始形象威严，但几节课下来学生就感到很轻松了，因为大家发现他毫无架子。范烟桥上课时书写一手漂亮的板书，知识面宽，讲课生动活泼，读诗抑扬顿挫，讲评学生作文必能切中要害，深得学生欢迎。

郁铭芳感到学习压力很大的是英文。那时，中学里外国人教英文并不常见，东吴大学附中由于是美国教会学校，很重视英文教育，有美国老师教英文，并且对英文要求很高。这些美国老师中文讲得也比较好，对学生理解授课内容帮助很大。

郁铭芳上初一时的英文老师是美国人许安之①(Dwight Lamar Sherertz)。郁铭芳记得，上课没几天，课堂上来了位外国老师。因为小学里没有学过英文，他的心情有些紧张。但出乎意料的是，老师竟然用中国话作起了自我介绍。许安之身形略胖，对待学生和善可亲，还能说些吴侬软语。他教了郁铭芳一学期的英语“耳口”课，主要教英语发音，注重音节、重音的运用。这门课是许安之自己创设的，当时别的学校都没有。他上课不用教材，先用讲故事的方式讲，然后提出问题与学生讨论。有时他会选篇英文课文，让学生轮流朗读，及时纠正不正确的发音。

因为是跟着美国老师学的发音，郁铭芳的英语发音比较标准，为以后的学习带来不少便利。1980 年他第一次去美国考察，在访问麻省理工学院时，

---

① 许安之(1883—1970)，生于美国弗吉尼亚，获美国普林斯顿大学文学硕士，美国基督教卫理公会传教士，1918 年到东吴大学附中任教。

向一位美国教授提了一个问题。美国教授在回答时就夸他的英语讲得好。郁铭芳认为他自己也只会讲一些普通的英文，因为发音好就占便宜了，交流起来比较方便。

郁铭芳的英文文法老师是缪廷辅（后任华东师范大学教授），教得也很好。虽然压力很大，但通过这一阶段良好的英文训练，郁铭芳打下了扎实的英文基础。对于今后需要经常查阅国外科技情报、与外国专家打交道的郁铭芳来说，这一点尤显重要，英语成为其学术成长生涯中的有效工具。

虽然战时学校条件很艰苦，教师们生活条件每况愈下，勉强度日，但教师们授课都很认真，对学生也很关爱，学生有不懂之处随时可以请教。在这种情形下，郁铭芳学习更加努力了。中学同学陈丽琏认为，“他学习很认真，做事也很认真，不懂的东西都要搞懂，所以他一直是有这样一种钻研的风格。许多老师都觉得他很聪明。”[①]郁铭芳最要好的同学、同桌顾其威也认为郁铭芳的成绩很好。顾其威是郁铭芳大学老师顾翼东的儿子，毕业于上海交通大学，后任华东理工大学教授。郁铭芳自己认为“读书时成绩还是比较好的，符合东吴的水平”。[②]

由于中学里学生只是在上课时有接触，下课了就回家，郁铭芳与同学交往并不多，与女同学交流更少，但同学之间还是比较友好的。“因为有点封建思想，男女同学不太交谈，到了大学后好点，年纪大了一点，时代也比较新了。”[③]因为注重学习，郁铭芳喜欢和一些功课比较好的同学在一起，有时还会和伙伴们一起去慕尔堂里的空地上踢小皮球。

化学实验课的魔力

郁铭芳在中学之前，最感兴趣的是天文。小时候，母亲所讲的牛郎织女、嫦娥奔月等传说故事，让他对苍茫的星空，尤其是对那一颗颗叫不出名

① 陈丽琏口述访谈，2013 年 1 月 15 日，上海。资料存于老科学家学术成长资料采集工程馆藏基地。

② 郁铭芳口述访谈，2012 年 10 月 24 日，上海。资料存于老科学家学术成长资料采集工程馆藏基地。

③ 郁铭芳口述访谈，2012 年 10 月 24 日，上海。资料存于老科学家学术成长资料采集工程馆藏基地。

字的星星充满了好奇。上初中时，郁铭芳借了一些关于西方神话的书来读。让他惊奇的是，书中也讲到星座，也讲到类似中国牛郎织女的故事，还画出了织女星座、牛郎星座。他产生了强烈的好奇心，决心探个究竟。晚上，他经常站在自家的阳台上，等到天上星星出来时，就按照书中的描述逐个去找天上的星星，看哪个是织女星，哪个是牛郎星，还把它们画下来。有时晚上走在路上，郁铭芳会仰头寻找天上指方向的北斗星。这不仅满足了郁铭芳的好奇心，也培养了他通过观察实践来学习知识的习惯。

郁铭芳上中学后，从天文书中又学到了更多的天文学知识，知道了什么是恒星和行星。原来自己找到的织女星、牛郎星都是恒星，太阳也是恒星。地球是太阳的行星之一，几大行星环绕太阳运行。郁铭芳对天文产生了浓厚兴趣。“我认为天文蛮好，能够看到这么远的东西，而且范围越弄越大，是很吸引人的学问，所以我很想到大学里去读天文学。”①假若一直如此，对宇宙、星空满怀好奇之心的郁铭芳也许会成为一名天文学家。但是很快，郁铭芳在不经意间领略到了更为奇妙的化学世界，这直接改变了他的人生选择。

转变从一堂化学实验课开始。郁铭芳读高中时，学校虽然条件艰苦，但依然开设化学实验课。那时缺乏实验设备，老师就用试管、酒精灯做些简单实验。有一次，在实验过程中，郁铭芳发现了非常神奇的事情。上化学实验课的女老师用三根试管，分别加了不同的液体，看起来都是像水一样的无色液体。老师将两根试管里的液体倒在一起，本来无色的液体竟然变成红色了，接着又倒入第三根试管中的液体，又恢复了无色。无色的能变成红色，红色又能变成无色，刚学化学的郁铭芳觉得这是件很奇妙的事情，好像变戏法一样。后来老师解释是因为酸碱中和了。郁铭芳于是产生了新的想法，加了一样东西就会有新物质产生，那么运用化学知识和实验，将会找到很多新的更有用的物质。这个化学实验使郁铭芳在天文学之外，又对化学产生了浓厚的兴趣。

郁铭芳在高中毕业考试的时候，不巧又生病了。不过，这次比较幸运，没有像小学时那般影响到大考，他正常参加了毕业考试。意料之中，郁铭芳

---

① 郁铭芳口述访谈，2012年10月24日，上海。资料存于老科学家学术成长资料采集工程馆藏基地。

成绩很好,考了第三名,直接进入了东吴大学和之江大学联合举办的私立华东大学。因为成绩优秀,学校将郁铭芳每学期的学费减半。

郁铭芳在选择大学专业时,自己选报了化学专业。“我有两种自己很喜欢的学科,但是天文学科在大学里是很少的,跟我们的生活关系还是比较远。化学就不一样,与我们的生活更加接近,而且这个学科在很多大学里都有,将来毕业后找工作也更方便些。所以,最后我放弃天文去读化学了。”[①] 郁鸿甫一贯比较开明,尊重子女选择,觉得既然儿子想去读化学,他也就赞成选化学,况且他对天文学更不感兴趣。

专业的选择对于科学家学术道路和方向的影响往往是决定性的。攻读化学,是郁铭芳在权衡现实与兴趣之后做出的选择。因为环境和性格使然,他很有主见,认准目标后就会朝着这一方向去努力,兴趣稳固而持久,这一点对于郁铭芳从事科学研究是非常有利的。

可以去读自己喜欢的专业了,郁铭芳对未来的大学生活满怀憧憬。

① 郁铭芳口述访谈,2012 年 10 月 24 日,上海。资料存于老科学家学术成长资料采集工程馆藏基地。

第二章
漂泊的大学生活

因苏州东吴大学在抗战期间辗转至上海办学，加之抗战胜利后时局依旧动荡，郁铭芳在上海度过颠沛流离的四年大学生活。东吴大学严谨的校风、优秀的师资使郁铭芳接受了专业的学术训练，为其日后的学术成长奠定了坚实基础。

颠沛流离

郁铭芳进入东吴大学的 1944 年，正是兵荒马乱的年代，战时很多事情都被打乱了。确切地讲，郁铭芳直接进入的是东吴大学和之江大学联办的私立华东大学。彼时，国内有多所联合大学，最著名的当属由国立北京大学、国立清华大学和私立南开大学组建的西南联合大学。之前，东吴大学同圣约翰大学、沪江大学、之江大学组建了华东基督教联合大学。在 1942 年停止了上海的办学活动后，华东基督教联合大学计划内迁，但因战事受阻，大批师生只能滞留上海，并以“补习班”的名义继续上课。1943 年 6 月，经东吴大学文理学院和之江大学两校留沪教职员协商，两校留沪部分联合开办私立华东大学,并于次月正式开学。[①]

为避免"文化汉奸"的臭名,华东大学坚持不到日伪教育机关登记。尽管招生既未登报,也未张贴广告,凭借以往两校的声誉,仅靠口耳相传,仍然有很多人积极报考华东大学。华东大学设有文学院、理学院、工学院、商学院、教育学院等五个学院。郁铭芳入读的是理学院化学工程系。

因为没有校舍,学校只能自觅教学场地。郁铭芳读书时先是在爱文义路(今北京西路)育英中学二楼上课,上实验课则是在慈淑大楼借用的实验室里。华东大学的课程设置沿袭东吴大学体系。东吴大学校长杨永清 1947 年在《致上海市未立案专科以上毕业生甄审委员会函》中指出,华东大学"先后三年,从不与敌伪方面有所来往,所授课程亦与敝校所授者完全一致"。[②]东吴大学采用学分制教学,学生可以自由选修课程。这点在中共东吴大学地下党组织对东吴大学政治环境的评价中亦有涉及:"东吴大学是一所比较自由的大学。学校学习采取学分制,可以自由选修课程,可以多选、也可以少选,可以跨系、跨班级选课。教师和教室也不固定。"[③]

郁铭芳在华东大学就读的第二年,时局揭开了新的一页。1945 年 9 月,日本正式投降,抗战终于胜利。郁铭芳对国民党满怀期待,然而姑姑自重庆来信谈及重庆政府的腐败,给他浇了一头凉水。[④] 时局仍不容乐观,但不管怎样,东吴大学终于迎来复校的这一刻。

同年 9 月,私立华东大学正式停办,原华东大学文学院、理学院、教育学院学生进入东吴大学,工学院和商学院学生则进入之江大学。9 月 25 日,东吴大学在上海复校后开学,郁铭芳终于名正言顺地成为东吴大学理学院化学工程系[⑤]的学生。《江苏私立东吴大学卅五年秋季学期理学院学生名单》

---

① 东吴大学上海校友会、苏州大学上海校友会:《东吴春秋:东吴大学建校百十周年纪念》。苏州:苏州大学出版社,2010 年,第 154 页。

② 东吴大学上海校友会、苏州大学上海校友会:《东吴春秋:东吴大学建校百十周年纪念》。苏州:苏州大学出版社,2010 年,第 154 页。

③ 王国平:《东吴大学简史》。苏州:苏州大学出版社,2009 年,第 174 页。

④ 郁铭芳人事档案,《郁铭芳个人经历介绍(干部自传)》,1956 年 2 月 29 日,东华大学人事档案室藏档。

⑤ 1952 年全国院系调整中,东吴大学化学工程系调往华东化工学院(今华东理工大学)。

显示,其学号为 S33024。[①] 至 10 月 1 日,各院系各班级均已上课。其后一个月,苏州校园的一部分也开始恢复,包括郁铭芳的英文老师许安之等人已先回苏州经办复校事宜,年底也开始开班上课。

复校工作在紧张地进行着,郁铭芳对未来的学习生活充满期待,他满心欢喜地等着去苏州校园读书了。在圣诞节前夜,郁铭芳特意和十多位同学赶到苏州东吴大学看校园,结果只看到校舍还保留着,但设备全部被日军糟蹋得一塌糊涂。"我们晚上也没有地方睡觉,就跑到行政办公室,在破沙发上将就睡了一觉。当时日本人还没有完全走,早上起来后,我们看到日本军人骑着马在校园里跑来跑去,他们还是很不服贴的。"[②]

事与愿违,郁铭芳想回苏州校园读书的愿望还是落空了。1946 年 5 月,国民政府教育部要求各校必须尽快返回原有校园恢复教学活动。由于抗战期间苏州校园两度被日军占领,学校校舍及教学设施损失惨重,校舍整顿需要大笔经费,完全恢复有待时日。当时校园内尚有日军千余人,因为无处可搬,不肯离校,后经多次接洽,才接收过来。"校政部决定:自 1946 年秋季学期起,文理学院的大部分迁回苏州,三四年级学生仍留在上海办学。"[③]当时留在上海的文理学院学生有 250 余人,其中理学院学生 83 人,专职教职员 10 人,兼任教员 39 人,共开课程 61 种。[④] 理学院院长沈青来负责学院事务。

眼看着一二年级的学弟学妹们兴高采烈地搬回苏州天赐庄读书去了,自己却要继续留在上海,郁铭芳很是失落。随后,他再次随着学校迁到位于昆山路 196 号的东吴大学法学院校园上课,实验课程仍在慈淑大楼与其他学校共用实验室。

1947 年 2 月,郁铭芳家人前往台湾谈生意,也带上了爱好旅游的郁铭

① 《江苏私立东吴大学卅五年秋季学期理学院学生名单上海部分》,1946 年,苏州大学档案馆藏档。

② 郁铭芳口述访谈,2012 年 12 月 13 日,上海。资料存于老科学家学术成长资料采集工程馆藏基地。

③ 东吴大学上海校友会、苏州大学上海校友会编:《东吴春秋:东吴大学建校百十周年纪念》。苏州:苏州大学出版社,2010 年,第 157 页。

④ 王国平、张菊兰、钱万里、张燕等:《东吴大学史料选辑(历程)》。苏州:苏州大学出版社,2010 年,第289 页。

图 2-1 1947 夏,郁铭芳(右二)与大学同学于文潮(左一)、黄尚德(左二)、郎庆海(右一)在南京龙潭中国水泥厂实习

芳。郁铭芳与四叔郁鸿君、六叔郁鸿全、姑父费昌年及叔叔的朋友共 6 人到基隆、台北等地游玩了一圈,喜爱摄影的郁铭芳还拍了一些风景照片。

这年暑假,在于文潮父亲的引荐下,郁铭芳与大学同学于文潮、黄尚德、郎庆海在南京龙潭中国水泥厂实习两个月。于文潮,浙江嘉兴人,父亲在江南水泥厂做顾问。于文潮是郁铭芳的同桌,也是其大学里最要好的朋友,后任大连工业大学教授。

中国水泥厂由民国时期"地产大亨"姚锡舟于 1921 年创办,是全国早期水泥厂之一,坐落在南京东郊龙潭镇青龙山北麓。郁铭芳跟着水泥厂实验室的一位主任学习测试水泥。在水泥厂实习的日子里,郁铭芳感到很惬意又很新鲜。工厂三面环山,郁铭芳住的宿舍就在山旁边,在宿舍里能经常听见山上用炮打石灰岩的声音。有一次,居然还有"不速之客"一条蛇盘到他床上,颇是惊险。中国水泥厂运输方便,距途经龙潭火车站的宁沪铁路(时名"京沪铁路")很近。闷在山里的郁铭芳和同学们还寻到了一种很刺激的消遣方式。有时,他们会在吃好晚饭后坐在铁轨上等着火车来,在火车鸣笛逼近时才跑开。其间,郁铭芳还搭上火车,去南京市区看望了大学同学解履成,一起聊起国民党在战场上的情况。

大学四年级时,郁铭芳又换地方读书了。因东吴大学正与圣约翰大学、

图 2-2　郁铭芳(中)与大学同学于文潮(左)、郎庆海(右)在圣约翰大学图书馆学习

之江大学筹建华东联合大学(后因时局变化搁浅),秋季学期,东吴大学文理学院四年级学生与圣约翰大学、之江大学文理学院的四年级学生在圣约翰大学校址(今华东政法大学)合并上课。郁铭芳终于有了比较好的学习条件。那时圣约翰大学的校舍比较空,郁铭芳和好友于文潮、郎庆海、郁维新就住在圣约翰大学学生宿舍树人堂里。他们经常结伴到学校的图书馆看书学习。圣约翰大学对面就是兆丰公园(今中山公园),郁铭芳经常和同学一起到公园里游玩。有一次,郁铭芳还和于文潮晚上去天蟾舞台观看京剧大家梅兰芳出演的《洛神》,回校时因时间太晚只能翻了铁门进来。这是一段比较轻松愉快的时光。

图 2-3　1948 年,郁铭芳与大学同学在圣约翰大学宿舍前合影(左起依次为郁维新、陈允湛、郁铭芳、于文潮、郎庆海)

步入化学研究之门

恩师顾翼东治学的 5 个“W”

在东吴大学,郁铭芳遇到了对其学术成长影响最大的老师顾翼东教授,他认为“顾老师是我在大学里最尊重、印象最深的老师”。①

顾翼东②,名大荣,著名无机化学家、化学教育家,1903 年出生于江苏吴县(今苏州)的书香世家。他天资聪颖,受外祖父清末翰林王同愈影响,喜爱自然科学,15 岁即从东吴附中跳级升入东吴大学化学系,1923 年获理学士学位。1924 年赴美国芝加哥大学留学,仅用一年时间即获理学硕士学位,当选为西格玛赛(SigmaXi)学会准会员。

顾翼东认为出国留学的目的是为报效祖国,1926 年学成后立即回到母校任化学系教授,年仅 23 岁。1931 年任化学系主任。1933 年他再次赴美国芝加哥大学攻读,专修有机合成。1935 年获化学哲学博士学位,被选为西格玛赛学会正式会员,并成为美国科学促进会会员和美国化学会会员。1938 年至 1950 年间,先后兼任交通大学、震旦女子文理学院、上海医学院、大同大学等校教授,曾任国民政府资源委员会化验室主任。1952 年全国高校院系调整时调往复旦大学化学系任教。

1957 年,顾翼东参加国务院科学规划会议,国家科委主任方毅嘱托他开展我国储量居世界首位的钨矿及稀有元素的研究。他毅然转入无机化学和稀有元素领域,成为我国钨化学研究的奠基人,在多酸化学及钨钼化学的研究中作出突出贡献。1980 年,当选为中国科学院化学学部委员。在 70 年的

① 郁铭芳口述访谈,2012 年 10 月 24 日,上海。资料存于老科学家学术成长资料采集工程馆藏基地。

② 关于顾翼东院士的介绍参见徐燕、周以恒《在稀土化学等领域取得丰硕成果的著名化学家顾翼东》,光明网,http://www.gmw.cn/content/2005-12/07/content_338536.htm。

教育生涯中，有 10 多位学生成为中国科学院和中国工程院院士。

顾翼东十分重视理论联系实际，坚持教学与科研相结合，其座右铭是“一个化学家必须为人类留下某些有用的东西”“克服困难进入星辰”。他常说，要敢于做前人没能做好的工作。顾翼东在抗战胜利后参加了上海光明制药厂和上海冶炼厂的生产、科研工作。当时磺胺噻唑（消治龙）是一种可治疗溶血性链球菌、脑膜炎球菌、肺炎球菌等感染类疾病的紧俏药品，但依赖进口，价格昂贵。顾翼东开展药物合成研究，将制备原料由氯化乙醚改为氯化乙醛缩合物，过程简便安全，成本低廉。他又公开合成方法，供上海多家制药厂生产。学生们都感觉到他是个“实干派”，这点对学生影响深刻。

顾翼东上课非常认真，采用启发式教学，注意培养学生的思考能力。因为身兼数所大学的教职，他会因校制宜，灵活讲授教学内容，在东吴大学授课时偏重叙述及应用。他常比喻说百分之七十的基础研究加上百分之五十的应用研究，等于百分之一百。之所以是一百，他认为基础研究与应用研究间存有交叉和互变，对科学的发展至关重要。他治学严谨，要求学生必须懂得五个“W”。第一个“W”是“How”，即首先要知道前人怎样想、怎样做的；第二个“W”是“Why”，为何这样想、这么做；第三个“W”是“Whether”，问自己有没有新想法；第四个“W”是“What”，发现的新现象和新问题是什么；最后一个“W”是“Whither”，进一步提出自己的观点和解决问题的方法。①

五个“W”对郁铭芳影响至深，贯穿其整个学术成长道路。对第一个“W”，他尤为看重，“第一个要研究国外现在的情况。你要摸清国外的情况，先不要自己搞。对于国外已经解决的问题，你可以在它的基础上再做进一步研究”。②

大四那年，郁铭芳第一次接触到高分子化学的内容。作为系主任的顾翼东很注重更新课程内容，增开了国外最新的有关高分子科学的课程，并专门请一名麻省理工学院毕业的留美博士来授课。但这位博士来上课以后，

---

① 郁铭芳：为人师表养正气，海人不倦法完人——深切怀念恩师顾翼东院士。《东吴上海会讯》，2011 年 12 月，第 47 期，第 9 页。

② 郁铭芳口述访谈，2012 年 10 月 24 日，上海。资料存于老科学家学术成长资料采集工程馆藏基地。

郁铭芳他们大有意见，因为他每次上课时都喜欢坐在讲台上，拿着一瓶可乐边喝边讲，讲什么内容学生也听不明白。半年教下来，在顾翼东征求学生意见时，大家就一致反对，后来就不再续聘。[①] 高分子化学是化学纤维的科学基础，虽然只有一点高分子化学的内容，但是郁铭芳已经有了一些印象。就是这零星的知识，日后也将大派用场。郁铭芳没想到，十年后自己会成为上海发展化学纤维的一员，并与化学纤维打一辈子交道。

做毕业论文时，由于郁铭芳班级里有不少同学，老师不可能同时指导所有的学生，学生选择导师时要征得老师的同意。郁铭芳就请顾翼东做自己的毕业论文导师，获得了他的同意。顾翼东在论文立题、研究方法、实验、审核等方面都给予郁铭芳很大的帮助。

在与郁铭芳一起讨论毕业论文选题时，顾翼东首先提出了研究染料的建议。作为全国最大的纺织工业基地，上海对于纺织印染行业所需染料需求量很大，然而大部分染料依赖从国外进口，国内生产很少，价格昂贵。身兼化工厂顾问的顾翼东感到开展染料研究很有价值，如果可以研究出某种染料，就能够无需进口，改由国内直接生产，在上海的服装厂、印染厂会有很好的市场，可获得良好效益。在指出这种需求后，他进一步分析国内市场上哪种产品较为急需且需求量较大。当时染料颜色主要有红黄蓝白几种，考虑到老百姓穿衣以蓝色衣服居多，他进而提出研究蓝色染料。于是，郁铭芳就将印染用蓝色染料作为自己的毕业论文题目。

郁铭芳做论文首先遇到的困难是文献查考。在顾翼东的指导和推荐下，他最后在一家药厂的图书馆找到有关资料。做蓝色染料需要蓝色单体，但国内没有，需要进口，顾翼东就从国外购买一些样品进行研究，再通过化学实验合成蓝色染料。尽管工厂里也提供一点经费，但数量很小，只够做少量的实验。郁铭芳感到做出蓝色的染料很难，经多次实验，最后终于做出来了，但是还停留在实验室阶段，作为一种蓝色染料产业化的方法并未成功。做毕业论文的经历，让郁铭芳开始对纺织有了一定了解，同时认识到染料化

① 郁铭芳口述访谈，2012 年 10 月 24 日，上海。资料存于老科学家学术成长资料采集工程馆藏基地。

学是一门很大的学问。

能够在顾翼东的亲自指导下做研究论文，对郁铭芳是一段宝贵的学习经历。他开始实质意义上接触科研工作，对科学研究如何选题、如何开展研究有了切身体会。顾翼东又是一位爱国学者，他在研究中体现的注重实践、服务民生的研究主旨，对郁铭芳有着潜移默化的影响。

大学时期有一点让郁铭芳很遗憾。由于学校没有固定的校舍，学生上完课就回家，与老师的见面机会比较少。顾翼东身兼多职，工作繁忙，郁铭芳和他除了上课外接触并不多。郁铭芳工作后有机会就去拜访恩师，其中包括在台湾工作的老同学回上海看望老师、复旦大学举办顾翼东 90 岁诞辰纪念会，郁铭芳均前往参加。1995 年，他当选为中国工程院院士后，非常感念恩师教导，特去向恩师汇报。那时，顾翼东已生病在床，不能多说话。郁铭芳告诉老师自己刚刚当选为院士，顾翼东也很高兴。1996 年 1 月 21 日，顾翼东在上海华东医院逝世，郁铭芳参加了追悼会。2011 年，应苏州大学之邀，上海东吴大学校友会的几位校友一起回忆顾翼东的教学思想，郁铭芳在上海东吴大学校友会会刊《东吴上海会讯》上发表了"为人师表养正气，诲人不倦法完人——深切怀念恩师顾翼东院士"一文，深深表达感激之情。

系统的学术训练

东吴大学的化学学科师资强大，在全国享有盛誉。郁铭芳就读的化学工程系属新增设的系科。早在 1921 年，东吴大学开始筹划化学工程系，并试办一年，随着化学工业的发展，1940 年正式设立。课程除全部化学学科外，还设有各种工程科目。[①] 郁铭芳就读时，理学院共设四个系，分别为化学工程系、化学系、生物系和物理系。化工专业注册学生最多。理学院化学化工系共开设课程 15 种，共 56 个学分。到郁铭芳毕业时，"教授阵容坚强"，任课

---

① 东吴大学上海校友会、苏州大学上海校友会：《东吴春秋：东吴大学建校百十周年纪念》。苏州：苏州大学出版社，2010 年，第 141 页。

教师除顾翼东外，还有潘慎明、汪葆浚①、严志弦②、许嘉祥、张承宏、施亚钧、沈韵玉、浦家诚、周朝槐等。③

对郁铭芳影响深刻的大学老师有 6 位，其中首推顾翼东，其他还有教授普通化学的汪葆浚，教授物理化学的严志弦，教授分析化学的叶治标，教授数学的徐景韩，教授物理的陈宝珊。汪葆浚、严志弦、叶治标均为顾翼东的弟子。

汪葆浚 1929 年获东吴大学化学系理学学士学位，1932 年获燕京大学理学硕士学位，曾任东吴大学教授、化学系主任，后任山东工学院、华东理工大学教授，主编有《分析化学》、《中和法》、《线性滴定法》等著作。他生活简朴，待人亲切，爱护学生，治学严谨。他和严志弦两人皆以教学严肃著称，学生送予绰号“阎罗王”(苏州话“严和汪”谐音)。

严志弦 1922 年毕业于东吴大学化学系，获理学士学位。他具有良好的外语基础，因国内化学教材缺乏，1935 年翻译德明所著《普通化学》，成为当时大学一般采用的教材。严志弦幼年丧父，体谅大哥供应读书之难，用在校跳级、在家自学的方法很快完成中小学课程。他以自己的学习经验，教诲学生注重自学。郁铭芳感觉读得差一些的课程就是严志弦讲授的物理化学，因为该课程的理论性比较强。

郁铭芳最喜欢的课程是叶治标讲授的分析化学，因为分析化学的主要任务是鉴定物质的化学组成、测定物质的有关成分的含量等，这些都是郁铭芳感兴趣的。分析化学课考试时，需对不知名的化学品进行化学成分分析。郁铭芳在考试时，助教给了他一种白色粉末作为样品去测试，内有两种化合物，要求测试分析出它们的名称。因为郁铭芳把硫酸钾搞错成氯化钾，酸根找错了，分数被扣了一点，但是总成绩依旧很好。

---

① 汪葆浚(1906—1991)，安徽休宁人。东吴大学化学系理学学士，燕京大学理学硕士。曾任东吴大学教授、化学系主任，山东工学院、华东理工大学教授。

② 严志弦(1905—1968)，江苏武进人。无机化学家、化学教育家。毕业于东吴大学化学系。先后任教于苏州桃坞中学、东吴大学、复旦大学。解放后任复旦大学化学系主任，著有多种无机化学和定性分析教材。

③ 王国平、张菊兰、钱万里、张燕等：《东吴大学史料选辑(历程)》。苏州：苏州大学出版社，2010 年，第313 页。

徐景韩是郁铭芳大一时的数学老师，主要讲授微积分。徐景韩 1917 年获东吴大学化学硕士，据称是有史可考的我国第一批化学硕士。作为文理学院教务长，他兼上数学课。郁铭芳从小就喜欢数学，读微积分时很用功。在一次期中考试后，徐景韩发放批改后的试卷，一直发到最后一张。他特地说自己非常高兴：这次有一位同学考了 100 分。郁铭芳这时还没有拿到试卷，听到老师的话，知道说的就是自己，感到蛮惊奇也很开心。他认为“我自己可能运气好，能做出来的都做出来了”。①

陈宝珊在中学里教郁铭芳物理课，大学里也教课。他与东吴大学化工系毕业的金立藩一起合译了美国哈佛大学由布莱克（Black）和科南特（Conant）合编的《应用化学》，出版后曾风行一时，被许多学校采用为教材。

除此之外，东吴大学对文科也很重视，同样是名师云集。国文教师蒋吟秋②工诗善词，精金石书画。他上课时娓娓道来、条理清楚，一首古诗也能讲

图 2-4　1989 年，郁铭芳（后排中）在上海与老师同学合影（前排中为顾翼东，左二为汪葆浚）

① 郁铭芳口述访谈，2012 年 10 月 24 日，上海。资料存于老科学家学术成长资料采集工程馆藏基地。

② 蒋吟秋（1896—1981），字翰澄，号镜寰，晚年自号平直居士。江苏苏州人。毕业于江苏师范学校，书法家、金石学家、图书馆学家。曾任南京高等师范学校、苏州美专、东吴大学等校教授，苏州图书馆馆长。著有《版本问答》、《学书述要》等。

得妙趣横生，听来津津有味。历史教师张梦白[①]毕业于东吴大学，后获美国哥伦比亚大学文学硕士学位，从事世界史研究，讲课丰富生动，讲述重大事件引人入胜。他后来成为东吴大学校友总会会长。

战前，作为教会大学的教授们，生活待遇比较优越。抗战开始后，他们随着学校四处迁徙，历尽艰辛。由于学校经费困难，几乎发不出工资，教授们薪水很少，家庭生活都很困难。原来在苏州时居住宽敞，但到上海时，因为校舍都是借的，教授们只能“蜗居”陋室。抗战期间，不少教授只能在华东大学、正养中学等多所又穷又苦的学校兼课，有的每周课时高达 40 节以上，以微薄的薪水维持最起码的生活。[②] 即便抗战胜利后，因社会经济恶化，物价飞涨，民不聊生，教授们的生活水平仍然很低，所以包括顾翼东在内的许多老师都在上海的一些化工厂兼职做顾问。生活的困难并不能影响教授们对教育的热情，他们仍然努力恪守着东吴大学“从严要求”“重视基础教育”的办学传统，努力坚持“教育救国”“科学救国”，学生们学习都很专注。这些对郁铭芳产生深刻影响，他认为“正是学校和老师的辛苦教导和培养，使我在踏上社会之前在化学这门科学上打下了很好的基础”。[③]

原子团契

教会大学有组织团契的传统。团契是教会用来向非教徒宣传教义的组织，组织松散，自由加入。郁铭芳在校期间也参加了团契活动。1946 年 4 月，同级同学黄尚德(后到南京总工会工作)、刘恩新(基督教徒)发起组织团

① 张梦白(1910—2002)，江苏常州人。1930 年获东吴大学文学士学位，1949 年获美国哥伦比亚大学文学硕士学位。先后任东吴大学、苏州大学历史系教授，中国美国史研究会顾问。

② 杨恒源：抗日战争时期的东吴大学。《苏州大学学报》(哲学社会科学版)，1988 年第 4 期，第 53 页。

③ 郁铭芳：饮水思源忆东吴，引自东吴大学上海校友会、苏州大学上海校友会编：《东吴春秋》。苏州：苏州大学出版社，2010 年，第 310 页。

契，准备以宗教团契的形式加强同学间的友谊。

郁铭芳参加团契与东吴大学学生运动有一些关系。1925 年东吴大学建立中共地下党支部，学校里进步学生较多，郁铭芳高一级的师姐王丽云就是地下党员。郁铭芳也接到过进步学生递给他的一些复印资料，全是宣传共产党的内容。郁铭芳事后回忆："我如果逐步地接近他们，会发展为一名党员。这时候要搞一些进步的活动，比如说罢课或者反内战，解放前这种活动蛮多的。像我们这批人这时很落后，不参加他们这种反内战的进步活动，又不肯罢课。你罢课我就不能读到书，我们对罢课也有想法和意见。"①

因为平时谈到罢课大家意见比较接近，加上有同学是基督教徒，大家就相约组成团契。4 月 21 日，郁铭芳和同级关系较好的同学一起在育英中学开会讨论成立团契。团契要起名字，大家讨论后认为，既然基本上都是学化学的，原子是构成化学元素的基本单元，就叫原子团契。除了郁铭芳，原子团契还有 11 名同学，包括黄尚德、于文潮、郎庆海、陈允湛、颜振康、郁维新、刘恩新、杨庆贞、陈丽琏、张引凤、陈衍彬。其中有 3 人为基督教徒。由于功课较好，思考敏捷，主见较强，年龄最小的郁铭芳被选为会计（后当选为总务），黄尚德为主席。

原子团契成立后约每周聚会一次。参加的同学主要是读化学的，对科学的理解深一点，因而虽是基督教团契，但成员并不入教，也不上教堂做礼拜，以文娱学术活动为主。东吴大学有时会组织学生去听来访的外国牧师做报告，郁铭芳也会跟着一起去听。教会活动里有音乐会演出的内容，他对音乐很有兴趣，也会去听音乐，听好了就回来。郁铭芳记得，有一年他们还到徐家汇附近的基督教堂参加圣诞节活动。晚上那里摆一个摊，上面放一些洋娃娃什么的小物件，可以拿圈去套，套中就给奖金。在牧师还没讲的时候，来参加圣诞节活动的人可以玩各种各样的游戏。等到牧师开讲，郁铭芳他们也就散了回家了。②

原子团契还经常组织到外面去旅游，比如上海佘山、江苏无锡、苏州、昆山、浙江杭州等。郁铭芳爱好旅游，喜欢登山，还喜爱摄影。那时父亲在老凤祥

---

① 郁铭芳口述访谈，2012 年 10 月 24 日，上海。资料存于老科学家学术成长资料采集工程馆藏基地。

② 郁铭芳口述访谈，2012 年 10 月 24 日，上海。资料存于老科学家学术成长资料采集工程馆藏基地。

图 2-5 郁铭芳(后排左三)与大学同学在江苏昆山旅游合影

银楼工作,收入颇丰,就给他买了架照相机。郁铭芳学会了自己冲印照片。他一生中兴趣广泛,乒乓、围棋、二胡,玩起来都有模有样。科学与艺术是相得益彰的。

郁铭芳曾参加过两次宗教团契活动,一次是在圣约翰大学举行的各教会大学团契座谈会,一次是 1946 年圣诞节在国际礼拜堂由各教会大学团契举办的联欢晚会。当时东吴大学理学院只有一个团契,原子团契就代表理学院参加。

郁铭芳加入团契后,与团契成员交往较多,但不参与政治活动。郁铭芳回忆道:

> 我们同学里有两派:一派是进步的,积极参加政治活动;一派是比较进步的,虽不参加政治活动,但参加罢课。原子团契的 12 个人哪一派也不参加,人家罢课照样到学校里面。我们不赞成罢课,因为罢课了老师不上课,想读书的我们感到是一个损失,我们希望能够读书。[①]

① 郁铭芳口述访谈,2012 年 12 月 13 日,上海。资料存于老科学家学术成长资料采集工程馆藏基地。

1947 年 5 月 20 日，南京、上海、苏州、杭州等 16 所专科以上学校 6 000 余名学生联合举行以“挽救教育危机”为目的的反饥饿反内战大游行，受到国民政府镇压。“五二〇”运动中，上海全市 80 余所大中学校罢课。其时，郁铭芳在昆山路东吴大学法学院校址上课。事件发生后，学校操场上有很多学生要罢课。有同学拿出纸要大家签名，意思是本班有些同学不征求意见就以化工系出面赞成罢课，号召同学签名反对这种行为。当时认为罢课不好，郁铭芳就签了字。

在风起云涌的学生运动浪潮中，郁铭芳也无意中参加了一次进步活动。1947 年 10 月 26 日，国民党秘密逮捕浙江大学学生于子三，同月 29 日将其杀害。于子三是浙江大学学生自治会主席、全国学联浙江联系人和共产党的秘密外围组织“新民主青年社”华家池分社负责人。“于子三事件”引发一场反迫害的全国性学生运动。这次，进步学生很有计谋，他们说不是什么活动，就是组织大家到杭州去旅游。郁铭芳他们一直很喜欢旅游，就跟着去了杭州。他们带了被子，到杭州后住在一所事先联系好的学校，把教室里的桌椅移好空出地方，晚上睡觉，白天旅游。郁铭芳他们是当旅游性质去玩的，去了以后才发现实际上是去纪念牺牲的学生于子三。这次去的人很多，郁铭芳和大家爬到宝塔山上面看时，看到游行队伍打着旗子，队伍绵延很长。

1948 年毕业后，原子团契成员每月仍聚会一次，但已经是纯粹的同学联谊活动。后来郁铭芳入党的时候，在校时这段参加团契活动的经历成为重点审查的内容。他在写入党申请书时，对参加原子团契的来龙去脉做了详细交代，将团契说明为基督教的外围组织。

尽管专心走技术路线，郁铭芳在大学里第一次接触到了唯物辩证法。他有个堂房表哥戎戈①，是宁波大姑姑的二儿子。戎戈原名戎维域，10 多岁时就到上海一家药厂做学徒，每年春节都会到郁家拜年。戎戈对绘画很有兴趣，肄业于苏州美专沪校，1941 年开始木刻创作，主要制作一些有政治意

---

① 戎戈(1923. 10—　)，原名戎维域，浙江宁波人。擅长版画、书法。肄业于苏州美专沪校。后任中华全国木刻协会候补监事。1959 年任《文汇报》社编辑。1991 年获“鲁迅版画奖”。作品有《饥民》、《老人》、《炉火熊熊》等。

义的木刻版画,1946 年曾参与筹备"抗战八年木刻展览会",后加入中国共产党。郁铭芳上大学期间,有一次戎戈到郁家来拜年,送给他一本艾思奇[①]著的《大众哲学》。该书是一本宣传马克思主义哲学的通俗著作,主要介绍了马克思唯物主义原理、认识论内容和辩证法的基本规律及范畴。郁铭芳感到"那时候我也不是全部都能看懂,但看了一些后,对马克思主义唯物辩证法还是有一点理解"。[②] 他恐怕不会想到,"努力学习唯物辩证法,树立正确人生观"日后会成为自己的人生格言。

惜别东吴

1948 年 6 月,经过四年的学习,郁铭芳从东吴大学化学工程系毕业,获得理学士学位。其在校期间的学习成绩虽多方寻觅未果,但应属优等。在 1946 年 6 月《东吴理工》第一、二期合刊上,刊有一则《理学院消息》。上面罗列了一份荣誉生名单,郁铭芳在二年级的学生中以 88. 9 分的成绩列甲等,成绩仅比同级的第一名差 0. 5 分。[③] 郁铭芳认为自己并没有什么好的学习方法,关键是要有兴趣。

> 对一样东西没兴趣,学起来就比较累了,有兴趣就比较开心。我对化学很有兴趣,本身进校时就已有这样的因素在里面,而且我希望将来能做这方面的工作,所以我学习比较诚心一点。我觉得化学是一门很好的学科,我完全是自己自愿去学,不当它是一件麻烦的事情,这个是有关系的。[④]

① 艾思奇(1910—1966),本名李生萱,云南腾冲人,马克思主义哲学家。
② 郁铭芳口述访谈,2012 年 11 月 23 日,上海。资料存于老科学家学术成长资料采集工程馆藏基地。
③《东吴理工》(第一、二期合刊),1946 年,第 22 页,苏州大学档案馆藏档。
④ 郁铭芳口述访谈,2012 年 10 月 24 日,上海。资料存于老科学家学术成长资料采集工程馆藏基地。

郁铭芳这一级的毕业典礼在上海大光明戏院举行。以往，东吴大学毕业典礼很隆重，一般毕业生要一个个上台，由校方颁发毕业证书，并为其拉帽穗。不过，郁铭芳毕业时情况有了小变化。他回忆说：

> 但是那时我们就没有这么好的待遇。我大学毕业时只能坐在大光明戏院的座位上，老师都坐在戏台上面，一个个念名字，谁得到学士学位了，自己把帽穗拉过去，就算你得到学士学位。我就是听到老师读到我名字时，自己把帽穗拉过去的。①

毕业当天，郁铭芳又和两个比较要好的同学，一起赶到苏州东吴大学去看校舍。虽然毕业了，但郁铭芳并未领取东吴大学毕业证书。那份民国37年(1948年)6月30日签发的毕业证书现存于苏州大学档案馆，上面的存根联完好无损。据郁铭芳回忆，他曾经领过一份学历证明书，但因上面印有国民党的“青天白日旗”等，“文革”时母亲担心招惹麻烦就将其烧掉了。岁月久远，这份正式的毕业证书为何没有被领取，具体缘由已难以查考确切，大概与战时环境有关。这也成为郁铭芳动荡求学生涯中仅存的毕业证书。

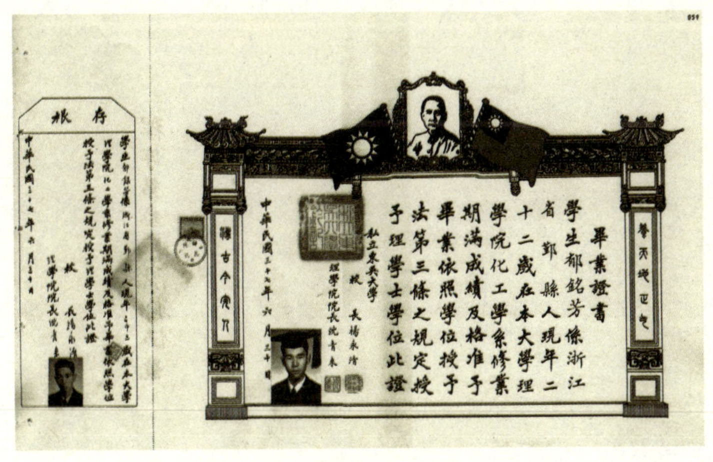

图2-6　1948年郁铭芳私立东吴大学毕业证书(存于苏州大学档案馆)

① 郁铭芳口述访谈，2012年10月24日，上海。资料存于老科学家学术成长资料采集工程馆藏基地。

大学四年颠沛流离的求学生活，在郁铭芳心中留下了难以磨灭的印迹。他后来到东华大学工作，给新生做报告或给学生做讲座时，时常以自己的亲身经历现身说法，勉励大学生要珍惜当前学习机会。

东吴大学系统的学术训练，让郁铭芳对科学有了进一步的认识。“虽然在教会学校受了十年的教育，但我不信宗教，认为科学和宗教是不相容的，是对立的。我相信科学到将来是万能的。”[①]由于东吴大学的老师很多都是留美归来的，学校也接受美国教会资助，郁铭芳认为“美国工业、科学发达，想尽力养成‘学者’风度，梦想将来发明成功，做个令人尊敬的科学家”。[②]“科学家”开始成为郁铭芳心中的一个梦想。一个人的成功除了偶然因素，也蕴含着必然。结合郁铭芳之后的工作和思想轨迹，我们不难发现，无论环境如何变化，他始终坚守做自己感兴趣的、与化学相关工作的强烈意愿。梦想不息，前行不止。

东吴大学的校训对郁铭芳的影响也比较大。东吴大学早期只有英文校训“Unto a full grown man”，语出《圣经・新约》，原意为“得成人”，作为校训有“造就完美的人格”的寓意。[③] 1927年，在校长杨永清的提议下始有中文校训“养天地之正气，法古今之完人”。这让郁铭芳深刻认识到做人要树立正确的人生观，要以古今德才兼备的伟人为榜样。他后来将这两句话作为做人的方向和目标。

郁铭芳感到在东吴大学的学习非常重要。“十年中，在老师们的谆谆教导下，在同学们的相互学习和帮助下，我打下了比较坚实的基础。每当我在工作中取得了一点成绩，都会想到当年在慈淑大楼、慕尔堂、昆山路东吴大学法学院、圣约翰大学等校址的学习生活。”[④]

正因在东吴大学打下的深深烙印，郁铭芳对东吴大学怀有深厚的感情。

---

① 郁铭芳人事档案，《郁铭芳个人经历介绍（干部自传）》，1956年2月29日，东华大学人事档案室藏档。

② 郁铭芳人事档案，《郁铭芳个人经历介绍（干部自传）》，1956年2月29日，东华大学人事档案室藏档。

③ 王国平：《东吴大学简史》。苏州：苏州大学出版社，2009年，第116页。

④ 郁铭芳：参加中国工程院第二次院士大会感，载《东吴上海会讯》，1995年8月。

“我想我读书时最大的一个遗憾，就是我虽然毕业于东吴大学，但由于战乱，没有在东吴大学苏州校区上过一次课，而是在上海辗转四个地方。”[①]令郁铭芳非常高兴的是 1984 年东吴大学上海校友会成立，自己成为其中一员。此后，但逢校友会组织活动，他只要没有到外地出差都尽可能地参加，另外也积极参加捐款、缴纳会费等活动。苏州大学 100 周年校庆、105 周年校庆、110 周年校庆三次校庆大会，郁铭芳都欣然参加，这多少弥补了他的缺憾。

① 郁铭芳口述访谈，2012 年 12 月 13 日，上海。资料存于老科学家学术成长资料采集工程馆藏基地。

第三章 动荡中的坚守

解放战争胜利前夕，旧中国民生凋敝、百业萧条，郁铭芳理想受挫，迫于生计，只得投考中国纺织建设公司(简称“中纺公司”)，从事缺乏兴趣的实验分析工作，进入自称为“政治上进步，业务上退步”的阶段。

考入中纺公司

大学毕业了，郁铭芳却忧心忡忡。1948年6月，正是解放战争激烈的时候，上海也属解放前夕，社会动荡，社会上流传着“毕业即失业”的说法。何去何从，郁铭芳也很茫然，内心怀有两种矛盾思想。“一种认为社会风气腐化，怕自己走上社会会随波逐流。另一种是怕毕业即失业。[①]”郁铭芳开始试着求职。因为学的是化工专业，那时石油化工工业发展又很快，他的理想是从事研究工作或在石油化工行业工作。郁铭芳虽不愿求人但又害怕失业，

① 郁铭芳人事档案，《郁铭芳个人经历介绍(干部自传)》，1956年2月29日，东华大学人事档案室藏档。

无奈中他由叔父介绍拜访了石油公司经理等人,却迟迟无音信。

当时,社会上危机重重,老百姓生活压力很大。特别是1948年的币制改革更是雪上加霜。这一年8月,国民政府实施币制改革,发行金圆券,规定9月30日以前,向中央银行或其他委托之银行兑换金圆券,违者一律没收。截至10月底,仅上海一地,被强迫收兑的黄金即达110万市两。① 上海社会经济处于崩溃边缘,恶性通货膨胀,工商业濒于破产。郁铭芳的父亲郁鸿甫本来在老凤祥银楼工作,收入较丰,一搞金圆券,银楼关门,只能失业。郁铭芳还有三个妹妹一个弟弟。大妹郁铭娟19岁,在上海私立沪江大学读书。二妹郁珊娟17岁,就读于上海私立清心女中。三妹郁孟娟在上海私立钱江小学读书。弟弟郁漱芳年仅13岁,在上海私立沪江附中读书。② 父亲失业,母亲是家庭主妇,四个弟妹要读书,一家人生活负担骤然增加。身为长子的郁铭芳不敢侈谈理想,既然进石油公司的路走不通,当务之急是赶快谋份差事,分担家庭经济压力。

郁铭芳曾经有机会去台湾工作,不过还是放弃了。他的一些大学老师去台湾后,曾写信回来。因当时台湾化工行业刚刚发展,很需要技术人员,老师就提出郁铭芳等几位学生如有兴趣可到台湾的化工厂工作。郁铭芳的一些同学因此就到台湾去了,后来在那边发展得很好。郁铭芳读大学时随家人去台湾游玩过,加之心仪化工厂工作,确实也动心过,但以往"两耳不闻窗外事"的他此时对未来有了新想法。他感到国民党虽然有美国支援,但和共产党打起来还老是吃败仗。大学同学解履成毕业后去了国民党军队做文书,郁铭芳曾经到过他驻扎的军营里,一起聊起国民党王牌军张灵甫率领的"整编第七十四师"在孟良崮战役中的惨败。那次谈话对郁铭芳的触动比较大,他决定留下来,迎接新中国。

那时,上海百业萧条,只有中国纺织建设公司每年还招考职员。中国纺织建设公司由抗战胜利后国民党接收日本在华的上海、天津、青岛及东北四

---

① 上海金融志编纂委员会:《上海金融志》。上海:上海社会科学院出版社,2003年,第700页。

② 郁铭芳人事档案,《中国纺织建设公司职员履历调查表》,1948年10月8日,东华大学人事档案室藏档。

个地区的纺织厂及其附属企业改组而成。中纺公司在上海拥有 38 个厂，是中国最大的纺织企业，在世界上也是较大的纺织企业。当时纺织行业是上海最大的行业，工资水平比普通企业都高，故有“金饭碗”之称。郁铭芳从报纸上看到中纺公司招考技术人员的广告，虽然不想从事纺织工作，但是当时也没有别的办法，总算是条路子，于是抱着试试的想法参加了考试。

考试很严格，除了笔试，还有实验考试。郁铭芳印象中实验考试“蛮紧张的”。每个人由一名职员在旁边监督，郁铭芳后来知道有 50 多条规范要求。他考化学实验的滴定测试，要滴定溶液的酸碱度。滴水管的中间有一个阀门，按照正确操作法，应该在管空的时候先拿出来，在上面涂一层润滑油，再把塞子塞进去。另外，称量用的天秤给的不是精密天秤，而是必须先校好平衡方能测试用的天秤。郁铭芳觉得“滴定酸碱度，这个是最起码的实验，一步一步的。因为我蛮喜欢化学，在学校里面完全照老师讲的做的。有的同学对化学不喜欢，老师讲的他没听到或者根本不听，做是做的，但是没有全部做到底。因为我完全做到底，做实验的时候就符合这个要求了。”①

考试对于一贯注重学习的郁铭芳来说不成问题，他顺利通过考试后，却又遇到了新问题。郁铭芳此前生过肺结核，已经痊愈。进中国纺织建设公司需要进行健康检查，一查显示他生过病，吐过血，还有一些斑块，检查报告递上去后就没有批准。郁铭芳就去跟公司交涉，认为自己只是过去生过病，现在已经好了，可以工作。最后，公司勉强同意他再去复查。复查之后的检查报告显示可以工作，公司只好同意录取。那时，刚进中国纺织建设公司的技术人员为助理技术员，郁铭芳因为健康检查的原因，还要加一个“帽子”，为“练习助理技术员”。

郁铭芳虽然没有寻到理想的工作，但已属幸运。解放前夕，很多大学生都找不到工作，能端到纺织公司的“金饭碗”已经很不容易。郁铭芳有好几个同学和他一起投考中国纺织建设公司，最终只有三个人考进去。他的一批同学一直失业在家，他们还是在等到解放后，在国家新建的各个部委需要各种学科的大学生时，才有机会到北京的轻工业部等部门工作。

---

① 郁铭芳口述访谈，2012 年 10 月 24 日，上海。资料存于老科学家学术成长资料采集工程馆藏基地。

1948 年 10 月,郁铭芳正式进入中国纺织建设公司位于江宁路 931 号的公司染化研究试验室工作,薪水 50 元。同时在实验室工作的还有他在东吴大学的上一级学姐王丽云。王丽云是名地下党员,在共事过程中成为对郁铭芳政治思想方面影响最大的人。据郁铭芳回忆,王丽云对他的影响非常大,还引导他加入中国共产党。

1949 年 1 月,郁铭芳在公司总化验室工作不到四个月,一纸调令又将他和王丽云调到公司下属的中纺公司上海第十七纺织厂(简称"十七厂")。中纺十七厂原为日本企业裕丰纱厂,位于杨树浦区(今杨浦区)杨树浦路 2866 号,厂区很大,工人近万名,是上海屈指可数的纺织大厂。中国纺织建设公司下属企业近四十家,但只有十七厂有化验室。十七厂的厂长吕德宽是名工程师,获有英国曼彻斯特大学硕士学位,很重视技术工作。抗战胜利后,实验室里原有的两名日本技术人员被遣返回国,实验室没有工作人员,吕德宽就要求总公司再派两名技术人员。郁铭芳到了实验室后具体负责纺织浆料原料分析工作。

郁铭芳去了没多久,就显现出爱钻研的劲头。当时,纺织厂织布时需要用浆料,浆得不好容易断头,车间里要先用淀粉配好浆料。郁铭芳的工作就是称量浆料的分量,实验后判定成分是否符合要求,里面要放多少浆料进去,再通知车间生产。郁铭芳觉得这个流程不仅太复杂而且太慢,车间要等到化验结果出来才能使用。他就动脑筋了,先测定水和淀粉混在一起后比重的变化。结果他发现浆料加得多,比重就大一些,浆料加得少,比重就低一点,所以只要用比重计测试调好的浆,就可以看出比重是多少。郁铭芳制作了一张表,分别列出加 10%、20%、30%的数据,表上一查就知道里面有多少淀粉、浆料是否符合要求,这样可以马上通知车间浆料是否合适或需要调整。当时实验室的日本技术人员在做移交工作,还没走,看到郁铭芳的这项工作后,回去就写了文章发表在纺织行业的期刊上。其他同事恰好看到文章就告诉郁铭芳,他很有些气愤。同事让他再写一篇。郁铭芳认为既然已经有了,再写也无必要,就算了。

虽然刚去就崭露头角,但这并没有改变郁铭芳对自己工作的看法。他认为纺织厂的整个生产流程中没有一个是化学变化,只是物理变化,实验室在纺织厂中搞不出什么名堂来。这与郁铭芳曾经的“科学家”梦想相差太远。他对工作提不起兴趣,内心期待有机会就离开。

机会很快来了,可和郁铭芳的期望相去甚远。十七厂的工场长俞鉴动员郁铭芳到中国纺织建设公司下属的纺织培训班去学习,因为他考虑到郁铭芳不懂纺织,只能做实验,希望他经过学习和锻炼后,可以进一步向纺织方面发展。郁铭芳拒绝了这一提议。他还是抱着原来的想法,“纺织只是一个物理变化,把纤维织成布,没有创造新的物质,自己想搞的还是化学,致力于创造新的物质。”[①]而且他也担心这样下去就要一直呆在纺织厂里。

护厂斗争

虽然郁铭芳的实验室工作很平淡,但是局势却更加动荡。纺织工业是上海规模最大的行业,存在着官僚资本的中纺公司和民族资本家民营纺织厂两大系统,拥有数量众多的技术人员和职员。早在1947年7月,在中共上海地下党工人运动委员会领导下,在十七厂副厂长夏循元居住的十七厂宿舍内建立了党的秘密外围组织——中国纺织事业协进会(简称“小纺协”)。协会宗旨是“团结纺织界的技术人员和职员,为新中国的纺织事业而奋斗”。会议推举中国纺织建设公司总工程师陈维稷[②]为主要负责人,夏循元为核心领导小组成员。[③] 十七厂成为上海纺织企业进步活动的重要基地。

进厂的郁铭芳在工作之余,喜欢拍拍照片、看看电影,有时在宿舍中弹弹吉他或打桥牌。这时,同在实验室工作的师姐王丽云更加忙碌了。王丽

① 郁铭芳口述访谈,2012年10月24日,上海。资料存于老科学家学术成长资料采集工程馆藏基地。

② 陈维稷(1902—1984),安徽青阳人。中国现代纺织科学技术奠基人、教育家和社会活动家。毕业于复旦大学,1925—1928年在英国利兹大学学习,后去德国实习。1930年回国后历任上海暨南大学、复旦大学、苏州工专教授,南通学院教授、教务长,交通大学校务委员会常务委员和纺织系主任。1949—1982年任纺织工业部副部长达33年。

③ 中国近代纺织史编辑委员会:《中国纺织事业协进会地下斗争史料》。内部刊行,1990年,第7页。

云要印《职工通讯》，就请郁铭芳帮忙。因为她是学姐又是同事，郁铭芳碍于面子给她帮忙。虽然解放后郁铭芳才知道她是中共地下党员，但那时从师姐做的事情上他已经感觉到有些不寻常。《职工通讯》中有的是宣传共产党的情况比如反饥饿反内战，有的是介绍解放战争情况。党的宣传资料不能拿到外面去印，只能自己刻蜡纸印。郁铭芳就和王丽云一起抄稿子，刻蜡纸，然后复印。

当时纺织厂的工人们进厂时都很年轻，文化程度低，也不懂什么是纺织，先要培养"养成工"，有的要学做挡车工等。"小纺协"就在十七厂内开办工人工余补习夜校，组织工人学文化，结合进行党的宣传，学习内容有语文、数学、化学等。厂里"小纺协"邀郁铭芳去夜校授课，负责教数学和化学。此外，上课的教师还有王丽云、金棣、赵子耀、黄崧、金国英、柴常仁、陈俊浩、俞伯琴、沈骏良、朱善仁等十余人。夜校办学条件较差。没有经费，郁铭芳他们就义务上课；没有教室，就用布把工人大食堂分隔成间。有人称之"饭间大学"。①

由于十七厂在杨树浦路，离南无锡路的家较远，郁铭芳并不是每天都回家，有时就住在工厂的单人宿舍里。下班后，厂里"小纺协"成员赵子耀就动员郁铭芳一起到副厂长夏循元家里听音乐。夏循元是民主党派成员，与国民党上层有一定关系，宋子文曾做过夏循元父亲的秘书。夏循元家住十七厂宿舍的一幢日式小楼内，家里有留声机，就请大家一起听音乐。实际上，听音乐是一个幌子，去了大家就讨论一些政治形势方面的问题，如战争与和平、解放战争的进展，也会介绍一些党的情况。有时，大家还会在夏家楼上收听新华社的广播。

1948 年底，国民党加紧策划搬迁工厂以及各种物资到台湾。中共上海地下党组织领导护厂斗争，反对拆运机器、反对破坏工厂、反对疏散物资。这时候形势很紧张，解放军已经打到长江下游，即将渡江南下。

在这场由中共地下党组织的护厂斗争中，郁铭芳觉得保护厂、保护国家

---

① 中国近代纺织史编辑委员会：《中国纺织事业协进会地下斗争史料》。内部刊行，1990 年，第 45 页。

财产是应尽的本分,因而积极投身到这项运动中。经过地下党组织的争取,厂长吕德宽决定留下来保全工厂。1949 年 4 月,上海已处于解放军的包围之中,工厂生产全部停止,护厂斗争进入最紧要的关头。5 月 14 日,十七厂的"小纺协"成员姜化民[①]被国民党逮捕。

姜化民又名姜汉卿,即郁铭芳的岳父。抗战之前,他积极参加进步活动,1943 年前往重庆成为中央实验所纺织实验工厂职员。抗战胜利后,姜化民由重庆到上海中国纺织建设公司第十七纺织厂做职员,1946 年参加民主建国会。1947 年他加入中国纺织事业协进会,并接受中共华中局任务,从事地下活动。在护厂运动中,他因叛徒告密被捕,受到严刑拷打,后虽经多方营救,仍于数日后被枪决于闸北宋公园(今闸北公园),时年 47 岁。上海解放后,姜化民被追认为烈士,现葬于上海龙华烈士陵园。[②]

这期间,郁铭芳和王丽云、沈骏良、黄崧、高恩渊、吴科等人留在厂里日夜守卫,轮流巡视车间。厂里也有一些国民党的人,这些人就赶郁铭芳他们出去,但是郁铭芳他们坚持留在厂里守卫工厂。为防止流弹,他们以一织工场布的房间作为据点,把坯布堆起来作为避弹堡垒。

解放军这时已进入淞沪地区,然后打到浦东,炮弹已经落到杨树浦地区,杨树浦路上也出现了坦克车。国民党军队进驻沪东各纺织印染厂后,就把郁铭芳他们从宿舍里面赶出来,他们只好住到车间里。这些国民党的兵都住在走廊里面,等一星期过后残兵撤退了,郁铭芳再去看时,门锁着,但宿舍里的窗户都开着,连窗帘都被他们拿走了。郁铭芳回忆道:

一直到苏州河南面的地方已经解放了,但是北面还没有解放,所以组织上讲,你们的护厂工作任务已经完成,要我们一部分同志可以回家,我也是坐黄包车回到家里。我的家靠近苏州河南面一点,北面就是

① 姜化民(1903. 1. 27—1949. 5. 20),原名汉卿、汉青,字云瞿,江苏沭阳人。1926 年获上海大夏大学文学士学位。民主建国会会员、中国共产党党员。1949 年在上海护厂运动中被捕遇害。

② 中国民主建国会上海市委员会、政协上海市委员会文史资料委员会:《上海文史资料选辑上海民建专辑》,上海市政协文史资料编辑部编,2006 年,第 88 - 92 页。

仓库,那时候还有国民党的军队在那里抵抗。①

至5月26日上午,杨树浦一带国民党残部缴械投降,苏州河北面的地方也解放了,郁铭芳很高兴。紧接着,进城的解放军让他大为感动。第二天,他从家里开门出来,看到很多解放军战士都睡在马路上,背包麻袋什么的放在边上。邻居们出来看到后也非常感动,他们递给战士们水、食品都被谢绝了。郁铭芳从家里所在的南无锡路跑到直棣路,直棣路是直通苏州河的一条路。解放军战士马上过来劝他不要过去,因为苏州河北面仓库里还有国民党兵,可能还有流弹,郁铭芳于是仍旧回到家里。通过与解放军士兵的接触,对比之前国民党士兵的表现,他觉得两者差别很大,对共产党的印象更加好了。

因护厂斗争,郁铭芳还与姜淑文结下伉俪之缘。上海解放后,6月18日,十七棉纺厂与民主建国会、"小纺协"等组织联合在十七棉纺厂食堂举行姜化民烈士追悼会,各界人士及职工代表260多人参加。在追悼会上,郁铭芳见到身为烈属的姜化民之女姜淑文,觉得瘦弱的她非常不容易。姜淑文生于1932年3月,江苏沭阳人,家中也是排行老大,有一个弟弟姜孟文、一个妹妹姜淑萍。因为父亲牺牲,而母亲胡尉萱(1907—1970)年纪很大不能工作,妹妹年龄又比较小,姜淑文刚满18岁就到十七厂做工人,早早承担起照顾家庭的重担。她最早是做拆纱工,之后因有初中文化,就到工厂实验室里当工人,与郁铭芳刚好在一个科室。郁铭芳感到"她是非常好的同志"。1955年元旦,两人喜结连理。

加入中国共产党

上海解放后,对国营企业进行民主改革,经过接管工作,官僚资本企业

① 郁铭芳口述访谈,2012年10月24日,上海。资料存于老科学家学术成长资料采集工程馆藏基地。

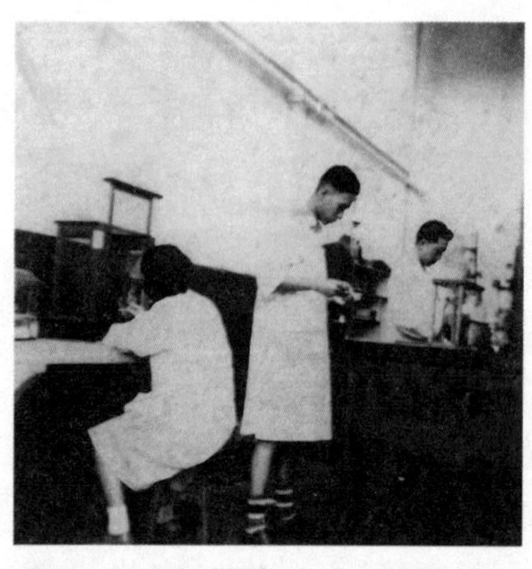
图 3-1 1950 年,郁铭芳(中)在上海国棉十七厂化验室工作(左为王丽云)

在保留机构、人事的情况下转变为国营企业,中纺公司十七厂更名为国营上海第十七棉纺厂(简称"国棉十七厂")。工厂生活发生巨大变化,军代表来到了国棉十七厂。面对新生活,郁铭芳对办好工厂提出技术色彩浓厚的意见:"普及教育;提高员工技术,开办训练班经常训练员工;鼓励员工研究改良技术。"① 1949 年 11 月,郁铭芳参加了中华全国总工会,任国棉十七厂第一科车间委员会主席。1950 年,国棉十七厂为迎接国庆一周年,厂工会文教委员会成立业余教育委员会,建立车间识字推行组,着手恢复"工人业余学校"。郁铭芳继续积极参加,为工人主讲初中化学、数学。此外,他还在为工程师所办班级主讲微积分等课程。

1950 年 2 月 6 日,国民党从台湾出动飞机对上海进行猛烈袭击。在"二六"轰炸中,国民党飞机从中午 12 点半到下午 2 点,共派出 4 批 17 架轰炸机,对上海各发电厂进行狂轰滥炸,损毁严重。邻近杨树浦上海电力公司的国棉十七厂也有炮弹落下,引起火灾。解放军士兵们不顾危险奋力救火。郁铭芳也积极加入工厂的救火队伍行列,排起长队传送水桶。现场解放军士兵勇敢救火的情形和随后快速的恢复工作,再次让郁铭芳受到很大教育。

那时,父亲郁鸿甫在大中华拍卖行担任会计,家中以郁铭芳父子两人薪水为主要生活来源。收入稳定的郁铭芳仍然没放弃自己的兴趣,在 1950 年填写的国棉十七厂简历表中,在"懂何种外国语及熟练程度"一栏中,填写了"英文",还特意括注"能看化学参考书"。他对纺织厂的化验室工作依旧缺乏兴趣,认为"化验室主要任务是检验外来之浆料用品是否适合本厂应用,解放后,浆料用品之供应已渐正常,且一部分用品改由国营工厂供应,故纺

① 郁铭芳人事档案,《郁铭芳中纺十七厂登记表》,1949 年 8 月 11 日,东华大学人事档案室藏档。

织厂中的化验室的作用实在很少。我个人希望以后能有机会学习或参加有关化学方面的工作。”[①]在另一份工作人员登记表中，他对化验室工作提出自己的建议，并再次表达转换工作的意愿：“化验室在厂中所起的作用很小，主要还是检验商人送来的物料（一部分）是否合用，假使能集中人力、物力于一总化验室中将样品预先检验合格后再送厂使用，效率可能更大些。我个人希望转到化工厂工作。”[②]不过，此时尚无条件，郁铭芳的意愿只能停留在书面上。

1951年9月，为肃清旧社会流毒，上海市政府在全市国营企业内开展民主改革运动。由于上海国营企业集中，整个运动采取典型示范、分批推进的办法，先后分四批进行，至1952年8月基本结束。全市共有260家国营企业、17万余人参加民主改革运动。活动内容包括：揭露旧社会罪行，废除包工制、抄身制、工头制等制度，启发和提高工人群众的思想觉悟和主人翁意识。清除隐藏在企业中的反革命分子和残余的封建势力，启发有一般历史问题的人员自觉交代问题、提高觉悟。以民主管理的原则，用批评与自我批评的方法消除部分职员和工人之间的对立和不信任情绪，树立依靠工人群众办企业的思想，增强工人阶级内部的团结。[③] 在这场声势浩大的运动中，国棉十七厂再次走在前列，郁铭芳也积极参加了运动。

10月初，厂里开展“民主团结运动”。工会画了很多宣传画，召开小组会控诉不合理的“拿摩温”制度。[④] “拿摩温”是英文 Number One 的谐音，意即“第一号”，在旧工厂里是工头，欺压工人，横行厂内。很多工人在控诉会上言及苦难处，声泪俱下。经过控诉，职工们一致建议废除“拿摩温”制度。解放前，郁铭芳见过厂里的“拿摩温”，对他们欺压工人的行径也很痛恨，对工

---

① 郁铭芳人事档案，《郁铭芳中纺十七厂工作人员简历表》，1950年8月5日，东华大学人事档案室藏档。

② 郁铭芳人事档案，《郁铭芳中纺十七厂职员简历表》，1950年8月31日，东华大学人事档案室藏档。

③ 上海人民政府志编纂委员会：《上海人民政府志》。上海：上海社会科学院出版社，2004年，第311页。

④ 国棉十七厂工人欢呼胜利，为废除“拿摩温”制度而斗争，《新民报晚刊》，1958年1月14日，第1版。

人很同情。这次运动对郁铭芳触动很大。早期国棉十七厂准备建立新民主主义青年团团委时，曾动员郁铭芳入团。但郁铭芳认为自己是一名技术人员，并无积极争取入团的愿望。这次，郁铭芳改变了想法。12 月 29 日，郁铭芳提交了加入新民主主义青年团的申请书，次年 1 月 5 日获批准。郁铭芳在政治上又进了一步。

在业务上，郁铭芳仍没有放弃自己的想法。正如 1952 年 1 月 5 日他在《民主团结运动的学习总结》中写道："在实验室工作认为没有出息又没有兴趣，将来也没有前途，希望能调到化工厂工作或再有机会学习做些研究工作。工作时是被动的。"①

1953 年，上海根据中央要求开展"技术干部归队"的工作。"当时想这次一定能调到化工厂去工作了，所以非常高兴，并且盼望早一点调。"②但是郁铭芳并未如愿。虽然感到失望，但他对工作依旧保持认真负责的作风，获 1953 年第四季度标兵奖、增产节约生产奖。1953 年 12 月，郁铭芳开始担任国棉十七厂试验科第二副科长。

通过学习阅读《自然辩证法》、《联共(布)简明教程》、《毛泽东选集》、《论共产党员的修养》、《钢铁是怎样炼成的》等一些书籍，郁铭芳的政治理论水平进一步提升。1954 年 5 月 17 日，他填写了入党志愿书，经由国棉十七厂机物科水桂棠、人事科金棣介绍入党，次年转正。郁铭芳的亲属中六叔郁鸿全曾参加过三青团并担任过义务警察等，七叔郁鸿元解放前曾在汪伪江苏财政厅工作。这对他入党审查造成一定的影响。

1955 年 1 月，因试验科科长脱产去搞超大牵伸试验，郁铭芳开始单独负责试验科工作。此后，他在试验科内初步建立半制品质量分析制度，在原棉工作上改进了混棉排队及加强了原棉试验工作。③ 在国棉十七厂，郁铭芳有

① 郁铭芳人事档案，《郁铭芳上海十七棉纺厂民主团结学习总结》，1952 年 1 月 5 日，东华大学人事档案室藏档。

② 郁铭芳人事档案，《郁铭芳个人经历介绍(干部自传)》，1956 年 2 月 29 日，东华大学人事档案室藏档。

③ 郁铭芳人事档案，《郁铭芳关于转为正式党员的申请报告》，1955 年 5 月 26 日，东华大学人事档案室藏档。

条不紊地开展着工作，并初步展露出了管理才能，但是却没有增加工作的兴趣。“因为我大学专业是化学工程，但现在我做的工作不是化学工程是纺织工程，单有物理变化，没有化学反应。由于七年时间里没有做相关的工作，所以我在化学方面非但没有进步，已有的知识反而都忘记了。”①为此，化学如一个梦想，始终萦绕他的心头，挥之不去。

对于这段时光，郁铭芳常形容自己是“政治上进步，业务上退步”。也许，事实的确如此。

① 郁铭芳口述访谈，2012年11月23日，上海。资料存于老科学家学术成长资料采集工程馆藏基地。

第四章
国产锦纶研制的先行者

投身化纤研制工作

始终梦牵魂萦着从事化学研究工作的郁铭芳，终于迎来了他学术成长生涯中一个重要转折期——在20世纪50年代中期，他如愿以偿地从纺织系统步入了化学纤维的研究领域，从此开启了长达半个多世纪的化纤之路。

大力发展化学纤维的国家战略

化学纤维根据原料的不同可分为人造纤维(artificial fiber)和合成纤维(synthetic fiber)两大类。人造纤维是以天然高分子化合物为原料，经化学和机械加工制得的化学纤维的总称，其中用天然高分子化合物为原料，经化学方法制成的，与原高分子化合物在化学组成上基本相同的化学纤维称为再生纤维，如粘胶纤维等；合成纤维是以单体经人工合成获得的聚合物为原料制得的化学纤维，如锦纶(聚酰胺纤维类)、芳纶(芳香族聚酰胺纤维类)、涤纶(聚酯纤维类)等。[1]

新中国成立后,解决人民吃饭穿衣问题成为牵动党中央的头等大事。当时国内人口多,耕地少,穿衣吃饭问题很紧张,棉花产量的增加又受到土地、气候等限制,加之长期战乱影响,棉花等纺织原料生产大幅下降,1949 年棉田播种面积降到 4 155 万亩,棉花产量减为 889 万担,上海、青岛、天津等纺织基地的大批纺织厂要靠进口棉维持生产。[2] 当时国内没有化纤工业,纺织原料只能依靠棉、毛、丝、麻等天然纤维,人民群众添置衣被首选是购买各类棉布。1950 年全国城乡销售棉布 12. 7 亿米,1952 年增至 25. 2 亿米,增长近 1 倍。按人口平均消费量,三年间从 3. 73 米增至 5. 3 米。[3] 与人民群众穿衣需求增长对应的是供给缺口越来越大,这已成为当时国民经济发展中的突出问题。为了弥补棉花产量之不足,缓和"棉粮争地"的矛盾,单靠农业原料维持纺织工业的高速发展是远远不够的,必须发展化纤生产,实行农业原料和工业原料并举。1953 年,中共纺织工业部党组书记钱之光向党中央作了发展化学纤维工业的报告。1954 年秋,纺织工业部成立化学纤维工业筹备小组,开始筹划我国化纤工业的发展,1956 年在北京成立中国纺织科学研究院,同时设立上海分院。而国际上化纤工业的发展早就走在了前面,从 20 世纪 20 年代初到 40 年代初,一些工业发达国家已先后成功研制了一系列适用于纺织工业的化学纤维,如粘胶纤维、尼龙、腈纶、涤纶、维纶等。1939 年美国杜邦公司实现了世界上第一种合成纤维尼龙的工业化生产。在我国解放初期,全世界化纤的产量已经达到 130 万吨。1950 年,美国化纤产量已达到 62. 3 万吨,英国为 16. 7 万吨,德国为 16. 1 万吨,日本为 8. 7 万吨。世界上发达工业国家解决纺织原料的出路,除积极改进农业技术,增加天然纤维产量外,都是走发展化学纤维的道路。[4] 为追赶国际合成纤维发展的趋势,解决国计民生中重要的衣着问题,党中央提出在第二个五年计划期间大力发展化学纤维的方针。1960 年 9 月 1 日,党中央在批转中共纺织工业部

---

① 沈新元:《化学纤维手册》。北京:中国纺织出版社,2008 年,第 1 - 4 页。

② 吴鹤松等:《钱之光传》。北京:中共党史出版社,2011 年,第 406 页。

③ 吴鹤松等:《钱之光传》。北京:中共党史出版社,2011 年,第 406 页。

④ 吴鹤松等:《钱之光传》。北京:中共党史出版社,2011 年,第 424 页。

党组《关于纺织工业发展方针的请示报告》中指出，实行发展天然纤维与化学纤维同时并举的方针，是正确的、必要的，应该采取必要的措施，认真贯彻执行。①

技术归队

与此同时，国家对知识分子问题有了新的指示和政策。1956 年 1 月 14 至 20 日，中共中央在北京召开全国知识分子问题会议，周恩来总理代表党中央作大会主题报告《关于知识分子问题的报告》，指出我国知识分子“已经是工人阶级的一部分”，并阐述了“向现代科学进军”的问题，着重阐明如何最大限度地发挥知识分子作用的政策和措施、如何大力发展我国科学技术的战略考虑和规划。同年 2 月，上海市委制定《上海市 1956—1957 年知识分子工作纲要(草案)》，指出“最充分地动员和发挥现有知识分子的力量。同时尽可能迅速地对知识界加以进一步的改造、扩大和提高，以适应社会主义事业急速发展的需要，迅速提高我国科学文化水平，争取在十二年内使我国最急需的科学部门能够接近世界的先进水平。”②当时，上海各系统都发出了动员用非所学技术人员归队的号召。

郁铭芳敏锐地捕捉到了国家准备大力发展化学纤维的信息，感到化学纤维是一个发展前景广阔的领域。此时的郁铭芳在国棉十七厂工作已有六年多，虽然已是生产技术科主要负责人，但秉着技术报国之心，考虑到当时我国正面临穿衣难的困境，想着自己拥有纺织系统多年的工作经验和化学的专业知识，郁铭芳觉得应该更大程度地发挥自己的专业特长，为国家解决穿衣难问题贡献一份自己的力量。所以，当听到国家准备大力发展化学纤维工业和中央、上海市委制定技术归队的政策时，郁铭芳下决心，向组织上提出自己要求技术归队，希望从事化学纤维研究工作。其实一开始，郁铭芳还有些忐忑，怕厂领导不高兴，但是令他意外的是，当时国棉十七厂的党委

① 吴鹤松等:《钱之光传》。北京:中共党史出版社，2011 年，第 422 页。
② 《上海市 1956—1957 年知识分子工作纲要(草案)》，1956 年，上海市档案馆藏档。

书记非常关心和支持他的想法，还特意找他谈话，鼓励他打技术归队的申请报告。于是，郁铭芳的技术归队申请就通过国棉十七厂党组织呈送到了上海市纺织工业局。

起初，郁铭芳并未能如愿，在 1956 年 4 月，受华东纺织管理局调派到国营上海第二印染厂任工程师、生产技术科副科长。令郁铭芳更为不解的是，因为他认真负责的工作态度和共产党员身份，10 月，他被调至国营上海第二印染厂保卫科“肃反运动”小组，先后担任核心组组员、甄别定案小组组员，脱产从事了一年的“肃反”工作。据郁铭芳回忆，其间一次公安局来厂调查“肃反”对象情况，恰好保管资料人员不在，因郁铭芳前期了解过情况，就如实讲述。经事后核对，所述情况与书面资料非常相近，这使保卫科长对郁铭芳非常欣赏，竭力要求其留在保卫科工作，郁铭芳只能苦笑置之。虽然自始至终郁铭芳都认真对待每一件工作，但心里总不免有些遗憾，迫切希望自己早日回到专业技术研究领域，尤其是他时时心系的化纤领域。

抽调化纤筹建处

1957 年 11 月，上海市人民委员会遵照国家在第二个五年计划期内发展合成纤维的方针，提出筹建合成纤维工业的任务，成立了化学纤维研究工作小组，由华东纺织管理局、上海市纺织工业局、纺织工业部纺织科学研究院上海分院及华东纺织工学院等单位组成。[①] 此时，郁铭芳作为前期参与化学纤维研究的 11 位技术人员之一，被调至纺织工业部纺织科学研究院上海分院工作，他终于如愿以偿去搞化学纤维研究了。其余被抽调的技术人员有：陈善芝[②]、汤蕴瑜、何德琨、王良堃、俞大卫、戴行洲、包启明、叶润秋、陆本勉等。调到纺科院后，郁铭芳等人的主要工作是查阅国外期刊、资料和专利

---

① 《为筹建合成纤维工业的任务问题，请予以审批》(东纺(57)办第 4806 号)，1957 年，上海市档案馆藏档。

② 陈善芝(1926.1—1968.4)，曾任上海合成纤维研究所党委委员、所长。

等，了解国际化纤发展情况及合成纤维的简要生产工艺，为上海化纤工业的发展提供资料准备。

当时我国仅有两个小型粘胶纤维厂：一个是日产三四吨粘胶纤维的丹东化纤厂；另一个是日产不到一吨粘胶丝的上海安乐人造丝厂[①]，引进了一台进口的尚未投产的设备，但是没有合成纤维的生产。郁铭芳等 11 位技术人员到化纤筹建处，重点搞合成纤维。但那时，他们对合成纤维都不太了解，郁铭芳回忆说："我们一开始根本不懂得它是怎么样的生产工艺，连它的原料也不清楚，只知道那时已经有玻璃丝袜，还以为这个化纤大概是玻璃做的，实际上玻璃丝袜就是用合成纤维尼龙纺织成丝袜的。"[②]

在这段工作时期内，郁铭芳充分秉承了大学里顾翼东先生所传授的五个"W"治学理念，即在做研究工作前必须先充分了解所研究的问题。那时他和其他同志一起非常认真地收集资料，了解化学纤维究竟是什么。当时国内对化学纤维的研究非常薄弱，相关的参考资料也很少，郁铭芳凭着自己良好的英语功底，想方设法去查找国外书籍、期刊、资料和专利等。经过一两个月的研究，初步掌握了化学纤维及合成纤维的基础知识。

作为党员工程师的郁铭芳在化纤筹建工作中发挥着积极作用，也受到了组织上的认可。1958 年 1 月，郁铭芳被指派参加中国科学院长春应用化学研究所组织的苏联专家关于纤维素纤维报告会，在赴会途中，他结识了我国著名的化学纤维专家、华东纺织工学院副院长钱宝钧[③]教授。那时，在纺织系统工作出国留学较为便利，组织上也准备委派郁铭芳去苏联留学，化纤筹建处分管人事的领导曾要求郁铭芳抓紧学习俄语，但是后来组织上却决定换成陈善芝去苏联留学。郁铭芳事后分析，认为大概是他亲戚的原因影

---

① 纺织工业部研究室：《新中国纺织工业三十年》(上)。北京：纺织工业出版社，1980 年，第 331 页。

② 郁铭芳口述访谈，2012 年 10 月 30 日，上海。资料存于老科学家学术成长资料采集工程馆藏基地。

③ 钱宝钧(1907—1996)，江苏无锡人，纤维化学家、教育家。1929 年毕业于金陵大学化学科，1937 年获英国曼彻斯特理工学院理工硕士学位。曾任华东纺织工学院院长等职，中国化纤工业、纤维高分子科学的开拓者之一，中国化学纤维专业教育的奠基人之一。

响到了政治审查。

1958年春节期间，郁铭芳与陈善芝、王良堃等党员工程师一起，应邀至上海市纺织工业局张承宗局长家中，讨论如何发展化纤工业。当时，经过前期认真翔实的学习和研究，郁铭芳等提出，为了加速科研工作进展，最好从国外购买两套小型纺丝试验设备。这一设想得到了张承宗局长的赞同。

1958年2月，根据上海市委、市人民委员会的规划和指示，华东纺织管理局、上海市纺织工业局决定设立化学纤维厂筹建委员会、化学纤维厂筹建办公室及卡普隆纤维厂筹建处、粘胶纤维厂筹建处、聚丙烯腈纤维厂筹建处，并在纺织工业部纺织科学研究院上海分院内设化学纤维研究室等机构，分工负责有关化学纤维的研究和筹建等工作。① 其中，卡普隆纤维厂筹建处由朱人杰担任主任，郁铭芳与陈善芝、汤蕴瑜、何德琨等作为技术人员被分配到卡普隆纤维厂筹建处工作。

用土设备纺出中国第一根合成纤维

上海合成纤维实验工厂建立

根据中央及上海市在第二个五年计划期间大力发展化学纤维的方针，解决国计民生中重要的衣着问题，在上海纺织工业局直接领导下，成立了化学纤维厂筹建办公室，集中力量开展研究工作，并设计筹建化学纤维工厂，以补原棉不足。考虑到在筹建过程中因对各种合成纤维尚无成熟经验，许多尚属试验研究阶段，为使在第二个五年计划期间顺利建成各种合成纤维大型工厂，摸索筹建合成纤维大型厂的生产经验以及初步试产试销，为今后

① 《关于建立化学纤维筹建委员会等组织的通知》[东纺(58)办字第409号]，1958年，上海市档案馆藏档。

发展化学纤维工业创造条件，上海市计划委员会同意上海市纺织工业局的申请，决定先利用天山路350号原有的空房，建立上海第一个合成纤维实验工厂[1]，先着手进行研究和制造聚丙烯腈（纤维）、尼龙66、卡普隆（尼龙6）、醋酯（纤维）四种合成纤维。

上海合成纤维实验工厂于1958年3月建立，是上海最早工业化生产合成纤维的工厂，也是全国第一家由国产设备生产锦纶的专业厂，工厂下设卡普隆小组、尼龙66小组、腈纶小组、涤纶小组、醋酯纤维小组。

进入卡普隆小组

上海合成纤维实验工厂建立后，郁铭芳与陈善芝、汤蕴瑜、何德琨等一起进入卡普隆小组工作。卡普隆是聚酰胺纤维的一种，苏联称为卡普隆，英美等国家称为尼龙6。我国在1958年前遵循苏联亦将之称为卡普隆，后被命名为“锦纶”，锦纶包括锦纶6、锦纶66等。

刚开始搞卡普隆研究时，包括郁铭芳在内的卡普隆小组成员们，面临着非常大的挑战，研制场地、实验设备、技术工艺、原料等各方面都存在着很大问题。因为要生产卡普隆，必须有原料单体，再经过聚合、切片干燥、纺丝、冷却、卷绕等工序，而当时既无原料又无设备机器和技术工艺。

锦西化工厂采原料

要纺卡普隆必须有原料单体，那时郁铭芳等已经知道卡普隆纺丝的原料单体是己内酰胺，也了解到东北的锦西化工厂正在研制这种原料。厂领导就派郁铭芳到锦西去采购单体。1958年3月，郁铭芳自北京转火车到了锦西，这才清楚那时锦西化工厂的己内酰胺还在从小试到中试的试制过程中，尚无成熟产品。据原锦西化工厂高级工程师赵永全回忆，当时己内酰胺是厂内化工产品研究中路线最长、最复杂的，生产工艺多且难掌握，所需化

---

① 《上海市计划委员会批复上海合成纤维实验工厂设计任务书》，1958年，上海市档案馆藏档。

工设备类型也是多而全，所以研制非常困难。1954 年沈阳化工研究院开始试制己内酰胺，1957 年起在锦西化工厂进行 50 吨工业化中间试验，以锦西化工厂为主，沈阳化工研究院派员协助，直到 1958 年 4 月才得以中试成功，生产出第一批国产己内酰胺试验样品。[①] 所以当郁铭芳 3 月去锦西化工厂采办己内酰胺时，他们中试还没成功，厂里的同志告诉郁铭芳，只制出了很少的己内酰胺，而且还有很多问题，可能会作为废料处理。对于千里迢迢赶来的郁铭芳，即使这些原料有缺陷，他也感到一些欣慰，想着只要有原料，再经过自己小组成员的共同努力研究，应该是可以作为单体进行纺丝的，于是，他就把这批试验产品带回了上海。后来在试验中，这批原料被证实可以用于纺丝。

中国第一根合成纤维诞生

解决了原料，更大的困难还在后面，就是设备和工艺。郁铭芳等卡普隆小组成员都没有见过国外的设备，甚至连图纸也没有一张。1957 年，国家为了发展合成纤维工业，在北京开始筹建合成纤维厂，该厂的设备和技术全是从东德引进的。1958 年 4 月，刚任上海合纤实验工厂工程师的郁铭芳被委派带队到北京参加合成纤维厂的筹建工作。同时厂里也要求郁铭芳等人参照在北京合成纤维厂看到的进口设备，把一些关键设备测绘下来，自己设计一套纺丝机的主件。但实际上，在北京合成纤维厂设备安装过程中，外方对中方在技术和设备工艺方面还是有所保留的，郁铭芳等人更多的时候只是旁观而已，帮助拆箱，拿出机器，看外国技术人员怎么搭建起来，白天根本无法看到机器设备的内部详细构造。于是，郁铭芳带着技术人员晚上工作，趁外国技术人员不在时，把进口设备能拆的拆开来，再描图下来，在第二天早上上班前再全部装好，不让外国人知道。那段时间，郁铭芳等几乎晚上都不睡觉，白天才休息一会儿。即便如此，仍无法得到整套的设备图纸，描绘下来的也只是可拆的零星部件而已。

---

① 锦西化工总厂志编撰委员会:《锦化志》第一卷(1940—1985)。内部刊行，1987 年，第 81 页。

图 4－1 卡普隆车间的土法纺丝机

在一时没有国外设备图纸的基础上，留在上海的几位卡普隆小组成员汤蕴瑜等人开始因陋就简，自行设计制造土设备。其间，身在北京的郁铭芳还被召回上海，与小组成员一起讨论场地、设备、工艺等问题。

当初，他们试制卡普隆的聚合高压釜是参照化工设备仿制的。据郁铭芳回忆说：

> 当时间歇式的聚合反应需要高压釜，要耐高压的。原料在高压釜里面，高温状态和铁会有一点腐蚀，所以高压釜一定要用不锈钢制作的，而且至少要耐十个大气压以上。现在不锈钢很多的，但那时要做这个东西也不容易，要弄一个不锈钢的圆管子，这个管子要有一定的大小，直径要大，很难找到这样的管子。为了解决这个问题，我们讨论了许多办法都不行，最后只能想出用银子，因为银子耐腐蚀性比较好，当然也是很贵重的。我们请老凤祥银楼的职工来打成薄片，成为一片东西，再把银薄片附在普通的钢管里，但是要用耐得起压的无缝钢管，就做成了耐腐蚀的高压釜。①

① 郁铭芳口述访谈，2012 年 10 月 30 日，上海。资料存于老科学家学术成长资料采集工程馆藏基地。

卡普隆纺丝中非常重要的设备就是纺丝机，当时卡普隆小组因为没有找到国外的设备图纸，就参照期刊上登出的少量设备照片，按照大致原理自行设计制造了炉栅纺丝机。炉栅纺丝机包括炉栅盘、纺丝泵、喷丝组件等，小组成员们边试验、边摸索，遇到问题想方设法解决。炉栅盘要加热，国外是用像油一样的液体，至少要耐400摄氏度的高温。而当时国内没有这种液体，一开始就提出用黄沙来代替，通过黄沙加热把热量传到炉栅盘里，可是黄沙传热太慢，要把黄沙加热到200多摄氏度而且维持一段时间是很困难的。最后只好用通电热丝的办法，在炉栅盘的管子里通一段电热丝来加热，虽然可以用，但电热丝的稳定性不是很好，要控制好电压和电流，需要非常小心，这给当时的纺丝试验带来了不小的难度。

其他设备也都是通过卡普隆小组成员自制改装而成，如把纺织厂的旧设备改装成拉伸加捻机，自己打孔制作喷丝板等。据卡普隆小组的主要成员之一汤蕴瑜回忆："那时我们的设备很土的，是靠两个从纺织厂调过来的机械保全工的技术，先是纺一个孔，后来加大变成十孔。喷丝板的针孔是很大的难点，孔眼很小，都是自己打孔的。"①

正当自行研制的设备准备安装时，小组成员们又为场地受制约而苦恼。当时给他们的试制研究场地原是一个干部培训学校的教室，校内只有非常简单的平房教室，而卡普隆纺丝设备安装场地需要五六米高，因为从加料到纺丝下来，需要经过多道工序，单是冷却就要有一段距离，而一层楼教室只有两三米高，高度不够。于是，他们请机械技术人员来测算了承重，决定在屋顶上打洞，上面放纺丝机，下面装冷却、卷绕等装置，这才算解决了试制卡普隆的场地问题。

就是在这既无工艺又无设备、场地简陋的困境下，卡普隆小组成员们克服万难，终于在1958年4月，上海合成纤维实验工厂在试验室样机上纺出国内第一根锦纶②(时称卡普隆)。郁铭芳当时虽身在北京，却始终心系上海的卡普隆试制与生产。在不能完全描绘出北京合成纤维厂的进口设备图纸的

① 汤蕴瑜口述访谈，2013年1月14日，上海。资料存于老科学家学术成长资料采集工程馆藏基地。

② 上海长宁区志编纂委员会：《长宁区志》。上海：上海社会科学院出版社，1999年，第36页。

情况下，郁铭芳开始在北京四处查寻搜集该套设备的资料。郁铭芳后来回忆了当时的情景：

因为北京的厂是国外提供技术的，肯定有各方面资料，我想到这个厂的设计单位去看看有没有这方面的资料。我们上海卡普隆组的领导跟北京当时一个纺织系统设计单位的一个领导比较熟悉，就介绍我到这个设计单位与那个领导见面，他派几个人来问了一下，好像说没有什么资料，也只好算了。从他那里回去时，我到北京的中国纺织工业设计院的图书馆去看了一下，竟然在图书馆找到了整套关于北京合成纤维厂进口设备的图纸。当时我对俄文不是很熟悉，但至少看得出是这套设备的设计资料。我就去找这个图书馆的领导，希望这套设备资料可以借给我们看一看，这个领导还不太肯借给我们。后来，上海的领导叫我回去，我就回去汇报了这一情况，之后由领导出面，才允许把这套设备资料全部借给我们，后来这套设备资料就借给了上海的设计院，这样全部的工艺设备问题都解决了。①

卡普隆渔网献礼国庆十周年

在卡普隆小组成员的艰辛努力下，国产卡普隆丝是纺出来了，但质量仍有问题，其中最大的问题就是粗细不匀，无法均匀上色。考虑到这种质量的丝不能用于织衣服，郁铭芳等卡普隆小组成员准备用之织袜子。因为当时棉织的袜子不太牢，而卡普隆有一个优点，耐磨性非常好，做袜子，不太容易磨坏。况且因当时卡普隆上色不均匀的缺点，大家觉得还是织成袜子，穿在鞋子里，影响不大。

据上海合成纤维研究所高工王心明回忆："那时候卡普隆开始做袜子了，我记得比较清楚的就是请一位女工同志一只脚穿卡普隆袜子，另一只脚

① 郁铭芳口述访谈，2012 年 12 月 13 日，上海。资料存于老科学家学术成长资料采集工程馆藏基地。

穿棉袜，结果棉袜破了几双，卡普隆袜还没有破，当时就是用这个形象的例子在宣传卡普隆。”①

新民晚報
XINMIN WANBAO
1958年6月26日
使一切“廢品”都为总路綫服务
長江口要撈出五艘海輪
打撈工人用它向党生日献礼
欲盖弥彰
鉄托6月15日演說
——人民日报評論員評
第一个实驗工場七一生产
合成纖維打下基础
国产人造羊毛編織成品出世
从世界居民意見中發現問題
榆林区进一步出門整風
南斯拉夫綁架阿公民
阿尔巴尼亞提出抗議
法殖民軍向巴黎求救
岸信介又搞侵略队伍

图 4-2　1958 年 6 月 26 日，《新民晚报》报道郁铭芳所在的实验工厂为生产合成纤维打下基础（图片来自上海图书馆）

当时上海合成纤维实验工厂纺出卡普隆丝和生产出卡普隆袜子的消息引起了社会上的广泛关注。1958 年 6 月 26 日，《新民晚报》第 1 版报道了上海合成纤维实验工厂拉出卡普隆丝，并准备“七一”正式投入生产的消息；7 月 4 日，《新民晚报》第 4 版又对国营第一合成纤维实验工厂（上海合成纤维实验工厂）制成卡普隆袜子等织物的信息进行了报道。当年 11 月 28 日，卡普隆小组成员汤蕴瑜在上海纺织工业技术革命动员大会上发言，讲述了我国第一根合成纤维的试制过程。

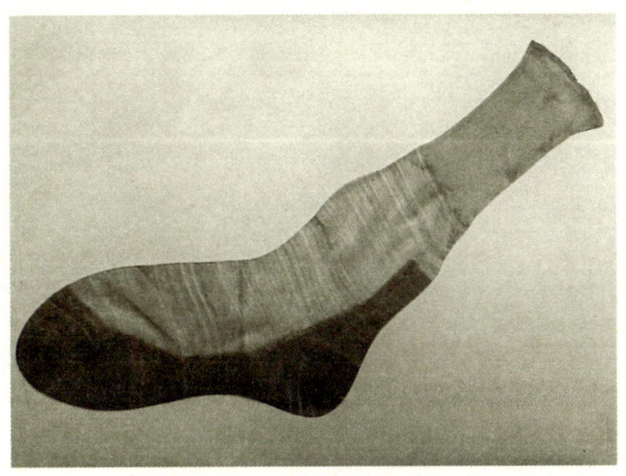

图 4-3　1958 年 6 月，上海合成纤维实验工厂生产的中国第一批锦纶（卡普隆）样袜（郁铭芳上海合成纤维实验工厂同事江慰曾提供）

① 王心明口述访谈，2013 年 1 月 15 日，上海。资料存于老科学家学术成长资料采集工程馆藏基地。

1959年正逢新中国成立十周年,全国上下、各行各业都纷纷发起向国庆十周年献礼的活动。当年5月28日,上海纺织工业局发出通知,要求所属各厂选送1958年与1959年设计生产的优秀新产品,参加国庆献礼产品北京全国展览会。因为合成纤维是我国过去自己没有的,是这十年里取得的成绩,纺织工业局希望上海合成纤维实验工厂能够提供一件合成纤维产品去参加国庆十周年献礼。郁铭芳等卡普隆小组成员考虑到当时卡普隆纺丝技术尚未完善,生产出来的丝染色不太均匀,做成的东西会影响美观,就想到做成渔网。于是,他们把生产出来的卡普隆委托有关单位加工,制成了一张不到5千克重的卡普隆渔网,通过上海纺织工业局送往北京,作为国庆十周年的献礼。1959年10月,郁铭芳到北京参观了国庆十周年展览,在展览现场看到了这个渔网,虽然不是很显眼,但也着实凝结了郁铭芳等卡普隆小组成员近两年来的努力和心血,毕竟实现了我国合成纤维的从无到有。

紧急研制军用锦纶

我国降落伞用锦纶告急

我国军用降落伞最早用棉为原材料制造,20世纪50年代依靠从苏联进口的卡普隆生产降落伞。1959年6月20日,苏共中央致函中共中央,单方面废除《国防新技术协定》,中苏关系逐渐恶化,之后苏联不断减少对中国军用降落伞用卡普隆的供应,严重影响和威胁到了我国国防军工,军用降落伞的原材料问题成为困扰我国国防军工建设的一个重要问题。

当得知上海合成纤维实验工厂纺出卡普隆的消息后,负责军用降落伞生产的南京机械缝纫厂与513厂等纷纷向上海合成纤维实验工厂提出了生产军用降落伞用卡普隆长丝的要求。

应南京机械缝纫厂急速协助试制卡普隆降落伞长丝的要求,1958年10月10日华东纺织管理局发文给上海化纤筹建处、合成纤维实验工厂,希望上海合成纤维实验工厂从速试纺卡普隆长丝。

> 前接南京机械缝纫厂函，急需试制卡普隆降落伞，以应国防军工需要，并已请上海丝绸厂、国棉廿厂研究试织，惟因卡普隆长丝原料毫无着落，故尚未进行，希你厂能从速试纺 140 和 45 旦尼尔两种规格的卡普隆长丝，暂先供应 500 千克分交以上两厂试制，将来具体需要量，待试制后再洽，希你厂在目前小量试纺阶段中，能优先满足军工需要。①

1960 年 2 月，纺织工业部根据第一机械工业部提出的为航空工业配套试制卡普隆特品丝任务(一机部第 113 号国防科研项目 44 种新产品试制任务，后称 601 任务)，通过上海市纺织工业局向上海合成纤维实验工厂下达任务，研制为一机部四局所属南京 513 厂试制降落伞用绸和绳、带、线配套急需卡普隆长丝。当时南京 513 厂的党委书记赵子明等专门到上海合成纤维实验工厂洽谈生产军用降落伞用卡普隆长丝的问题。当郁铭芳等给他们看了纺出来的卡普隆丝时，他们立即提出要求，希望郁铭芳等能试纺他们急需的降落伞卡普隆长丝。郁铭芳回忆道：

> 他们说，你们既然可以纺出卡普隆长丝，很重要的、很急的，希望能够作为我们需要的材料。过去最早的时候降落伞是用棉，高级的棉花，后来粘胶丝也用过，国外进口丝也用过，最后用尼龙。尼龙是最好的丝，也就是卡普隆长丝。现在和苏联关系有点问题，原来都是苏联供应的，现在供应量减少了，甚至可能要缺料了，希望你们快点做出来，你们要什么支持，像马达什么的，都可以帮助解决。②

但是，那时郁铭芳等研制出来的卡普隆长丝远不能达到做降落伞的

---

① 《为请化纤筹建处、合成纤维实验工厂试纺卡普隆长丝应国防军需》，上纺(58)技字第 2553 号，1958 年，上海市档案馆藏档。

② 郁铭芳口述访谈，2012 年 10 月 30 日，上海。资料存于老科学家学术成长资料采集工程馆藏基地。

标准，因为降落伞丝对强度的要求非常高，而卡普隆小组前期研制出来的卡普隆长丝粗细不同，强度也不同，仍存在很多问题。在当时如此紧迫的形势下，考虑到国家之需，郁铭芳等丝毫没有畏难退缩。

> 我们本来是想解决穿衣问题的，如果可以解决国防问题，我们应该要做的。……这个难度的确有，因为搞合成纤维本身有一定难度的，但是外国人能够做到的，我相信我们中国人一定可以做到！①

第一根国产降落伞用锦纶

上海合成纤维实验工厂接受任务后，成立了包括郁铭芳在内的军用降落伞用锦纶研制小组。郁铭芳与小组成员随即投入到紧张的研制工作中，他们面临的最大问题就是要解决高强低延伸的技术难题。因为用于制降落伞的锦纶必须是高强度、低延伸性的，要使锦纶达到高强度，有两种途径：一是提高聚合物的分子量，二是提高分子取向度。但是其中的难题就在于，分子量提高后，纺丝的黏度就比较高，纺丝就较困难。经过反复讨论、研究和试验，郁铭芳等最终在提高分子量的同时，提高温度和调整纺丝的工艺条件，较好地解决了纺丝问题，攻克了高强低延伸的技术难关，满足降落伞丝的要求。终于在 1960 年 11 月，军用降落伞用锦纶研制小组成功试制出 34 支卡普隆特品丝，成为中国第一根军用降落伞用锦纶长丝。

在攻克技术难题的同时，上海合成纤维实验工厂从国外进口的两套纺丝机也到位了，这对郁铭芳等生产降落伞丝是非常有利的条件。但是进口设备的安装又给他们带来了很大的挑战，那时应该可以请外国技术人员来协助安装，但郁铭芳他们一方面考虑到请国外专家来需要一段时间，等不及，另一方面也是秉着自力更生、为国争气的志气和决心，就决定自行安装。整套设备不单是一台纺丝机，还有拉伸机等，全部都要自行安装，没有任何国外技术指导，对于郁铭芳等小组成员来说难度非常大。在安装时，他们发

① 郁铭芳口述访谈，2012 年 10 月 30 日，上海。资料存于老科学家学术成长资料采集工程馆藏基地。

现拉伸机开不出来，一动就停，是有一个地方卡住了，导致了整套设备不能正常运作。于是，郁铭芳和技术人员们一起讨论如何解决，有的提出请外国专家来，但又需要花钱和时间。工人张大郎提出，该进口设备上有一根轴长出了一段，需要割断，因为它转动的时候和别的地方卡住了，使设备运作不了。可是具体负责安装的技术人员担心如果把轴切断后仍不行，再叫外国人来，麻烦就大了。正当大家犹豫不决时，身为生产技术科科长和研制小组主要成员的郁铭芳经过仔细地检查和分析，果断地支持了工人张大郎的想法，同意割断长出的轴。切断后，果然解决了问题，那套引进的机器顺利地运转起来，纺丝的质量也比较稳定了。

武装空降兵用伞装备

1960 年 9 月，中共中央批准纺织部 5 月的请示报告，指出："实行发展天然纤维与化学纤维同时并举的方针是正确的、必要的，应该采取必要措施，认真贯彻执行。"[①]10 月，上海纺织工业局党委在《关于发展化学纤维的报告》中指出："化学纤维生产不受自然条件限制，不与粮食争地，这对农业是一个积极的支援，也是纺织工业发展高精尖新产品所不可缺少的原料。"[②]为了进一步满足国防需要，适应上海纺织工业向高、精、尖、新发展的方针，上海合成纤维实验工厂屡次接受上级下达的军工科研任务，研制各种不同要求和规格的军用锦纶。

郁铭芳他们虽然已成功试制 34 支锦纶特品丝，但是一开始质量不是很好，若要达到强度要求，就面临降落伞重量超重的难题。之后的三四年时间里，他们克服了设备、工艺等各种困难，突破一系列技术难关逐步使各项技术指标、外观质量达到苏联标准，成功研制出了一系列应国防军工之需的锦纶特品丝，为我国航空工业的发展作出了重要贡献。

1961 年 3 月开始生产 34 支和 64 支锦纶 6 特品丝，由上海第二织带厂织带和上海第六丝织厂织绸，供南京 513 厂制降落伞用。1962 年，又增加生产了

---

① 李瑞：《中国化纤工业技术发展历程——赤子的答卷》。北京：中国纺织出版社，2004 年，第 43 页。
② 《上海纺织工业局党委关于发展化学纤维的报告》，1960 年，上海市档案馆藏档。

200 支锦纶特品丝。随着航空工业的不断发展，对纺织材料的质量要求越来越高，南京 513 厂又曾两次要求上海合成纤维实验工厂提供锦纶 66 长丝和要求提高锦纶长丝的强力。因此实验工厂一方面按规格要求纺制锦纶 66 特品丝，另一方面又开始研制高强力、低延伸的锦纶长丝(含锦纶 6 和锦纶 66)。1964 年初，上海合成纤维实验工厂分析了 7250 部队与上海市纺织工业局提供的美国伞兵伞、伞衣样品，确定其材质为 300 支锦纶 66，上海合成纤维实验工厂当年 4 月在国产设备上开始纺制。经多次试纺，攻克了支数不匀及伸长不匀的难关，成功纺出了 300 支锦纶 66 产品，由上海第六丝织厂试制伞衣绸，制成降落伞重量由 17 千克减至 11 千克。从上海合成纤维实验工厂开始纺锦纶 34 支发展到锦纶 66(200 支、300 支)，我国的军用降落伞重量从原来 24 千克逐步降到了 11 千克，并经伞勤人员在飞机上试跳 1 400 多具次，证明能满足作战、训练要求，且质量相当于美国同类伞水平，从而更新了一代空降兵用伞的装备。①

参与筹建锦纶生产车间

在进行军用锦纶研制的同时，1961 年 6 月，纺织工业部在上海合成纤维实验工厂建设年产 100 吨锦纶长丝、500 吨锦纶短纤维的生产车间。郁铭芳作为工艺设计和技术负责人之一，参与领导筹建该车间。同年 10 月 24 日，郁铭芳由上海市纺织工业局任命为上海合成纤维实验工厂副总工程师。因当时上海合成纤维实验工厂并没有总工程师，郁铭芳作为工艺负责人参与领导锦纶生产车间的建设工作。当时上海市有关部门专门召开了该生产车间建设的审批会，郁铭芳作为负责人之一汇报了车间建设工艺筹备的相关情况，最后顺利通过了审批。1961 年 11 月，他们依靠自身力量，在上海第二纺织机械厂的协作下，对北京合成纤维实验厂的国外设备和技术进行消化吸收、改进提高，建成了我国第一家自行设计、制造的锦纶生产装置车间，于 1962 年正式投产。该生产车间在 1964 年上海合成纤维实验工厂改组成研究所时从合成纤维实验工厂划出，成为上海合成纤维厂，1966 年 10 月改名

① 《合纤所军工科研生产简史》，上海合成纤维研究所档案室藏档。

为上海第一合成纤维厂，1971 年 12 月改名为上海第九化学纤维厂。

上海合成纤维实验工厂改建为研究所

朱德视察

因为上海合成实验工厂在国产合成纤维研制和生产方面作出的重要贡献，那个时期许多国家领导人和重要人物常到厂里视察，郁铭芳也曾参与接待了多位领导人，让他至今记忆犹新的是朱德委员长来厂视察。1960 年 1 月 19 日，朱德委员长到上海合成实验工厂视察，那时郁铭芳因为一边参加“全国大炼钢铁运动”，一边搞化纤生产，晚上都工作得较晚，很长一段时间都不回家，住在厂宿舍里。朱德委员长来时，郁铭芳因为晚上工作非常晚，一早还在宿舍休息，厂长陈善芝派人叫郁铭芳去接待首长视察。郁铭芳非常激动，匆匆忙忙赶去。朱德委员长与他亲切地握手的瞬间，郁铭芳倍感鼓舞和温暖。“当初感觉到，也许是因为特别敬仰他的关系，总觉得他的手很大。我向他介绍了一下合成纤维的基本情况，陪他一起去生产的地方参观了，他也很高兴。”①

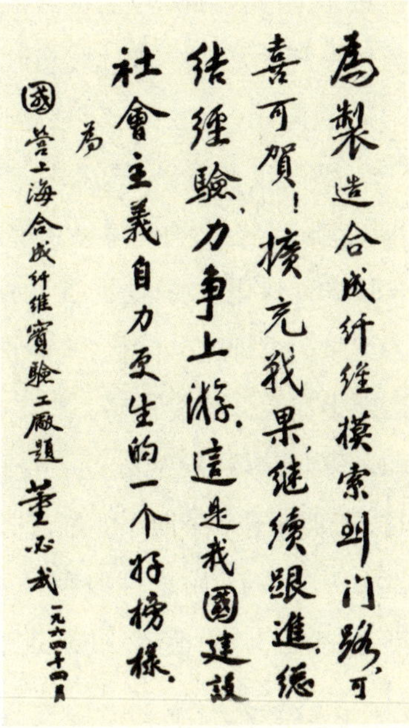

之后几年中，郁铭芳陪同厂领导接待了西藏班禅额尔德尼、国家副主席董必武、国家科委主任聂荣臻等领导的视察。1964 年 4 月，董必武副主席来视察后，还

图 4－4　1964 年 4 月，董必武为上海合成纤维实验工厂题词

① 郁铭芳口述访谈，2012 年 10 月 30 日，上海。资料存于老科学家学术成长资料采集工程馆藏基地。

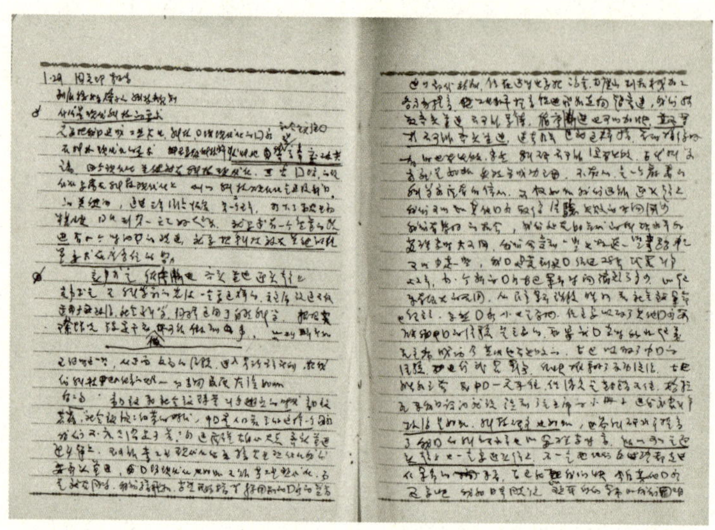

图4-5　1963年1月29日，郁铭芳参加上海市科学技术工作会议聆听周总理报告笔记

特意为上海合成实验工厂专门题词："为制造合成纤维摸索到门路，可喜可贺！扩充战果，继续跟进，总结经验，力争上游。这是我国建设社会主义自力更生的一个好榜样。"[①]该题词目前珍藏于上海纺织博物馆。

1963年1月29日，郁铭芳参加上海市科学技术工作会议，有幸聆听了来上海出席会议的周恩来总理所作的《建设社会主义强国，关键在于实现科学技术现代化》的报告。他非常珍惜这次机会，对周总理整篇报告作了详细的记录。据郁铭芳回忆，当时他作为厂里唯一的代表去参加会议，他非常幸运地坐在会场的过道旁，周总理就从他身边走过。如此近距离地看见周总理，郁铭芳感到异常激动。让他印象最为深刻的是，周总理在现场作报告时，只准备了一张很小的纸片，几乎脱稿而谈，而讲话非常鼓舞人心，全场鸦雀无声。会上，周总理对科技工作者提出的"实事求是，循序渐进，齐头并进，迎头赶上"的希望，更是令郁铭芳倍受鼓舞。

① 董必武题词，1964年4月，存于上海纺织博物馆（上海市普陀区澳门路150号）。

聂荣臻提议改建为研究所

1964 年,国家科委主任聂荣臻元帅来厂视察,郁铭芳参加了接待工作,并聆听聂荣臻关于搞好科研工作的诸多指示。同时,聂荣臻视察时提出的建议,也为上海合成纤维实验工厂改建为研究所指明了方向。

当时,上海合成纤维实验工厂归上海科委和经委两个单位领导,两个部门在对待该厂的性质和发展方向上意见相左,科委希望该厂变成研究所,以科研为主,而经委希望以生产为主。聂荣臻来厂视察纺丝时,看到了许多同志都在做研究工作,也听到有一部分同志提出希望变成研究所的想法,聂荣臻认为应该改为研究所。之后聂荣臻特别针对此事,与当时的上海市委书记陈丕显进行了沟通。

在上海市委的关心下,市科委与经委达成了共识,认为当时上海合成纤维工业现有的基础还比较薄弱,品种还不多,产品质量和工艺设备尚有很多技术关未过。由于生产任务重,上海合成纤维实验工厂的主要精力在搞生产,加以企业单位有些管理制度不适应科学研究工作的特点,研究试验工作

图 4-6　上海合成纤维研究所大门

做得较少，这种状况与国家发展合成纤维的要求远不适应。况且，纺织工业部在十年科学技术事业规划中亦建议上海成立合成纤维研究所。鉴于此，上海市纺织工业局正式提出了建所方案，经市科委与有关部门研究，决定将合成纤维实验工厂改建为合成纤维研究所。

经上海市委批准，上海合成纤维实验工厂于 1964 年 10 月 1 日改建为上海市合成纤维研究所，以科研为主、生产为辅，成为国内较早建立的合成纤维专业科研单位。当时上海合成纤维研究所的主要任务为：以研究合成纤维纺丝技术为主，适当进行单体聚合技术的研究，当前以工艺研究为主、设备研究为辅。研究所内暂设熔融纺丝、干湿纺、工业用品、机电设备等四个研究室，以及理化试验、情报资料等两个业务辅助室，人员编制暂定为 227 人。另外，附设实验工场和机修工场，作为研究所的附属单位。实验工场的主要任务是为研究所提供试验研究条件，并适当承担中间试验任务，为工业性生产提供技术数据。①

图 4－7　1964 年 11 月，全国合成纤维第一次工作会议全体代表合影（前排右五为郁铭芳）

① 《关于将合成纤维工厂改建为合成纤维研究所的报告》（沪委科舒（64）字第 243 号），1964 年，上海市档案馆藏档。

上海合成纤维研究所改建成立后，郁铭芳先后任副总工程师、副所长、总工程师、所长。作为研究所的首要技术和行政领导，他非常重视和关心所内各项科研工作和学术活动的开展，经常邀请国内外知名专家和学者来所进行学术交流，为研究所的同志们授课和作讲座，介绍化纤、合成纤维方面的进展。在他的带领下，所内科研人员同心协力，紧紧跟踪国际合成纤维研究发展动向，在聚酰亚胺纤维、芳纶、碳纤维、非织造布等项目上取得了突出的成就。

第五章
推动涤纶生产技术装备国产化

以粮票、布票为代表的票证时代在新中国成立后存续了相当长一段时期，“节衣缩食”成为镌刻在郁铭芳这代人心中的社会记忆。二十世纪六七十年代，涤纶因其优良的服装用性能，逐渐成为国家为解决人民穿衣难而大力发展的第一大合成纤维品种，涤棉混纺制品“的确良”风靡一时。继锦纶研究之后，郁铭芳先后组织领导了从涤纶短纤维生产到涤纶长丝高速纺丝等项目。

布票年代的“的确良”

1954年，政务院发布《关于实行棉布计划收购和计划供应的命令》，对棉布实行统购统销，开始实行分区、定量、凭证供应的办法。1958年开始的三年“大跃进”，使国民经济陷入严重困境，棉花等原料又大幅减产，纺织工业面临无米之炊，老百姓穿衣难题加剧。1961—1963年，平均每人每年只有7.6市尺，下降三分之二。[①]

① 《纺织工业部党组关于在第三个五年计划基本解决穿衣问题的报告》，1963年3月，纺织工业部档案。

那时全国流行“新三年，旧三年，缝缝补补又三年”，国家号召居民节约用布，上海居民还发明了“节约领”、“假袖子”，代替整件衬衣。虽成天与衣物原料打交道，郁铭芳家中的衣服也免不了打补丁。1960 年，郁铭芳回家时带了两件内衣、两双袜子，是由单位生产的卡普隆（即锦纶）织成的试穿品。夫人姜淑文开心地说以后袜子可以不要补了。① 当时的卡普隆染色后颜色不均匀，用于衣物存在不足。郁铭芳认为，“从解决穿衣问题的技术上来讲，涤纶是主要的方向”。②

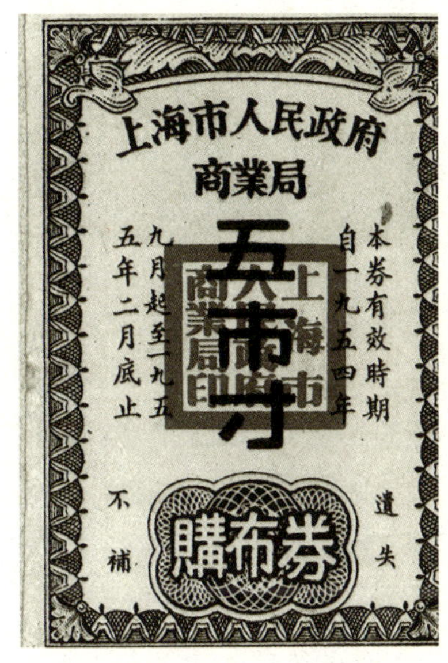

图 5－1　1954 年上海市购布券

涤纶化学名称为聚对苯二甲酸乙二醇酯纤维，属于聚酯纤维，也是聚酯纤维中最大最重要的品种。涤纶是我国的商品名，美国称为达克纶，英国称为特丽纶，日本称为帝特纶，苏联称为拉芙桑。世界上最早研制涤纶的是美国，1941 年英国研制成功聚酯，并于 1944 年试制成为纤维。过去衣服洗后易皱，要用熨斗烫平、烫挺。涤纶最主要的优点就是抗皱性非常好，制成织物后具有挺爽、免烫、快干、穿着不变形、不易褪色、耐磨耐穿等优点，国外也叫“洗可穿”。因其优良的服用性能，涤纶问世以来，在二十世纪六七十年代发展迅速，呈后来居上之势。

但涤纶也有缺点，就是吸湿染色性差，平均含湿率只有 0.4%，不像棉纤维含有 8%到 10%的水分，不吸水，穿着比较闷。为改善性能，需要将涤纶短纤维与棉、毛、丝、麻、粘胶纤维混纺，与棉混纺的是涤棉或棉涤（依混纺比例而定），与毛混纺的是毛涤。涤棉混纺织物的通俗名称，即当时家喻户晓的“的确良”。“的确良”名称有个演变。据郁铭芳回忆，这个名称起源于香港市场。美国杜邦公司生产的聚酯纤维的商业名称是“Dacron”，用粤语发音

① 姜淑文：我与老郁，引自符利群著《郁铭芳传》。宁波：宁波出版社，2008 年，第 223 页。
② 郁铭芳口述访谈，2012 年 11 月 23 日，上海。资料存于老科学家学术成长资料采集工程馆藏基地。

为“的确靓”。与毛混纺的织物称“毛的确靓”，与棉混纺的叫“棉的确靓”，后来为了在商业上有号召力，一度又改为“的确凉”。这个名词传入上海后改为“的确良”，因为涤纶的缺点是吸水性差，夏天穿起来并不凉快，但确实性能优良，后来全国各地也开始这么称呼了。[1]

在20世纪60年代，对于“的确良”的主要原料——涤纶短纤维，中国依赖进口，国内没有工业化生产。即便在国际市场上，涤纶也属新型的纺织原料，售价很高。当时中国进口的涤纶，根据进口产品作价规定，依照进口成本加关税、工商税后作价，每千克价格高达人民币20元左右。[2] 单是上海，每年就需向国外进口近2 000吨涤纶短纤维。“的确良”不消说对于国人是稀罕物，对于郁铭芳他们这些研究者来说也是一个崭新的合成纤维品种。在1958年上海合成纤维实验工厂筹建时，除了郁铭芳所在的卡普隆小组，还有其他的研究小组，涤纶小组主要成员有韩望云、王心明、程厚等工程师，韩望云任组长。

从当时国内和上海的条件来看，涤纶还不是优先考虑发展的品种。国外发展合成纤维原料主要来源于石油、天然气，走的是石油化工的技术路线。20世纪60年代，中国虽然有石油，但开采资源不多，产量很少，没有大规模的发展条件。由于原料供应和技术问题，只能先搞中小装置进行试验探索，取得经验进行准备。从上海合成纤维实验工厂筹建时的年设计生产能力来看，涤纶年产仅有20吨，在卡普隆、尼龙66、腈纶、维尼纶、醋酯纤维等几类纤维中，设计能力仅比醋酯纤维高5吨，在年产538吨的总设计能力中占比不到4%。[3]

1961年1月起，纺织工业部合成纤维调查组开始就发展合成纤维工业的资源、技术、设备、建厂条件等问题，在北京、上海、四川等地进行调查研究。9月1日，在纺织工业部党组《关于解决穿衣问题的意见》中，提出先搞维尼纶，同时发展一部分卡普隆。同月11日，国家计委与华东局计委联合在

① 郁铭芳口述访谈，2012年11月23日，上海。资料存于老科学家学术成长资料采集工程馆藏基地。

② 纺织工业部经济研究中心：《纺织品价格文件汇编(1982.8—1984.12)》。内部刊行，1984年，第9页。

③《上海市纺织工业局合成纤维座谈会记录整理》，1961年，上海市档案馆藏档。

上海召开合成纤维座谈会。国家计委副主任柴树藩、上海纺织工业局副局长鲁纪华出席了会议，郁铭芳和副厂长周大逵作为上海合成纤维实验工厂的代表参加了会议。

对于合成纤维应该发展哪几种产品，与会人员从原料资源情况、技术水平和用途及近期需要三方面进行讨论。最后统一了意见，首先考虑发展卡普隆、维尼纶及聚过氯乙烯纤维。对于涤纶，从上海的情况看是属于“有条件发展的”。[①] 因为当时上海合成纤维实验工厂与上海化工系统的工厂合作，涤纶原料由上海化工局下属的上海华侨化工厂负责，制成高分子聚合物，实验工厂则承担纺丝研究。由于华侨化工厂原料供应有限，其设备能力为年产 40 吨，但由于尚未完全掌握生产技术，1961 年时实际生产只有 10 吨左右。在应用作为纺丝时可纺性较差并不稳定，主要是供应塑料部门做薄膜。[②] 化工部门技术、原料上的局限性直接制约了涤纶的生产。

据郁铭芳回忆，到后来从国外已经可以买到涤纶的高分子原料了。1961 年，上海合成纤维实验工厂开始使用国外进口的涤纶聚合体，已经能够纺出丝，可以送到纺织厂去试制“的确良”（时称“的确凉”）。涤纶和棉花混纺的叫“的确良”（棉涤绵或棉涤），涤纶和羊毛混纺的叫“的确良呢”（毛涤）。其中，“的确良呢”的研制成功，前后历时近一年。1962 年，上海已经可以成批生产“的确良”。这些当时看来新型的“高级织物”畅销市场。[③] 对“的确良”的原料涤纶的需求更为迫切了。但是涤纶当时还是小批生产，需要“立即组织力量继续进行小量生产试验，以便进一步摸索经验，为建立大厂创造条件”。[④] 合成纤维实验工厂的下一步任务，就是加快研究来扩大涤纶短纤维的生产。这次，上海再次领跑全国。

---

① 《上海市纺织工业局合成纤维座谈会记录整理》，1961 年，上海市档案馆藏档。

② 《上海市纺织工业局关于上海发展化学纤维的意见》，1961 年 11 月 7 日，上海市档案馆藏档。

③ 《适应城乡人民多种需要，上海生产化学纤维新织物》，《人民日报》，1962 年 11 月 12 日，第 1 版。

④ 《上海市纺织工业局 1962—1963 年合成纤维发展规划（初稿）》，1961 年 8 月，上海市档案馆藏档。

涤纶短纤维生产试验

引进螺杆挤压纺丝机

虽然1963年上海合成纤维实验工厂涤纶短纤维小试成功，但小试时以炉栅纺丝为基础，试验设备和数量均不足以提供建厂依据。要应用于工业化生产，小试结果必须进行中间试验，也就是在一定规模的工业装置上进行小试的放大试验，以期获得大规模工业生产所需的设计数据。1963年12月，上海市经计委、市科委、市财政局联合批文同意实施项目。次年2月，上海市科委转发了国家科委批复。上海合成纤维实验工厂正式承担"年产300吨涤纶短纤维中间试验"项目，在全国率先开展涤纶生产工艺研究。郁铭芳作为副所长兼任副总工程师(当时无总工程师)，负责组织领导该项工作，工程师程厚具体负责该项目。程厚毕业于南通大学，比郁铭芳小一岁，原为郁铭芳在上海第二印染厂的同事，后一起参加上海化纤筹建工作，是郁铭芳在科研上的重要合作者。

一贯重视科技情报的郁铭芳首先将目光转向国外最新技术动态。在细致研究了本厂技术人员提供的国外技术情报资料后，他发现有个大问题。锦纶、涤纶、丙纶等均需采用熔融纺丝法生产，当时国内化纤厂普遍采用炉栅纺丝技术，原料在炉栅上受热熔融后依靠自重下落，经计量泵和喷丝板纺丝成形，冷却凝固卷绕而成初生丝。这一技术存在物料架桥、进料堵塞等问题，使得分子量降解、质量不匀，而且设备需定期停产清洁，操作十分不便。

这时国际上已出现一种新技术，即螺杆挤压纺丝技术。原料自料斗进入螺杆，随着螺杆的旋转向前推进，加热后原料熔融，熔体以一定的压力被挤出而推送至纺丝箱体中。这一技术克服了炉栅纺丝的诸多缺点，可长期连续运转，无需中间停产清洗，使用周期长，生产效率高，且聚合体在熔融过程中降解小，产品质量高，从产业化角度具有非常好的发展前景。郁铭芳认为既然要扩大生产，再用炉栅纺丝困难非常大，遂果断决定引进这项新技术，进行消化吸收，这样可以缩短研究周期。

经过调查研究，郁铭芳了解到一家西德公司的设备可以直接连续地进行后处理。作为涤纶短纤维高速度直接纺的一个工艺，这在当时是非常先进的，郁铭芳决定引进该套设备。彼时，国家对合成纤维的发展，除组织力量积极进行研究外，纺织工业部认为从国外进口专利和设备是加快这门工业发展的一个重要方法，具有事半功倍的作用。① 他的这一设想，很快得到上级批准。1964 年签订合同，用 19 万美元从西德引进一套日产 1 吨的涤纶短纤维试验设备。这是一套从真空转鼓干燥到成品打包的涤纶短纤维中试装置，年产 300 吨毛型或 150 吨棉型纤维。在向国外订购的同时，国内开展了工艺、土建、安装设计工作，并着手土建施工和国内设备配套订购工作。在土建方面，起初计划对旧厂房进行改建，后改为新建三层楼纺丝车间，建设地点在紧靠卡普隆纺丝间北面空余场地上，其中小部分作为聚合试验和纺丝机改进研究。

向洋设备开刀

1965 年 1 月，设备到所后，郁铭芳组织技术人员、工人自己安装。他们很快就把这个设备安装起来。由于这是国内首台螺杆挤压纺丝设备，毫无经验可循，安装过程中陆续发现真空干燥器裂缝、卷绕拉伸机油泵轴断裂等问题，至第二季度设备才安装好。第三季度郁铭芳开始集中人员力量，投入试运转及工艺试验。在投料试车过程中，出现的问题更多，包括真空干燥器零件磨损、螺杆纺丝机堵料、拉伸卷绕机漏油、卷绕机产生并丝等问题。

引进设备原先设计是直接连续纺丝，纺出来的丝直接进行拉伸、卷曲、切断。螺杆挤压这部分工作正常，但后面环节就碰到了问题，生产很不稳定。郁铭芳判定连续纺丝这一技术尚未成熟，达不到设计要求。郁铭芳就

---

①《纺织工业部 1962 年工作总结和 1963 年工作安排、穿衣问题及长远计划问题向薄副总理的汇报提纲》，纺织工业部档案，第 26 页。

与技术人员进行讨论,从生产效率、经济效果、设备维护、劳动操作等方面综合考虑后,最后决定结合本研究所涤纶短纤维小试成果加以改进,将连续纺丝直接后加工改成纺丝间歇后加工。原有的设备可以用的仍旧用,如纺丝、卷曲、切断设备。纺下来的丝先绕在筒管上,然后把筒管上的丝进行后加工,包括集束、拉伸、卷曲、定型、切断、打包等一系列工序。

当时,大家将该项目的纺丝关和拉伸关视为压在头上的“两座大山”。面对一系列难题,郁铭芳大胆决定在洋设备上开刀,将纺丝直接加工工艺改为集束后加工工艺。虽然拍板了,但他也感到有很大的压力,洋设备可是花了大价钱买来的,动刀是要负责任的。最后,整套设备从上到下前后共动了20多刀。动刀的重点部位有:在真空干燥器上,作了油管系统、轴承、密封盘的结构改进和机架加固;在螺杆纺丝机上,设计安装同步定量自动加料装置,解决了堵料问题,并改善了螺杆各段温度;在卷曲机上加装冷却系统,消除了并丝现象;设计制造一套简易五辊拉伸机;切断设备原先是离心式切断,后来发现刀的刚性有问题,就改成钩轮式,根据不同的纤维长度(比如棉型、毛型),采用不同的钩轮。

在通过反复组织的实验后,郁铭芳发现厂家号称的直接连续拉伸新工艺并不实用。合成纤维刚纺出时叫初生纤维,其物理—机械性能差,还不能直接用于纺织,必须经过一系列后加工工序,以提高其性能。在诸多工序中,拉伸可使纤维的超分子结构进一步形成和完善,使纤维“二次成型”,因而成为加工过程中最重要的工序。试验过程中,研究人员发现短纤维集束的时间短,带束很粗,拉出来的强度达不到要求,根本没有使用价值,大家感到很大压力。郁铭芳与研究人员商量后,决定在原来热水淋浴加热拉伸的基础上,再加一道过热蒸汽加热拉伸,形成热水浴和过热蒸汽两级拉伸的工艺流程。经过这项改进,不仅使棉型纤维的生产能力超过原来厂家的设计水平,而且提高了纤维质量。

对于核心的螺杆挤压纺丝设备,试车过程中更是让研究人员大伤脑筋。在开车一个月时,出现不能进料的难题。郁铭芳亲自参加研究,起初以为是加料速度不行,就加装了同步定量加料器,还是加不了料,然后采用融化剂加料,也不行。研究了一个月,进口设备还是开不出车,研究人员感到“搞得走投无路”。[①] 郁铭芳与研究人员讨论后，决定把设备拆下来看看。把螺杆敲出来一看，研究人员恍然大悟。螺杆一般有冷却区、预热区、熔融区、计量区，在预热区切片本不该融，拆下螺杆后发现了症结所在：原来进料预热区旁边的冷却管太小，加热冷却水冷不下来，热量从进道穿到进料口，导致切片在前面融掉后把料堵住了。于是，他们把冷却管重新换大，解决了进料问题。郁铭芳又组织技术人员通过实验摸索出螺杆挤压熔融纺丝工艺的各项要求，包括熔融降解的控制、熔体温度的控制、喷丝速度、螺杆各区的温度分布、螺杆转速的选用、螺杆的选型、纺丝头组件的选择以及具体的工艺参数，终于实现了连续正常的纺丝生产。

郁铭芳在边试边改解决设备存在问题的同时，还同西德厂家进行交涉，提出索赔，因为设备未能达到合同要求。厂家起初坚持设备没有问题，经过提交实验分析结果，几次交涉后厂方最终承认切断机确实不适用于涤纶，同意赔偿。不过，因为考虑节约资金，中方当时并未要求厂家派专家来，是自己安装调试的。所以，厂家最后只赔偿了切断机、三辊牵引机及部分配件等很小部分金额。

虽然郁铭芳担当的是“主帅”的作用，王显楼高工认为“他在整个过程中都很朴实，在任何情况下讲话都很谦虚，有问题跟大家共同讨论”。[②] 郁铭芳也承认，作为知识分子，那时候的确有一点崇拜国外的技术，因为自己原来没有搞过这种设备。但是，他认为只要意见是对的，就是可以做的，即便提出意见的是工人师傅。

经过多次改进试验，自1966年第二季度起，该条生产线开始进行中间性的生产试验，试生产的产品有毛型和棉型两种，其中以棉型为主。经过6个多月的连续试生产，一天可以纺出1吨纤维，然后送到上海的棉纺厂、毛纺厂进行后加工试验，并制成一定量的成品织物即“的确良”。当时主要是由上海第二棉纺厂试制涤65％、棉35％的涤纶混纺制品，由上海第二印染厂作混纺织物的漂白、染色加工试验。

---

① 王显楼口述访谈，2013年1月16日，上海。资料存于老科学家学术成长资料采集工程馆藏基地。
② 王显楼口述访谈，2013年1月16日，上海。资料存于老科学家学术成长资料采集工程馆藏基地。

样板厂推广

1966年12月19日至20日，郁铭芳参加了由纺织工业部派人主持的“涤纶短纤维中间试验项目”鉴定会议。专家们认为，经过两年多的研究，已基本摸清了涤纶短纤维的生产技术条件，通过高温真空干燥、螺杆挤出纺丝、卷绕、热水喷淋、间歇集束拉伸、长丝束干燥、定型后切断等工艺，涤纶混纺织物质量接近国外制造水平，可以满足建设生产厂的设计要求。[①] 与一个纺丝部位的炉栅纺丝机相比，四个纺丝部位的螺杆挤出纺丝机生产能力由日产70千克升至120千克，清洁周期由15天延长至半年到一年，纺丝板使用周期由30小时升至4～5天，占地面积减少一半。项目成功了，大家都非常高兴。“从此，涤纶短纤维这个对外贸易所必需的原料，国外再也不能卡我们了，今后上海将可穿到完全用国产原料制成的各种涤纶混纺衣物。这在经济上，更重要的是在政治上都有很大的意义。”[②]

项目鉴定后，迫切需要推广。纺织工业部的机械制造优势在这一项目上得到充分的体现。之前，新中国百业待兴，各工业系统对机械设备需求迫切，机械工业制造任务繁重，生产能力相对不足。纺织工业系统所需的大量纺织机械不可能全部依赖机械制造部门设计制造，需要自己动手。1951年开始推行“科研、制造、应用三结合”制度，研制成套新设备，“三结合”即科研单位、机械制造厂和纺织工厂三结合。1956年毛泽东指示纺织工业部门“专用设备有条件自己造的就自己造”。[③] 纺织工业部因而有“半个机械部”之称。[④] 到了20世纪60年代，纺织工业部重视科研与生产同步发展，工艺与设备紧密结合，充分借鉴外国样机，消化吸收进口设备的优点，加以改进

① 上海市纺织工业局：《涤纶短纤维中间试验技术鉴定证书》，1966年，上海合成纤维研究所档案室藏档。

② 上海合成纤维研究所：《涤纶短纤维中间实验科学技术研究报告》。内部刊印，1966年12月，第1页

③ 纺织工业部研究室：《新中国纺织工业三十年》（上）。北京：纺织工业出版社，1980年，第17页。

④ 吴鹤松等：《钱之光传》。北京：中共党史出版社，2011年，第494页。

后，在新厂建设中广泛采用。同时，在全国范围内组织协作配套制造纺织机械。

项目鉴定成功后，纺织工业部非常重视，立即组织上海第二纺织机械厂、郑州纺织机械厂、邯郸纺织机械厂等有关纺织机械厂的技术人员到上海合成纤维研究所，分工负责测绘制造真空干燥器、螺杆挤压纺丝机、卷曲机和切断机等关键设备，并组织生产。

其后，这一成果也被上海纺织设计院采用，作为上海第二合成纤维厂（后为上海第十化纤厂）的设计基础，建立起我国第一家国产涤纶短纤维生产厂，为各地化纤项目上马提供了重要经验，并由此将螺杆挤压纺丝技术推广应用到锦纶、涤纶长丝的生产设备中。这一技术后来也成为国内熔融法纺丝的主流技术，目前几大化纤品种涤纶、丙纶和锦纶（除直接纺丝外）均采用了螺杆挤压熔融纺丝技术。对进口涤纶短纤维设备的成功引进消化吸收，也成为发展我国合成纤维设备的重要经验。郁铭芳感觉很欣慰。“螺杆挤压纺丝技术升级换代，我们花费并不多，20 万美金就搞进来，后来进口大量生产型的设备则需要几千万美金，价格就相差很远了。”[①]值得一提的是，项目研究中采用了间歇纺丝工艺，后来 1992 年上海纺织涤纶总厂（现上海联吉合纤有限公司）从国外引进的年生产能力 3 万吨生产线仍是间歇纺丝工艺。

随着化纤工业的发展，国家开始发展小化纤，一些地方对发展小锦纶、小涤纶厂的积极性很高。浙江宁波等地的乡镇企业纷至沓来，慕名索要涤纶短纤维生产研究资料，郁铭芳就无偿提供给他们，有的时候也派人去帮助他们。因为设备可以由机械厂生产，工艺方面还需要对他们进行支持。这对推动我国的涤纶小化纤生产起到非常大的推动作用。对这一饱含同事们心血的成果，郁铭芳怀有很深的情结，泛黄的《涤纶短纤维中间试验科学技术研究报告》始终珍藏在身边。这一研究报告在 1966 年 12 月第一次付印 200 本，根本不能满足需要，1970 年 5 月再次增印。

原上海纺织工业局负责军工科研的夏鸿飞对该项目也印象深刻。他

---

① 郁铭芳口述访谈，2012 年 12 月 13 日，上海。资料存于老科学家学术成长资料采集工程馆藏基地。

图5-2　1966年12月印制的《涤纶短纤维中间试验科学技术研究报告》

说："当时设备要进口，合成纤维研究所进口以后，把有关的设备、操作资料拿出来共享，后来外地也不再引进。[①]"

然而，让郁铭芳没有想到的是，这次成功的设备引进也给他带来了大麻烦。在随后开始的"文化大革命"中，买外国设备成为所长郁铭芳"崇洋媚外""资产阶级反动学术权威"的有力证据和被批斗的重要"罪行"，进口设备被称为"洋奴哲学"、"爬行主义"。但涤纶短纤维方面的成果让郁铭芳更坚定了对发展涤纶的信念。

20世纪70年代初，国际国内形势发生巨大变化。60年代开发建设的大庆油田使我国石油产量大幅增加。1971年，我国恢复在联合国的合法席位，国际经贸合作迅速发展，为引进成套先进设备提供了条件。国内的棉布供应已持续紧张多年，农业生产急需的化肥也面临巨大缺口，时任纺织工业部部长的钱之光不失时机地提出引进成套石油化纤设备的设想。1972年2月5日，中共中央批准国家计委《关于进口成套化纤、化肥技术设备的报告》。1973年国家计委进一步提出进口43亿美元的外国成套工业设备方案，简称为"四三"引进方案。这一《报告》特别指出：其中"的确良"的产量，总数将达到19亿市尺，城乡人民对"的确良"的需要，将进一步得到更好的供应。[②]"四大化纤厂"包括上海石油化工总厂、辽阳石油化纤厂、天津石油化纤厂和四川维尼纶厂。总规模为年产化学纤维35万吨(涤纶18万吨、腈纶4.7万吨、锦纶4.5万吨、维纶7.8万吨)。[③] 不久，又启动了引进生产涤纶50万吨

① 夏鸿飞口述访谈，2012年12月26日，上海。资料存于老科学家学术成长资料采集工程馆藏基地。

② 陈锦华：《国事忆述》。北京：中共党史出版社，2005年，第10页。

③ 解决买"的确良"难四大化纤厂拔地而起，《中国纺织报》，2011年8月2日，第4版。

的特大型企业江苏仪征化纤厂的建设。涤纶一跃成为合成纤维第一大发展品种。

冲击高速纺

牵住“牛鼻子”

自 20 世纪 70 年代以来，世界化学纤维工业发生了巨大变化，生产技术趋向“四化”，即高速化、大型化、连续化和自动化。在涤纶短纤维继续发展的同时，涤纶长丝的高速纺丝技术已成为国际化纤领域的前沿技术。这一技术不仅极大提高了生产效率和生产过程的自动化程度，而且将纺丝和拉伸工艺合并，减少了工艺损耗。由于纺丝速度提高，卷绕丝的预取向提高，生产出的为预取向丝（POY），纤维质量也得到很大改善。另外，初生丝必须保存在恒温恒湿的地方，存放时间短。高速纺卷绕丝可长期存放和远距离运输，不受气候条件影响。因而，高速纺丝具有高产优质、节能和投资少等突出优点。当时，国外高速纺速度可高达 4 000 米/分以上，而我国涤纶长丝产量所占比例很小，且采用常规工艺，纺速仅有 1 000 米/分。国内尚无自行研制的高速纺丝工业化设备，上海再次率先开展了相关探索。

对于高速纺而言，最为关键的就是高速卷绕机。在 4 000 米/分以上的高速下，普通卷绕机的卷绕机构、电气部分、电动机、横动导丝机构等均不能适应。20 世纪 70 年代初期，上海纺织工学院①、上海合成纤维研究所、上海第二纺织机械厂等开始研究高速卷绕装置。1974 年，上海合成纤维研究所采用高压纺丝工艺进行探索实验，当时采用高阻力的过滤材料来建立熔体压力，发现压力上升不稳，使用周期短，难以回收利用等技术问题无法解决，难以工业化。因为“文革”的干扰破坏，研究断断续续。

---

① “文革”期间华东纺织工学院更名为上海纺织工学院。

“文革”结束后，科研工作逐步恢复。1977 年，上海纺织工业局当即组织主攻化纤和纺织的薄弱环节，共成立了 11 个会战项目，其中就包括涤纶高速纺项目。[①] 郁铭芳对高速纺项目很重视。他从国外科技情报上了解到高速纺的技术动态，认定这是个研究方向，并花大力气组织研究工作。上海合成纤维研究所和上海纺织工学院、上海纺织机电厂、上海纺织器材研究所等 13 家单位开展大协作。同年 10 月在上海合成纤维研究所试制出涤纶预取向丝高速纺丝草机一台，为进一步研究创造了条件。

1978 年，郁铭芳参加了全国科学大会，迎来了“科学的春天”。“涤纶长丝高速纺丝工艺与设备”也被纺织工业部列为重点科研项目，由上海合成纤维研究所和上海纺织工学院分头攻关。

1980 年，郁铭芳第一次走出国门进行技术考察。虽然他认为高速纺丝技术是个研究方向，但是并未亲眼看到，仅能说是通过阅读科技情报资料有所了解。对于一贯重视科技情报分析的郁铭芳而言，这是次难得的实地考察机会。

这次考察任务的级别很高，是由联合国工业发展组织安排的纺织工业部涤纶长丝纺纱和变形技术考察小组，目的地是美国，重点是涤纶高速纺丝技术的考察。同行的还有纺织部科技司方佩颖，上海合成纤维研究所王显楼，华东纺织工学院方柏容[②]、魏大昌。

考察组从 11 月 11 日离开北京到 12 月 11 日回到北京，刚好一个月。乘飞机前往美国颇费周折，去时需从北京经由巴基斯坦卡拉奇、法国巴黎飞美国纽约，回国时则是从美国经日本东京飞北京。在美期间，郁铭芳一行先后访问了纽约、华盛顿、费城、波士顿等 7 个大小城市，参观了杜邦公司的纺织研究中心、孟山都公司的涤纶高速纺丝工厂、赛拉尼斯公司的技术研究中心、纽约理工学院、麻省理工学院以及费城纺织技术学院等地。郁铭芳一行

① 郁铭芳、崔文仙、赵尧章等：为提高纺织技术奋斗终身，引自《何正璋传》编辑委员会编：《何正璋传》。内部刊行，2001 年，第 256 页。

② 方柏容（1911—1995），化学纤维和环境治理专家，安徽黟县人。1941 年获意大利米兰理工学院博士学位。1947 年回国后先后在南通学院、华东纺织工学院任教授、系主任，曾任《中国大百科全书·纺织卷》（化学纤维分卷）、《辞海》（纺织分科）主编。

和公司的技术人员进行座谈，完成了联合国工业发展组织安排的考察计划中的美国部分。

通过技术人员的介绍和现场参观，郁铭芳了解到 20 世纪 70 年代涤纶高速纺丝技术已成为美国涤纶长丝的主要生产工艺路线。当然，考察并非一帆风顺。美国公司并不同意考察组直接参观高速纺丝技术。因而考察组就去参观公司建造的一个厂。美国杜邦公司、孟山都公司的规模和自动化程度给郁铭芳留下深刻印象，像孟山都公司当时年产 7 万吨长丝的工厂只有 400 多名职工。但他并不认为这就高不可攀了，他也发现了不足。比如，郁铭芳在杜邦公司看到采用自制高速纺丝设备，导丝第二天就需更换。郁铭芳分析下来，信心更加坚定，美国的技术和管理总体比较先进，但不是所有的技术都比国内好，“我们完全可以自力更生搞好涤纶高速纺丝科研项目，并逐步推广应用到工业生产上去。”①

这次出国考察，正值改革开放初期。除了技术，美国的社会生活也给郁铭芳留下深刻的印象。他们甚至还特意去看了贫民窟。他形容，美国很像

图 5-3　1980 年 11 月，郁铭芳（右二）与方柏容教授（左一）等在美国华盛顿航空博物馆参观合影

---

① 郁铭芳人事档案，《郁铭芳赴美国考察的思想小结》，1981 年 1 月 25 日，东华大学人事档案室藏档。

解放前的上海,虽然繁华但有很多不好的地方。由于中美两国在1979年已正式建立外交关系,结束了长达30年之久的不正常状态。对于相互间的接洽,双方人员还是很好奇。郁铭芳在美国也感受到友好,碰到的一些教授、技术人员都热情接待,其中许多人都想到中国来访问,访问的三所大学都表示欢迎中国留学生。郁铭芳发现,在相互隔膜多年之后,美国人对中国的各种问题都很感兴趣,所提问题五花八门。有问对里根和卡特总统看法的,有问中国的"四人帮"究竟怎么回事的,甚至还有的问中国工程师星期天做些什么的。美籍华人和老华侨更显热情,都希望祖国强大繁荣起来,成为他们坚强的后盾。在纽约唐人街,郁铭芳还看到挂国民党旗帜和一些当时看来很反动的标语。① 考察过程中,郁铭芳还结识了化纤专家方柏容教授。方柏容教授在美国的朋友很多,考察时带郁铭芳他们一起参观了朋友在西纽约的化工厂。

郁铭芳回到上海后,向上海纺织工业局提出马上引进两个纺丝部位的高速纺丝设备。他想通过引进后再作进一步测绘,可以在国内生产。上海纺织工业局并未批准这一提议,因为当时大家都不相信能达到这个速度,认为纺丝速度5 000米/分根本不可能,更何况去引进设备。纺织部后来也派副部长出去考察,因为他不是技术人员,公司就马上同意给他看了,看后才相信国外涤纶长丝高速纺真的可以做到每分钟5 000米的速度。② 郁铭芳至今仍感遗憾,如果那时候就引进,也许我国的高速纺丝会搞得快一点、早一点。也就相差一两年的时间,北京顺义一个厂在国内第一个引进了高速纺丝设备,接着广东省长丝厂遍地开花,效益非常好。

科研大会战

高速纺既然是攻关项目,面临的难关也是一道接一道。高速纺是一个

---

① 郁铭芳人事档案,《郁铭芳赴美国考察的思想小结》,1981年1月25日,东华大学人事档案室藏档。

② 郁铭芳口述访谈,2012年11月23日,上海。资料存于老科学家学术成长资料采集工程馆藏基地。

集机、电、气和工艺一体化的系统工程项目，需要攻克多方面的技术难关。作为所长的郁铭芳亲自抓这项工作，集中所里的工艺、设备、机电设计力量。当时上海合成纤维研究所负责样机总体设计及卷绕机具体设计，并在所内进行安装调试工艺研究。上海纺织电机厂负责摩擦辊电机研制，上海闯新纺织机械厂负责卷绕机制造，上海纺器材料研究所、上海纺织瓷件厂负责导丝器研制，上海纺织器材厂负责卷绕筒管研制，上海工业大学负责气控装置。

小试期间的问题很多，关键还是在高速锭子。在无国内外的图纸参考情况下，要依据样本和进口设备外形来设计卷绕锭子十分困难。尤其是高精度的卷绕锭子，要求长而轻，高速运转时无跳动、振动和变形，部件多达270个，材料多达10种，设计和加工要求都很高。由于当时国内各方面的条件很差，就采用常规纺丝的转鼓干燥、烘料，然后再高速纺丝。

高速纺丝锭子经历了两个阶段，第一个阶段用直流电机，用变压器来改变速度，速度当时最高可以达到6 000米/分，这个实验是探索高速纺工艺与纤维质量、性质的关系。因为是直流马达，锭子很抖。第二阶段就是用交流马达，用变频装置来提高纺丝速度，解决了锭子波动和速度不稳的问题。此外，工艺研究方面，郁铭芳与技术人员研究解决了切片含水率、条干不匀率问题。

1981年2月25日至3月9日，纺织部科技司对华东纺织工学院和上海合成纤维研究所的单锭试验草机HS791型高速纺丝卷绕机进行现场三班连续运转考核，4月进行了小试鉴定。小试成果表明我国已开始掌握涤纶长丝高速纺丝的软件技术，为独立自主地发展长丝高速纺丝奠定了起步基础，填补了国内技术空白。在小试鉴定的基础上，上海合成纤维研究所中试开始试制年产300吨的HS-811型涤纶高速卷绕机。

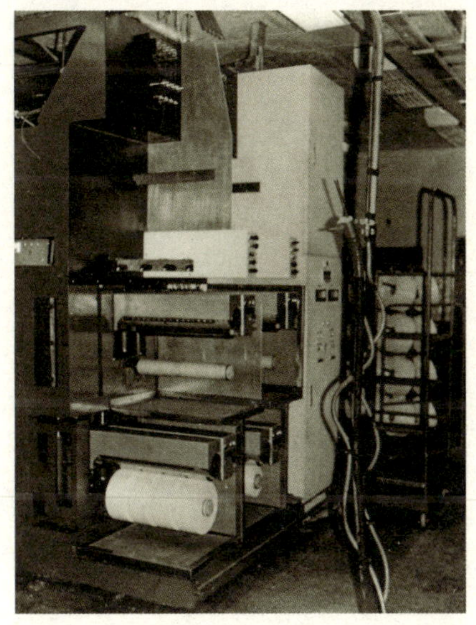

图5-4　上海合成纤维研究所高速纺丝卷绕设备

1982年，纺织工业部在制定的《纺织工业科技发展“六五”规划和十年设想的初步意见》中，明确指出化纤长丝高速纺设备还有缺门，提出了“涤纶长丝高速纺丝工艺及设备”的研究课题。1983年4月，国家经委、计委、科委、财政部和纺织工业部下达“六五”国家重点科技攻关项目“涤纶长丝高速纺丝机及其纺丝工艺的研究”，依旧由华东纺织工学院和上海合成纤维研究所分头攻关。1984年，在上海纺织工业科技进步会议上，涤纶长丝高速纺设备也被列为开发的重点产品，成为“八大重中之重”之一，其余的有年产涤纶1.5万吨短纤维成套设备、气流纺、无梭（有梭）织机、平网（圆网）印花等。

郁铭芳在组织高速纺攻关过程中遇到的最大问题就是材料问题。像高速纺里有个拖丝头，丝通过拖丝头的往复引导绕到筒管上面。由于涤纶丝高速地在拖丝头上摩擦，如果摩擦出一条缝就很成问题，国外用碳纤维复合材料做成拖丝头，摩擦问题解决得较好。但那时国内尚未研制成功这种材料，所以拖丝头容易摩擦损坏。另外，由于合成纤维研究所归上海纺织工业局领导，高速纺项目是在上海纺织系统内组织进行科技攻关，很多问题依托本系统力量虽能解决，却也绕不开一个质量问题。上海纺织工业局下属有很多机械厂，所以合成纤维研究所设计出的设备需由这些机械厂制造。但是高速纺设备的特点就在于高速，高速运转中的卷绕机精度比纺织机器精度要求高得多，纺织机械厂并无如此高的精度制造能力。郁铭芳花费了不少力气去协调，但最后也没有办法，只好选择上海纺织工业局下属的机械厂。最后虽然机械厂也有所改进，但制造出来的设备精度还是受到一定影响。

不署名的获奖者

1984年6月28日至30日，华东纺织工学院和上海合成纤维研究所的高速纺项目，通过连续72小时的抽样测试考核。9月下旬又通过了三个月的连续运转考核，各项指标达到部颁要求。11月27日至29日，受国家经委、计委、科委和财政部的委托，由纺织部主持对华东纺织工学院和上海合成纤维研究所进行连续72小时的技术考核。上海合成纤维研究所的高速纺丝设备卷绕速度达到每分钟3 200米。12月18日，两家单位项目通过纺织

图 5-5　1986 年 7 月，郁铭芳(左二)参加江苏吴江涤纶厂涤纶高速纺横向联合会

工业部主持的鉴定。郁铭芳参加了项目鉴定会。鉴定专家组认为研制的设备基本达到了 20 世纪 70 年代末 80 年代初的国外大面积工业化生产水平，为国产涤纶高速纺丝的工业化奠定了基础。东华大学王华平教授对这一项目作出如许评价："我们算了一笔账，就是当时的高速纺装备和技术实现国产化以后，进口设备大概下降了一半以上。在 20 世纪 80 年代，这对我国节约大量外汇、加快纺织包括化纤材料发展进程，起到很大的推动作用。"①

按照科学技术必须面向经济建设的方针，郁铭芳组织领导了成果推广工作，合成纤维研究所的高速纺设备被上海、江苏吴江、浙江诸暨、江苏常熟等地区 4 家乡镇企业推广应用。合成纤维研究所向厂方提供技术服务，内容包括工艺设计、技术培训、试车前的设备检查，并派遣一支由工程技术人员与有丰富经验的工人师傅组成的试车队伍。其中，常熟市涤纶厂于 1984 年 6 月 9 日一次投料试车成功。由常熟市经委主持召开的验收鉴定会认为，该厂的建成投产，对发展全市乡镇工业有着十分重要的意义。② 1986 年 7 月，郁铭芳专程赴江苏吴江参加吴江涤纶厂涤纶高速纺横向联合会。这一项目也培养了一批技术人员。

因郁铭芳在这一攻关项目中发挥了技术决策和组织作用，上海合成纤

① 王华平口述访谈，2013 年 5 月 9 日，上海。资料存于老科学家学术成长资料采集工程馆藏基地。
② 杨兆湘：常熟市涤纶厂建成投产。《合成纤维》，1984 年第 6 期，第 29 页。

维研究所推荐其申报“六五”计划国家科技攻关先进个人。1987 年 3 月,“涤纶长丝高速纺丝工艺及设备”项目获上海市科技进步一等奖,同年 7 月获国家科技进步二等奖。获奖人员中,中国纺织大学有朱介民、魏大昌;上海合成纤维研究所是褚遂安(负责设备)、王显楼(负责工艺),其中并没有出现郁铭芳的名字。对此,在郁铭芳 1995 年申报中国工程院院士时,上海合成纤维研究所专门作了书面情况说明:

该项目从立题、攻关至技术鉴定的整个过程,均由郁铭芳亲自领导,并主持制定设计方案、攻关研究及指导解决各技术难关。郁铭芳在项目进行中是主要决策者。该项目在上报主要攻关人员名单时,由于受人数比例的限制(当时该项目由上海合成纤维研究所和中国纺织大学共同承担,双方按对等比例上报),以及当时郁铭芳任所长之职,在上报名单时就将名额谦让给了该项目基层专题人员。但从该项目的成功过程,主要功劳应归功于郁铭芳同志。①

项目组长之一王显楼也认为:

在高速纺攻关过程中,老所长贡献很大。他经常跟我们一起参加试验,有些问题怎么解决,一直参加讨论,提出很多宝贵意见。在他的协调下,我们才能顺利地完成任务,才能顺利地鉴定。但是郁所长并没有把他的名字列在获奖名单报上去,而是把我们具体做工作的人报上去。②

郁铭芳对此很淡然,他认为:“不是我完全参加的项目,我都不要放名字。作为所长,我只决定怎么开展这个工作。”③作为上海合成纤维研究所的

① 上海合成纤维研究所:关于郁铭芳同志承担“涤纶长丝高速纺工艺与设备”负责人情况说明,1995 年 3 月 29 日,存于采集工程数据库。

② 王显楼口述访谈,2013 年 1 月 16 日,上海。资料存于老科学家学术成长资料采集工程馆藏基地。

③ 郁铭芳口述访谈,2012 年 11 月 23 日,上海。资料存于老科学家学术成长资料采集工程馆藏基地。

学术委员会主任，郁铭芳负责科研项目的立项、重大科研项目方法大纲和研究报告的审定。他对科研管理工作也有自己的体会。

> 我主要是做组织工作。我们做一个研究项目，一定要写项目总计划，所里要开技术工作会议审查项目的工作计划，比如用什么方法搞，等等。在项目鉴定前，课题组要写出技术报告，要比较详细地写明最后结果怎么样。有的是一本，有的是几本，从几个角度写技术报告。鉴定前，我们也要开会，看是否有些问题要补充等。鉴定时我们请其他单位有关专家、领导参加，有的是纺织部组织鉴定的。我们通过这样一些方式加强管理。①

高速纺项目研究成功，走的是一条自主研发的路子，不是采用20世纪60年代引进样机消化吸收的路子，而是强调立足国内。从草机到样机、从机件到气控电控等，件件都得国内配套研究制造，研制周期相对较长。郁铭芳认为："当时来说，引进一些国外比较好的技术，还是有利于国内化学纤维工业的发展。"②他对这个项目也心怀遗憾。由于材料和精度问题，国产设备最后没有能够大规模生产，也难以与进口设备抗衡。其后，国内涤纶长丝生产形势步步高涨，市场兴旺，供不应求。20世纪80年代，北京、上海、新会、太原等地迫不及待地引进国外高速纺丝设备，取得很好的经济效益，但也出现重复引进的问题。

虽然涤纶长丝的产量迅速增加，但品种规格单调，不能满足市场进一步的需求。郁铭芳又将重点转向涤纶长丝新产品开发的研究，并计划开发空气变形丝以及有色、抗紫外光线、混纤、细旦等低弹丝。1985年，郁铭芳又组织领导了高强涤纶长丝的研制任务，这是"六五"期间填补国内空白的重大科技攻关项目，供应国防应用。纤维的强力比通常的涤纶长丝高出50%～80%，可用于电话线、控制导线、传动胶带等的芯线，在国防工业方面也有着

① 郁铭芳口述访谈，2012年11月23日，上海。资料存于老科学家学术成长资料采集工程馆藏基地。
② 郁铭芳口述访谈，2012年11月23日，上海。资料存于老科学家学术成长资料采集工程馆藏基地。

特殊的功用。

其间，随着“四大化纤”的陆续投产，化纤纺织品迅速发展，城乡市场的纺织品供求关系发生了变化，纺织品在总量上已能较好满足人民的穿衣需要。1980 年，涤棉卡其、华达呢开始免票供应，1981 年，涤棉混纺布全部免票供应。1983 年 11 月，根据纺织工业部和商业部的共同建议，国务院决定取消布票，棉布敞开供应。持续了近三十年的布票从此在历史舞台上消失。郁铭芳对此很欣慰，这是纺织工业在解决人民穿衣方面取得的重要标志性成果。

第六章
攻坚高性能纤维

随着科技日新月异，尖端科技工业部门对纤维材料提出了更高要求，具有高强度、高模量、耐高温、耐腐蚀的高性能纤维成为航空航天、生物医学、通信信息、海洋、军工等领域的热切需求。20 世纪 50 年代起，发达国家开启高性能纤维研发。1960 年，一种名叫诺梅克斯（Nomex）的间位芳香族聚酰胺纤维在美国杜邦公司率先问世。

20 世纪 60 年代初，随着中苏关系恶化、美国入侵越南，整个世界和平受到严重威胁。在此背景下，掌握尖端技术、加强国防力量，成为我国十分突出的战略任务。但由于意识形态不同，以美国为首的资本主义国家对社会主义中国持有强烈敌意，对包括高性能纤维在内的尖端技术实行封锁。“独立自主，自力更生”成为科技发展的必由之路。

瞄准国际研究前沿

随着上海合成纤维研究所的成立，年仅 38 岁的郁铭芳担纲副所长兼任副总工程师。当时研究所并无总工程师，肩负技术总责的郁铭芳开始新的谋划。他思忖:既然把“实验工厂”更名为“研究所”,就应该循名求实,着力前沿技术研究,将上海合成纤维研究所打造成为中国合成纤维的研究重镇。

为了解发达国家科研动态,郁铭芳在上海合纤所成立科技资料情报站,搜集有关纤维技术研发情况。据王心明回忆,郁铭芳非常重视情报工作,情报站工作人员最多时达40余人。他要求情报站尽量在第一时间把美国、德国、英国、日本等国先进技术的资料翻译过来。“郁铭芳很善于利用情报,举个例子,那时候我们国家在涤纶、腈纶、锦纶、维纶发展的优先次序选择上有较大争议。有关部门认为应先大力发展维纶,而郁铭芳通过分析收集的信息主张重点发展涤纶,而且他每次开会都据理力争,只可惜当初上级部门没有听取他的建议。后来事实证明郁铭芳的判断是正确的。”①

通过搜集信息,他得知发达国家合成纤维研究已经取得快速发展,除了原有品种的产量大幅增加外,还研制了一些产品性能更好、科技含量更高、用途更广的新品种。这些新品种的纤维广泛应用于航天航空、生物医学、通讯信息、新能源、海洋、军工等高科技领域。新型化纤产品的问世更激发了郁铭芳奋起直追的责任感和紧迫感:

> 通过调查研究,知道国外研制的高性能纤维已有很多实现产业化了,而且性能很好,用途广泛。比如芳纶,它是一种高强高模量的纤维;比如聚酰亚胺纤维,它是一种抗辐射纤维;比如碳纤维,它是一种耐腐蚀、耐辐射、耐高温和高强度、高模量战略性纤维,在航天航空、军事等领域广泛应用。中国的历史告诉我们,落后就要挨打。面对外国技术封锁,我们只能依靠自己,奋发图强。我相信外国人能做到的,我们中国人一定能做到。②

在不服输的精神和责任感的驱使下,郁铭芳将研究方向锁定为高性能纤维。1964年,他启动了芳纶1313和芳纶1414研究;1966年与上海纺织研

① 王心明口述访谈,2013年1月15日,上海。资料存于老科学家学术成长资料采集工程馆藏基地。
② 郁铭芳口述访谈,2012年10月30日,上海。资料存于老科学家学术成长资料采集工程馆藏基地。

究院、华东化工学院合作着手聚酰亚胺纤维探索。郁铭芳凭借自己敏锐的眼光，紧跟国际前沿研究，成为国内高性能纤维研究的开拓者之一。

被污为“资产阶级反动学术权威”

1966年5月，声势浩大的“文化大革命”爆发，滞缓了郁铭芳的研究工作。在这场运动中，许多老一辈无产阶级革命家被打倒，许多知识分子遭到迫害。

上海是林彪、江青两个反革命集团相互勾结，篡夺党和国家最高领导权的重要据点，因而成为“文化大革命”的重灾区，其中国棉十七厂、国棉三十厂、国棉三十一厂、上海良工阀门厂和上海合纤所受冲击最大。而上海国棉十七厂的王洪文、上海合成纤维研究所的叶昌明等人成为当时炙手可热的造反派头目。

叶昌明自恃根正苗红，总是高看自己，工作中总爱提出自己的一套，但毕竟学识有限，提的意见总是不被采纳。因此，他觉得不受重视，长期心情不畅，对所领导和知识分子怀恨在心。“文化大革命”爆发后，长期不满自己处境的叶昌明开始造反，所长陈善芝和郁铭芳等首当其冲受到冲击。

陈善芝毕业于沪江大学，曾担任上海新光内衣染织厂厂长。1957年作为11名技术人员之一，与郁铭芳等一起被调至纺织工业部纺织科学研究院上海分院工作，参与化学纤维前期研究。文革伊始，她就被造反派污蔑为假共产党员，头发被剪成阴阳头，人格遭到羞辱。雪上加霜的是，她的小儿子年幼无知，看到母亲头发怪异，觉得“与有耻焉”，对她冷漠相待，有时甚至连家也不愿回。陈善芝回到所里，不时遭到揪斗，被勒令写检查，最后被活活折磨而死。回忆往事，郁铭芳唏嘘不已：“陈善芝早年加入中国共产党。无论是担任纤维实验工厂厂长，还是合成纤维研究所所长，工作都很认真勤恳，在各方面发挥了重要作用。没有想到被造反派活活折磨至死。”①

---

① 郁铭芳口述访谈，2012年11月23日，上海。资料存于老科学家学术成长资料采集工程馆藏基地。

郁铭芳的岳父姜汉卿是烈士。刚开始时，他还受到烈士光环的庇护，造反派甚至邀请他参加征求意见座谈会。看到老所长陈善芝被活活折磨至死，郁铭芳在会上提出要响应毛主席"要文斗，不要武斗"的号召，停止使用"坐飞机"、"揪头发"、"挂黑牌"、"剃阴阳头"等体罚行为。"会后同事们都说我胆子好大呀。"①

就在郁铭芳为陈善芝的遭遇感到痛心时，一场劫难也向他袭来。

1966年底，刚刚参加完涤纶短纤维中间实验项目鉴定会，郁铭芳就被造反派污蔑为"资产阶级反动学术权威"，被勒令"靠边站"。因从国外进口螺杆挤压纺丝设备，被造反派罗织"洋奴哲学"、"崇洋媚外"、"牛鬼蛇神"、"走资本主义白专道路"等种种罪名，被关进牛棚接受劳动改造和思想批斗。

郁铭芳经常被强迫搬运砖头、挑大粪。繁重的体力劳动有时让他难以支撑。但郁铭芳在备受折磨时有一件事让他回想起来感觉温馨：

> 那时候在农村挑大粪。一次，要我一个人挑两担肥料。我实在力不从心，挑不起来。监督我的是一个年轻的技术人员，看到我挑不动，示意我放下，他自己挑了回去。造反派里也有好同志。我内心对他很感激。②

除了体力劳动的折磨，郁铭芳还得接受人格上的羞辱。造反派紧紧抓住郁铭芳等引进进口设备一事不放，强迫他写认罪书。一段时间，郁铭芳每天早上与研究所里的其他"臭老九"在单位门口罚站，而后，头上戴着高帽子，脖子上用铁丝挂着合纤所里最大的英文字典接受游行批斗。一次，游行至研究所图书馆门口时，郁铭芳内心深感气愤，于是脸露愤怒之色，站在原地昂然不动。

见这个外表儒雅的知识分子竟敢大胆"忤逆"，造反派喝令郁铭芳下跪。倔强的他充耳不闻。造反派气急败坏，拿起木棍狠狠地敲打他的膝盖。

---

① 郁铭芳口述访谈，2012年11月23日，上海。资料存于老科学家学术成长资料采集工程馆藏基地。
② 郁铭芳口述访谈，2012年11月23日，上海。资料存于老科学家学术成长资料采集工程馆藏基地。

追溯动荡岁月的不堪往事，许多事让郁铭芳唏嘘感叹。但说起抄家一事，他自鸣得意自己的“小聪明”：

文革刚开始的时候，所里各级党委还没有受到冲击。他们要到有问题的知识分子家中抄家。我当时与岳母住在一起。我岳父姜汉卿是国棉十七厂的地下党员，后被叛徒招供出卖光荣牺牲，解放后被追认为烈士。我岳母年龄较大，为让她免遭冲击，我与太太商定，把家里所有的金子、银子主动上交。于是，我主动找研究所党委书记单相，告诉他我太太她们是烈士家属。我们自觉上交家里的金银条，希望不要上门抄家。单相满口答应。我把家里所有的金银上交党委，他们也很守信用。这算是丢卒保帅之计吧，我岳母和家人因此没有受到任何冲击。[①]

同时，夫人姜淑文的体贴关心也纾解了郁铭芳的压力。“文革”期间，郁铭芳虽然在单位受批斗，但回到家里感觉轻松温馨。他说，虽然夫人与他生活环境、成长背景不同，但她非常理解和支持他。有的时候，造反派晚上来叫他，包括要抄家，她都不埋怨，还好言安慰。

还有一件事情对郁铭芳触动非常大。在一次生病住院时，他无意中从姜淑文同事处了解到，“文革”期间，由于姜淑文对造反派的一些行动提出不同意见，所以造反派也给她捏造了很多谣言，说她父亲不是烈士，她是叛徒的女儿，要打她、批斗她。那时，工友们需护送姜淑文回家，防止她路上挨打。这些事，郁铭芳此前毫不知情，也从未听妻子谈起。姜淑文是觉得郁铭芳在研究所里已经被批斗得很厉害，怕增加丈夫的思想负担。正是来自姜淑文的理解和支持，帮助郁铭芳走过了人生低谷和学术停滞期。

1969 年 10 月，基于国防建设需要，国家科委、国防科委等给上海合成纤维研究所下达了碳纤维研究任务，郁铭芳得以“解放”，担任上海合成纤维研究所生产组副组长，参与碳纤维研究领导工作。他带领 4 位同志外出考察碳纤维研究，但其中只有一人为工人师傅。对此，造反派大加指责，再次给他

① 郁铭芳口述访谈，2012 年 11 月 23 日，上海。资料存于老科学家学术成长资料采集工程馆藏基地。

扣上“资产阶级反动学术权威”帽子，到处张贴批判他的大字报。他一时心灰意冷，甚至起念离开合成纤维研究所。

我感到在合成纤维研究所无法工作，想换个单位。我们研究所一个副所长调到上海石化厂担任领导，他对我很信任，私交也不错。我想调到他们厂去工作。恰在这时，我的同事汤蕴瑜调到上海石化厂，这更坚定了我的想法。于是，我把这个想法告诉了我们以前的副所长。他表示愿意向石化厂领导汇报此事。不久，有人告诉我我被批准担任金山石油化工总厂腈纶厂核心成员。听到这个消息，我非常高兴，认为可以逃离苦海。但造反派要把我留在所里继续做批斗对象。好在不久毛主席提“抓革命，促生产”，中央让邓小平主持工作，我又得以恢复工作，并担任合成纤维研究所革委会副主任，继续从事研究工作。①

开启高性能纤维研究

攻坚碳纤维

1969年10月，正在牛棚接受“灵魂改造”的郁铭芳被突然宣布“解放”：基于国防建设需要，上海市科委根据国家科委、国防科委等要求，给上海合纤所下达碳纤维研究任务。碳纤维研究成为当时研究所压倒一切的政治任务。作为研究所技术骨干，郁铭芳顺理成章地得以恢复工作，并被委以重任，担纲上海合成纤维研究所生产组副组长，参与碳纤维研究领导工作。为“坚持无产阶级政治方向”，合纤所特意安排一个造反派头头担任组长。

碳纤维是一种强度比钢大、密度比铝小、比不锈钢耐腐蚀、比耐热钢耐高温、像铜一样导电的新型纤维材料，用途十分广泛，是军民两用新材料，属

① 郁铭芳口述访谈，2012年11月23日，上海。资料存于老科学家学术成长资料采集工程馆藏基地。

于技术密集型和政治敏感的关键材料。20 世纪 50 年代主要应用在火箭、宇航及航空等尖端科学领域，到 80 年代被广泛应用于体育器械、纺织、化工机械及医学领域。同时，随着高性能及超高性能的碳纤维复合材料的相继出现，它的应用范围越来越广，如 A380、波音 787 客机、美国新型主战坦克，碳纤维增强复合材料比重占到 15%以上。鉴于用途广泛，人们称之为第四代工业材料，又称其为世纪新材料。

发达国家碳纤维研究发展迅速，且应用于国防军事。20 世纪 70 年代，美国在战略导弹和作战飞机中开始使用碳纤维增强树脂材料，使武器性能大幅提高。我国国防科技系统认定，碳纤维应用于军事技术上的优势显而易见，我国战略武器和军用飞机采用树脂基复合材料代替金属势在必行。

为博采众长，郁铭芳带领包括边仁忠在内的 4 名从事机械制造、工艺设计等方面的技术人员和工人师傅，奔赴北方有关单位取经。边仁忠其时仅有中学学历，但他能吃苦，善于钻研，业务能力很强，后成为碳纤维研究的骨干力量。

但这次考察让郁铭芳有些失望，因有些单位实行技术封锁，对他们提出的参观请求采用踢皮球方式予以拒绝。回忆此事，郁铭芳难以释怀：

> 客观而言，当时的碳纤维研究在组织管理上存在一些问题。原化工部的单位负责研究原材料，原纺织部的单位负责研究纺丝，原冶金部的单位负责研究碳化和石墨化，因此，各研究单位各自为政，实行技术封锁。虽然我们当时带了上海市科委开具的证明，并向他们说明这是国家下达的科研任务。可有的单位就是推三阻四，不让我们参观。国外对我们实行技术封锁可以理解，但国内采取技术限制就太不应该了。①

但考察还是获得了一些启发。郁铭芳与考察组成员在返沪的火车上，顾不上休息，开始热烈讨论起来。考察团成员均具有一定的理论知识和实

① 郁铭芳口述访谈，2012 年 11 月 23 日，上海。资料存于老科学家学术成长资料采集工程馆藏基地。

践经验，他们结合参观后的所思所悟，参阅相关技术资料，就了解的碳纤维原丝纺制的工序，决定采用预氧化炉叠加的方法缩短整套装置的长度，提高纺丝速度。

郁铭芳他们在方案出炉后，便马不停蹄组织实施。郁铭芳组织技术人员和工人师傅顶着“四人帮”余党的压力，结合研究所具体情况组织了两次会战，他本人也不分昼夜坚守现场，结果不到两个月完成了日产 10 千克的聚丙烯腈长丝和预氧化碳化设备的一条龙的设计制造和安装。之后，便紧锣密鼓研制碳纤维。

碳纤维研究有三个关键技术：一是聚丙烯腈原丝制造技术；二是碳化工程技术；三是表面处理技术。毫无疑问，这对合成纤维研究所和郁铭芳都是一个重大挑战。

经过日夜奋战，不久聚丙烯腈长丝得以试制出来。但这种长丝采用民用腈纶原液纺制而成，杂质含量较高，质量稳定性差，变异系数大，毛丝断头多，虽然不能制备高质量的碳纤维，但与上海纺织研究院合作采用预氧化丝为原料制作的复合材料还是解决了问题。

在国防建设急需碳纤维材料的背景下，1975 年 11 月，国防科工委主任张爱萍在北京主持召开了全国第一次碳纤维会议(简称“7511”会议)，部署国内碳纤维研究工作，制订了十年发展规划，组织了原丝、碳化、结构材料、防热材料、测试检验技术 5 个“攻关组”，安排 20 余个单位参加。上海合纤所领受“聚丙烯腈原丝及中强型碳纤维”研究任务。

碳纤维用的原料是一种化学纤维，主要有三类：聚丙烯腈、沥青、粘胶纤维，而以聚丙烯腈为原料研制而成的碳纤维其强度明显优于沥青基、粘胶纤维基。

为使碳纤维研究紧跟国际前沿，郁铭芳与课题组成员边仁忠、王承丽等通过分析国内外碳纤维研究情况，决定研制聚丙烯腈长丝。

聚丙烯腈长丝可采用不同溶剂制取，主要有二甲基亚砜、二甲基甲酰胺、二甲基乙酰胺、硫氰酸钠、硝酸、氯化锌等。郁铭芳广泛研读国外科技文献，反复权衡比较不同溶剂制取聚丙烯腈原丝的优劣。他认为当时日本东丽公司的碳纤维研究技术最为先进，其原丝就是采用二甲基亚砜法制取，溶剂回用时杂质较少，可以有效改善碳纤维质量。“取法乎上”，郁铭芳决定采取二甲基亚砜溶剂工艺路线，这在国内属于首次。

二甲基亚砜是一种含硫有机化合物，常温下为无色无臭的透明液体，是一种吸湿性的可燃液体。它具有高极性、高沸点、热稳定性好、非质子、与水混溶的特性，能溶于乙醇、丙醇、苯和氯仿等大多数有机物，被誉为“万能溶剂”。采用二甲基亚砜制取原丝，具有工艺流程合理、易于控制、原液稳定性能好、转化率高、聚合物分子量较高且分布的宽度要控制等特点，用该工艺制取的原丝能保证碳纤维高强度高模量的优良性能。

确定了工艺路线，完成了设备安装，郁铭芳组织课题组成员加快研制碳纤维。1977 年小批量试制近 1 吨聚丙烯腈原丝。这些原丝达到“7511”会议提出的质量要求，提供给上海纺织研究院、中科院上海硅酸盐研究所、中科院长春应用化学研究所、北京 714 厂以满足研究之需，为我国碳纤维研究和增强国防力量作出了积极贡献。对于郁铭芳领衔研制的聚丙烯腈原丝，原上海纺织研究院院长、上海大学孙晋良院士做了如下评价：

> 高性能碳纤维及其复合材料是国防装备，特别是战略急需的重要材料。基于国防需求，上海市军工办根据国防科委等部门的指示，组织了包括上海合纤所、上海纺织研究院在内的联合攻关组，这个攻关组保密性很强，对外简称“701”工程。上海合纤所负责研制碳纤维原丝，我们上海纺织研究院负责研究碳-碳复合材料。市军工办差不多每个星期组织我们开会。郁所长每次对研究中存在的困难、改进的办法都认真汇报。说实在的，刚开始提供的原丝稳定性不是很好，但后来经过不断改进，原丝的质量大幅提高，一直到现在上海纺织研究院碳纤维原丝仍然由上海合纤所提供，为碳-碳复合材料研究奠定了重要的基础，对促进碳纤维研究起到了重要推动作用。①

1979 年 12 月，纺织工业部组织相关专家对该研究进行鉴定，并给予了较

① 孙晋良口述访谈，2013 年 1 月 15 日，上海。资料存于老科学家学术成长资料采集工程馆藏基地。

高评价:“本研究国内首次采用二甲基亚砜法制取中强碳纤维,解决了纺丝拉伸等技术关键,确立了一套工艺参数,为进行研制高强碳纤维创造了条件。”①

采用二甲基亚砜法工艺路线成功制取聚丙烯腈原丝后,郁铭芳与上海合成纤维研究所又迎来了新的挑战。

1979 年 5 月,国家科委、国防工委和国防科工办在广州召开技术规划会议(简称“795”会议),要求上海合成纤维研究所给上海纺织科学研究院提供聚丙烯腈预氧丝,为研制高强碳纤维创造条件。

预氧化是制取高性能碳纤维非常重要的环节,是承接原丝和碳纤维之间的桥梁。其工艺流程耗时长、化学反应复杂。聚丙烯腈长丝预氧化要求

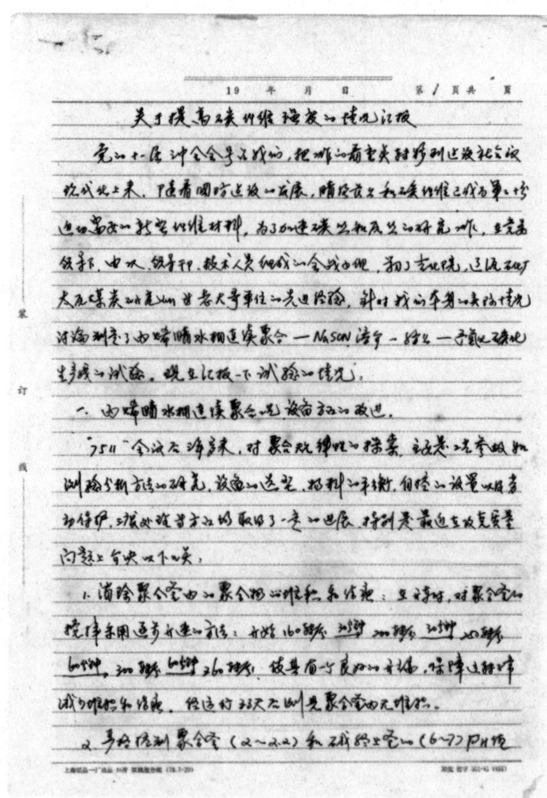
19 年 月 日 第 1 页 共 页

关于提高碳纤维强度的情况汇报

一、丙烯腈水相连续聚合工艺设备方面的改进。

图 6-1 郁铭芳关于提高碳纤维强度的情况汇报手稿(1979 年 5 月 26 日)

① 《纺织工业部科技司技术鉴定证书》,1979 年,上海合成纤维研究所档案室藏档。

在高温 1 500 摄氏度对聚丙烯腈进行分解,将其中的氢、氧等分离出来。其间,要防止空气从进口出口渗入炉内成为关键所在。郁铭芳他们经过较长时间的试验和一番艰难的探索,不断改进排风形式和风量,终于攻克了这道难关。但其后,又出现了一个"顽症":毛丝较多,时有断头出现。郁铭芳先是召集机动车间、分小组、设计组、碳纤维原丝等部门开会,逐一听取各部门汇报;然后到现场察看,分析产生问题的原因,最终找到问题症结,并攻克了这个顽疾。课题组成员王承丽回忆道:

> 那时候郁总几乎每个星期召集我们开会,听取生产情况汇报。当时出现预氧化丝断头现象,我们先从原料、工艺、设备中查找问题,就是查找不出问题的根源。郁总到现场看了之后断定问题出在实验筒上,认为是筒边不够平滑导致塌边。根据他的要求,我们对实验筒进行重新修造。问题果然得到了解决。①

经过艰难探索,郁铭芳与课题组成员终于攻克了聚丙烯腈原丝预氧化技术难关。1981 年 3 月,纺织工业部组织了专家对该研究进行鉴定,作出如下评价:

> 自"795"会议以来,上海合成纤维研究所首先采用二甲基亚砜制取聚丙烯腈原丝并在 40 束碳化装置研制出了小批量高强Ⅰ型碳纤维。该研究攻克了技术难关,摸索出针对二甲基亚砜原丝特点,有效研究了相适应的预氧化、碳化工艺,为我国碳纤维复合材料研究作出贡献。②

郁铭芳等人攻克了碳纤维预氧化关键技术,在国内实现了技术突破。但其传动设备均采用无级变速器,与日本等发达国家还存在较大差距。同时,制取碳纤维仅处于小试阶段,还不能进行较大规模的工业化生产。为

---

① 王承丽口述访谈,2013 年 1 月 7 日,上海。资料存于老科学家学术成长资料采集工程馆藏基地。
② 上海合成纤维研究所档案。

图 6-2 1995 年，郁铭芳在上海合成纤维研究所碳纤维实验装置前

此，国家科委和国防科工委在 1981 年联合召开的碳纤维工作会议（“8145”会议）上，给上海合纤所下达了“高强Ⅰ型碳纤中试”研究任务，希冀解决低速无级变速技术等问题。1983 年，该课题被列为国家“六五”计划重点科技攻关项目。

小试与中试的区分不仅仅在于投料量的多少，以及所用设备的大小之上，两者是要完成不同时段的不同任务。小试主要从事探索、开发性的工作，中试要解决如何采用工业手段、装备，完成小试的全流程，并基本达到小试的各项经济技术指标。毫无疑问，该过程更具挑战性。

我国碳纤维研究起步不晚，但囿于体制等原因，与发达国家尚存在一定差距。为缩小差距，国家科委鼓励引进国外技术，承诺给予资金支持。当获悉美国有一家碳纤维公司，因需调整发展方向，拟出售年产 100 万吨的 Hitco 碳化设备时，冶金部支持上海碳素厂引进该设备，指派上海冶金工业局局长为团长，领衔包括郁铭芳以及国家科委、中科院长春应化所、上海碳素厂、上海交通大学等单位的相关领导和专家前往考察洽谈。在多方交涉下，美方安排考察团参观碳纤维生产线，但要求代表团签署保密协议，规定不能拍照、不能提问、不能记录。参观期间，每个代表团成员前后各有一个保安。美方公司派一个人在前面领路，他一路小跑，后面保安不停催促，前后参观不到半个小时。虽然参观只是走马观花而已，但代表团感知该公司制备技术先进，其生产的碳纤维强度、模量较高，性能比较优良。经郁铭芳等人提议，上海冶金工业局局长决定与美方公司就生产线购买进行洽谈。谈判前后持续了较长一段时间，可最后还是无果而终。

当时原本有一个有利条件，就是这家公司的负责人是美籍华人，比较和善。代表团跟他反复磋商，经过讨价还价，最后他们同意以 200 万美元出售该厂碳纤维生产线，并草签了合同。但碳纤维涉及国防机密，购售需美国国防部批准，结果被否决了。①

引进国外成套制备技术愿望落空后，郁铭芳决计走自力更生之路。在他的带领下，课题组成员经过不懈探索，克服了各种困难，终于攻克了难关，项目于 1985 年 12 月顺利通过了纺织部组织的鉴定：

本项目在小试基础上进行聚合、纺丝和预氧化、碳化，完成中试线设备的设计、制造、施工、安装调试、试车等研究工作，形成原丝 3～5 吨/年、高强Ⅰ型碳纤维 300～500 千克/年的中试生产线，原丝和碳丝标准均达到“8145”会议规定的指标，接近日本东丽 T300，国内处于领先水平；采用较先进电动机低速无级变速传动，取代了传统的电机、无级变速器、减速箱、链条传动的结构，预氧化、碳化工程整套装置紧凑、合理，操作维修方便，有一定先进性。②

虽然我国碳纤维研究紧跟国际前沿，但当时由于研究体制“分治”，投资严重不足，对碳纤维的重要性和技术难度缺乏足够的认识，没有形成国家攻关队伍，导致了碳纤维研究一直难有重大突破，在许多性能方面与发达国家尚存在一定差距。但以郁铭芳为代表的老一辈化纤人，克服各种困难，经过孜孜探索，实现了碳纤维从无到有零的突破，并成功用于某些型号的非结构件，仍为国防建设作出了重大贡献。

---

① 郁铭芳口述访谈，2012 年 10 月 30 日，上海。资料存于老科学家学术成长资料采集工程馆藏基地。
② 《高强Ⅰ型碳纤维及原丝中试芳砜纶短纤维研究报告》，纺织工业部档案，第 8 页。

探索芳纶

上海合成纤维研究所刚一建立，郁铭芳就将研究工作摆上更加突出位置，主导制订年度研究计划，发布了包括芳纶 1313、芳纶 1414 等研究所重点研究课题。

芳纶是一种高强、高模和耐高温纤维，全称为“芳香族聚酰胺纤维”，我国命名为芳纶，主要包括芳纶 1313、芳纶 1414。芳纶 1313 为间位芳香族聚酰胺纤维，芳纶 1414 为对位芳香族聚酰胺纤维。

芳纶 1313 具有较好的热稳定性、阻燃性、电绝缘性和耐辐射性等优良性能，广泛应用于耐高温防护服、高温过滤袋和过滤毡等方面；尤其具有良好的防火效果，可在短时间内，耐高温不自燃和不熔融，烫伤皮肤的可能性大大下降，起到保护人身和逃生作用。

郁铭芳早在 1964 年就领衔主持了芳纶 1313 研究，成为我国该领域研究的先驱之一。当时，采用干法纺丝纺成芳纶 1313。好不容易小试成功，在准备扩大试验时，却因突如其来的“文化大革命”而被迫搁置。

随着芳纶产品在国防军工等尖端领域的作用日益拓展，国家逐渐重视其研发和应用。1978 年 12 月，纺织部给上海合纤所和上海树脂所下达芳纶 1313 研究任务。其中，上海合纤所负责原丝研制，上海树脂所负责原料生产。郁铭芳与合纤所管宝琮等人重启该项目研究。1979 年 11 月，由国家科委、国防科委、国防工办联合在上海召开全国芳纶会议（简称“1179”会议），确定芳纶 1313 研究为国家重点军工项目。随后被列入国家“六五”科技攻关项目。经过多年潜心研究，该项目研究在时隔 20 年后的 1984 年获得上海市科技进步二等奖。

芳纶 1414 是一种高强、高模和耐高温纤维。其强度是钢丝的 5～6 倍，模量为钢丝或玻璃纤维的 2～3 倍，韧性是钢丝的 2 倍，重量仅为钢丝的 1/5 左右，且绝缘性能良好、抗老化，有很长的使用周期，有“合成钢丝”之美称。鉴于这种优异性能，芳纶 1414 被广泛用于制作防弹衣，成为国防领域的“香饽饽”。

自 20 世纪 70 年代美国杜邦公司成功研制芳纶 1414 并实现产业化之

后，该纤维始终被作为一种战略性材料进行使用，其主要生产技术始终掌握在美、日、苏等国际巨头手中，并对中国实行禁运禁售。为国防现代化发展需求，我国一批科研人员及企业开始了长期艰辛的探索。早在1973年，郁铭芳就开始组织搜集芳纶1414有关资料，同年确定其为上海合纤所重点研究课题，任务是在实验室进行单体合成，探索研究树脂缩聚和纺丝技术。

单体合成和树脂缩聚是研制中的两大难题。作为缩聚单体之一的对苯二甲酰氯，当时国内尚未生产，研究人员经过潜心琢磨，最终成功合成；由于缩聚对单体的纯度要求很高，他们反复精馏提纯，终于在1975年成功攻克单体合成技术。

为减小单体摩尔比的误差，制取较高纯度的树脂，需要进行缩聚工艺，但其间遇到一个久攻未克的难题：原料在缩聚时形成黏度很高的胶体状物质，不能在玻璃容器中取出，只能将玻璃容器敲碎后才能得以收集，操作起来很不方便，同时收集的产物混有杂质。国内其他研究单位也为此深受困扰。

郁铭芳虽然不是项目负责人，但作为研究所最高技术领导，他责无旁贷地组织包括管宝琼在内的课题组成员对此问题进行会诊，商讨解决办法。后经反复思考，决定抽调两名机械工程师和工艺工程师组成一个小组。郁

图6-3　20世纪80年代，郁铭芳(右四)参加上海合成纤维研究所芳纶Ⅱ工业小试鉴定会

铭芳经常召集他们开会,他笃信既可用机械方法也可用工艺方法解决此问题,而且提出了具体可行的建议。两个月后,小组研制出了一个精密的搅拌器,上面附着的许多小刀片可以收缩和伸出,在缩聚结束后,把搅拌器装入玻璃容器,即可把胶状物切碎成许多小颗粒,用水一冲就可非常方便倒出了。这个办法后被其他研究单位广泛采用,同时获国家科委科技发明奖。

在缩聚中使用的原料具有较大毒性,对人体危害甚大。而当时条件简陋,所有过程均为手工操作。为尽量减少有毒物质对人体的伤害,课题组在研究室里养有两只小鸟,以此测定空气中有毒气体的含量,一旦发现小鸟耷拉着头无精打采,就表明空气中毒气浓度较高,就给实验室加强排气通风。

郁铭芳与研究人员始终怀着强烈的责任感和事业心,不顾有毒气体的侵蚀,坚持实验,与华东纺织工学院的研究人员一道攻坚克难,研制出了130余千克芳纶1414纤维,分别提供给航天部、电子部、兵器部、哈尔滨玻璃钢研究所等单位,在航天、光缆、兵器及体育用品等领域应用和研究,取得了良好的效果。1985年11月,纺织工业部组织相关专家对该研究进行了鉴定,并提出如下鉴定意见:

> 由上海合成纤维研究所和中国纺织大学组成的芳纶1414联合攻关组,经过几年的努力取得了较好的成绩,完成了"六五"国家科技攻关合同所规定的各项任务。芳纶1414的研制成功,填补了国内空白,为我国芳纶1414的开发,进一步中试扩大创造了条件。①

郁铭芳主持研究芳纶1414,一路风雨、一路殊荣:1981年,"芳纶1414研制"获纺织部科技进步二等奖;1982年,"为国防工业配套芳纶1414(两种溶剂体系)"项目获国防工业重大科学技术研究成果二等奖;1987年,"芳纶1414纤维研制及应用"项目获上海市科技进步一等奖。

① 《纺织工业部科技司技术鉴定证书》,1985年,上海合成纤维研究所档案室藏档。

研究聚酰亚胺及其纤维

聚酰亚胺纤维具有高强度模、耐高温、耐辐射等优越的性能，广泛应用于航天航空、国防军工、新型建工、环保防火等领域。1955 年，美国杜邦公司申请了世界上第一个有关聚酰亚胺在材料应用方面的专利，1965 年，成功研制了聚酰亚胺产品。从此，对聚酰亚胺的研究蓬勃开展起来。

上海合成纤维研究所于 1966 年着手研究聚酰亚胺，1969 年小试成功。因当时受到“文化大革命”的严重干扰，没有对小试成果进行鉴定。同期，华东化工学院、上海纺织研究院也在合作研究，采用湿法纺丝，并取得一些小试成果，但不能扩大试验。鉴于其在原子能工业中的特殊用途，1978 年，纺织部责成上海合纤所牵头组织华东化工学院、上海纺织研究院联合攻关，在小试基础上扩大试验，同时小批量生产纤维，以满足军工部门急需。

领受任务后，上海合成纤维研究所非常重视，将该项目研究列为 1978 年“一号工程”。专题组、设计组以及机动设备辅助部门开展会战，前后开了 12 次会议，探讨改进方案。当时，制取聚酰亚胺纤维有湿法纺丝和干法纺丝两种方法。经研究讨论，攻关小组决定改湿法纺丝为干法纺丝。郁铭芳说：

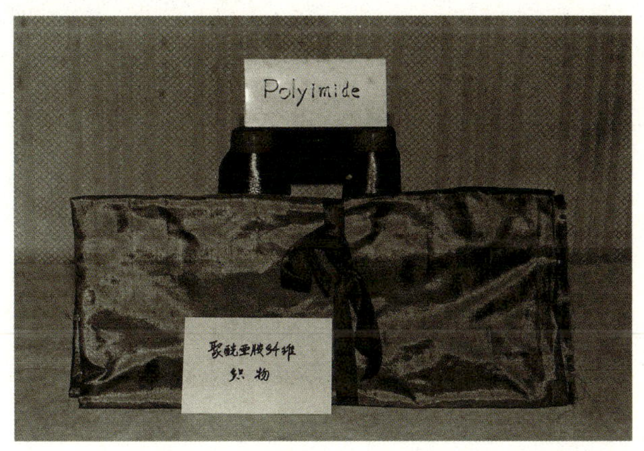

图 6-4　郁铭芳组织研究的聚酰亚胺纤维及其织物

"干纺的投资虽然比湿纺贵,但干纺的纺丝速度较高且所得纤维的结构较致密,物理机械性能和染色性也较好。"①

经过通力合作,于 1979 年 6 月 10 日成功纺出了有"黄金丝"之誉的聚酰亚胺纤维。郁铭芳解释了称其为"黄金丝"的原因:

> 因为每年仅能纺出不到 200 斤的丝,但需要花费大量的人力、物力,所以国家许可我们向使用单位收取一定的费用当作补贴,当时每斤差不多需要 1 000 元。因纤维的色泽和价格与当时的黄金相近,所以合纤所职工称其为"黄金丝"。②

小批量生产的成功,获得了良好的社会效益。1982 年 3 月纺织工业部组织相关专家进行鉴定,并作出了如下评价:

> 1966 年以来,由上海合成纤维研究所承担,华东化工学院、上海市纺织研究院参与研制的聚酰亚胺长丝新工艺小试,已经小批量生产,及时提供给 09 工程相关单位使用,取得了良好的效果,为原子能工程使用作出了贡献,填补了我国空白。③

小试成功后,郁铭芳领导课题组再接再厉,又对丙烯空气氧化法新路线的原料,进行聚合纺丝研究,确定了新的工艺参数,研制的聚酰亚胺纺丝和成品专用油剂对产品的质量均匀和后加工起到了良好的效果,在军民两用方面都得到了进一步推广。

高性能纤维材料广泛应用于导弹、火箭、卫星、士兵防护、装甲防护、战斗机、舰艇等国防领域,是国防现代化建设不可或缺的基础材料。郁铭芳自 20 世纪 60 年代开始在高性能纤维研究领域孜孜探索,先后主持或组织领导

---

① 郁铭芳口述访谈,2012 年 10 月 30 日,上海。资料存于老科学家学术成长资料采集工程馆藏基地。
② 郁铭芳口述访谈,2012 年 10 月 30 日,上海。资料存于老科学家学术成长资料采集工程馆藏基地。
③《纺织工业部科技司技术鉴定证书》,1982 年,上海合成纤维研究所档案室藏档。

了“中强型碳纤维的研制”、“高强Ⅰ型碳纤维及原丝中试”、“芳纶 1414 纤维研制”、“芳纶 1313 纤维研制”、“聚酰亚胺纤维中试”等项目的研究，在我国高性能纤维材料研究方面作出了开拓性的贡献，也为国防建设做出了突出贡献。1985 年，他斩获国家计委、国家经委、国家科委、国防科工委联合授予的“国防军工协作配套管理工作先进个人”荣誉称号；1988 年，荣获国防科工委颁发的“献身国防科技事业”荣誉证章。

参加全国科学大会

1978 年 3 月 18 日，广大科技教育工作者盼望已久的全国科学大会召开，迎来了“科学的春天”。郁铭芳作为上海代表团成员之一也参加了这次盛会，至今回想起来依然难掩内心的喜悦。“感觉非常激动，既为自己受到信任与尊重而欣慰，也为科学在中国重新受到重视而兴奋。”

会议前后开了近半个月，邓小平同志在开幕式上作了重要讲话，华国锋主席作了题为“提高整个中华民族的科学文化水平”的讲话，方毅副总理作了有关发展科学技术的规划和措施的报告，大会宣读了中国科学院院长郭沫若的书面讲话：《科学的春天——在全国科学大会闭幕式上的讲话》。对于邓小平的讲话，郁铭芳至今记忆犹新：他操着浓重的四川口音，在讲到“科学技术是生产力”“知识分子是工人阶级一部分”等观点时，会场响起了热烈的掌声，尤其是他“我愿意当大家

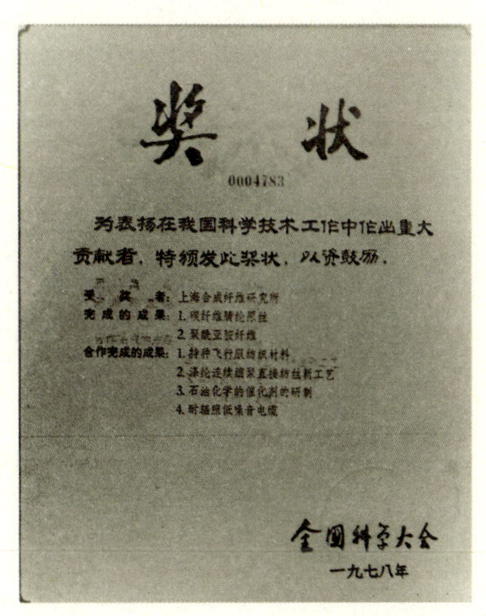

奖状

0004783

为表扬在我国科学技术工作中作出重大贡献者，特颁发此奖状，以资鼓励。

受奖者：上海合成纤维研究所

完成的成果：1. 碳纤维腈纶原丝

2. 聚酰亚胺纤维

合作完成的成果：1. 特种飞行服纺织材料

2. 涤纶连续缩聚直接纺丝新工艺

3. 石油化学的催化剂的研制

4. 耐辐照低噪音电缆

全国科学大会

一九七八年

图 6－5　1978 年，上海合成纤维研究所“碳纤维腈纶原丝、聚酰亚胺纤维”项目获全国科学大会奖

的后勤部长”的表白，更是让所有与会人员喜笑颜开。

除了国家领导人讲话外，还有部分代表作了交流发言。上海市委书记韩哲一作了题为“为把上海建设成为先进的科学技术基地而奋斗”的发言。其中，陈景润所作的《科学有险阻，苦战能过关》的发言让许多代表为之动情。他满怀感激之情地提及自己的启蒙老师，讲到“四人帮”两次逼他写诬蔑邓小平的文章都被拒绝时，会场上响起了热烈掌声。“陈景润在发言中带有明显的福建口音，但他的发言饱含深情，最富感染力。当听到他描述为了攻克‘哥德巴赫猜想’，在‘文革’时躲在厕所里演算的场景时，许多人都热泪盈眶。”郁铭芳回忆说。

大会举行了隆重的授奖仪式，表彰了先进集体和先进工作者。郁铭芳主持的“碳纤维腈纶原丝和聚酰亚胺纤维”研究项目，获得全国科学大会奖。

经过十年浩劫，许多知识分子能济济一堂，让人百感交集。在这次大会上，郁铭芳再次遇上自己敬佩的化纤专家钱宝钧，虽然他们不在同一个小组，但也经常见面，相互交流一些关于化纤研究的情况。言及当时情景，郁铭芳感慨不已。

那时的礼宾制度不太严格。大家都穿着中山装，代表们的座位是前后轮换着坐的，为的是让与会代表都有近距离看到中央领导的机会。郁铭芳表示，能近距离看到邓小平、华国锋、叶剑英、李先念、王震等中央领导同志，内心无比激动。

会议最后还组织观看了电影《方都马斯》、《虎、虎、虎》、《未来世界》。《虎、虎、虎》是 1970 年出品的战争历史片，由美、日合作拍摄珍珠港事变的来龙去脉，彩色宽银幕，场面宏大。1976 年美国出品的机器人科幻故事片《未来世界》更让郁铭芳记忆深刻。他回忆说：在这部电影里，我们看到了机器人能下棋，下棋高手比不过机器人；还看到了可视电话等先进技术，要知道那时我们国家连无线电话都很少。这部电影，让在“文革”期间被封闭了 10 年的我们大开眼界。

第七章 开拓非织造布技术研究

萦怀已久的难题

1982年，郁铭芳率先向纺织部申请建立"丙纶喷丝直接成布研究"课题。提出这个研究课题并非突发奇想，其缘由可追溯到他在国棉十七厂的工作经历。

1949年，郁铭芳从中国纺织建设公司实验室调至其下属的第十七纺织厂化验室，直到1956年调离，其间在棉纺厂工作了长达7年。虽然他不太喜欢纺织工作，但平时也经常到车间转悠，感觉流程太长、效率低下。"从分梳、除杂、混合到并合、牵伸、成条，工序很复杂，一旦某个环节出现问题就会影响整个生产进程。比如说，织机在运转中会经常断经、断纬、机械故障、处理坏布，一旦出现这些情况就会造成停台。"①

同时，纺织厂恶劣的工作环境也让郁铭芳触动很大。纺织工人劳动强度大，早中夜三班倒，一上班就开始不停地跑，一个班下来要跑几十里路；车

① 郁铭芳口述访谈，2012年12月13日，上海。资料存于老科学家学术成长资料采集工程馆藏基地。

间里噪声很大，同事说话要扯着嗓子，工作一天下来耳朵都疼痛；气温很高，夏季最高气温达到42摄氏度以上，常常有职工中暑。目睹这些情况，郁铭芳内心很难受。“这样的环境对工人造成的危害太严重了。”

有无办法缩短工艺流程？这个问题在郁铭芳心中盘旋。一直以来他只是想想而已，没有做过细致思考。随着我国纺织业的不断发展，劳动密集和效率低下越来越成为制约纺织工业化大生产的瓶颈。郁铭芳内心突破传统纺织工业存在的难题的愿望日益强烈。直到20世纪80年代初期，当他从科技杂志上看到国外非织造布技术的介绍时心头一热，感觉突破萦怀心中难题的时候到了。

非织造布研究的艰难探索

几经波折的立项

非织造布技术是20世纪50年代纺织工业的一门新技术，它突破了传统的纺织原理，是一种不需要纺纱织布而形成的织物，只要将纺织短纤维或者长丝进行定向或随机排列，形成纤网结构，然后采用机械、热粘或化学等方法加固而成，具有工艺流程短、生产速度快，产量高、成本低、用途广、原料来源多等特点，现称纺粘法非织造布。

1982年，郁铭芳组织刚从华东纺织工学院毕业的大学生邹荣华、陈念、涂君植，成立一个专门小组，收集有关非织造布技术的资料。通过调研，郁铭芳对非织造布技术情况有了一个比较全面的了解：国外非织造布工业发展蓬勃，产量持续增长，1981年，美国、西欧、日本等的产量占全球的90%以上。同时，新的工艺不断出现，如纺粘法、熔喷法、水刺法、干法、湿法等广泛应用，其中纺粘法发展迅速，应用更为普遍。根据多年的实践经验和深入的理论思考，加上这一技术的可行性，郁铭芳认定喷丝成布——纺粘法非织造布技术是今后纺织工业发展的一个重要方向。

要引进这一技术，就必须申请立项，但障碍重重。

首先是经费问题。邹荣华、陈念、涂君植三个人根据调研情况写了一个立项依据，当时初步估算项目立项后，需要投资 1 000 万元人民币。毫无疑问，这对上海合成纤维研究所来说几乎是个天文数字。据邹荣华回忆，合纤所当时所有的资产加起来不到 1 000 万元。“所里怎么敢冒那样大的风险呢？”

还有技术风险和市场因素。原纺织部科技司司长华用士回忆说：

> 当时非织造布技术还不完全成熟，没有实现大规模工业化。西德从东德进口了技术和设备，但迟迟没有纺出像样的产品，对于引进这个技术大家心中没底；关键是市场也不够成熟。非织造布是一个新型行业，过去采用针刺法，现在要直接纺丝成布，市场未必能接受。[①]

但郁铭芳坚信自己的判断。这时，纺织部要求全国各纺织系统上报一些好的课题，然后从中遴选部分作为“六五”国家科技攻关项目。郁铭芳觉得这是个好机会，不能错过。于是紧锣密鼓地准备相关资料，准备赴京汇报。其间，纺织部科技司一位主管处长来上海调研，郁铭芳听到这个消息后便打听其住处，得知住在华东纺织工学院，他当晚就赶过去了。那位处长对喷丝直接成布项目很感兴趣，表示全力支持。郁铭芳信心大增。

到北京汇报时，纺织部也认为这一项目很好，表示愿意支持 200 万元。但引进一套设备需要 1 000 多万元，缺口很大。怎么办？郁铭芳决定寻求上海市的支持。当时国务院给了上海 3 亿美元的外汇额度支持引进技术改造中小企业，这个贷款利息较低。郁铭芳认为喷丝直接成布项目是支持改造的新技术，应给予外汇贷款。于是他去上海纺织局申请，但没有获准。后来一个主管局长告诉他原因，说德国一家企业一套成熟的设备需要 300 万美元，而上海合纤所是一个研究单位，担心没有偿还能力。据原上海纺织工业局副局长丁力回忆，起初纺织局上下对这个项目质疑很大，认为连意大利的

① 华用士口述访谈，2013 年 4 月 2 日，北京。资料存于老科学家学术成长资料采集工程馆藏基地。

技术也不成熟，合纤所引进这个技术肯定会冒很大的风险，弄不好不了了之，花钱打水漂。

恰在这时，出现了一个插曲。郁铭芳体检发现肝部肿瘤，被迫住院治疗，致使项目的申请被暂时搁置一段时间。时隔半年后，他继续踏上“立项”申请之路。

郁铭芳再次到上海纺织局“游说”。他事先把功课做得很足，认真准备了一份书面汇报材料，向丁力和科技处相关负责人极力陈述立项的理由。纺织局的领导的思想有所松动，于是成立了由科研处处长黄翼青领衔的调查组，调研非织造布技术的有关情况。黄翼青曾经去过意大利，对非织造布技术有所了解。这次与调查组赴合纤所了解相关情况后，认为非织造布是先进技术，可以引进。而且，黄翼青对郁铭芳非常信任。“我与老郁交往很多年，他是技术型干部，为人谦虚，从不夸夸其谈，我们很相信他。”①

黄翼青信心满满地向丁力副局长作了汇报，但丁力认为非织造布是个先进技术，欧美发达国家的前期研究不错，但产业化水平不高，技术不稳定，还是心存顾虑。他问郁铭芳有无把握实现产业化，郁铭芳非常肯定地回答“没问题”。丁力当场表态支持这个项目，但再三嘱咐郁铭芳，立项之后一定要组织一个团队，项目没有成功之前不能散掉。

获得纺织局的口头支持后，郁铭芳继续赴纺织部“游说”。他直接找到科技司司长华用士，力陈非织造布技术的先进性。他认为非织造布技术是一门新兴技术，发展前景广阔。而上海合成纤维研究所有一个完整的产品研发机制，有一大批从事各个行业的技术专家，有一系列小试中试设备，有情报研究机构，有设备测试和产品开发的经验。“我们完全有能力引进并消化这个技术。哪怕这个技术不成熟，我们也能想办法解决。”②华用士曾留学欧洲，对非织造布技术有所了解，虽然他也知道即使发达国家也未能完全掌握这个技术，但他认定这是一个新生事物，代表纺织未来的发展趋势，国家应该支持。华用士应承立项请求。同年，郁铭芳申请的“丙纶喷丝直接成

① 黄翼青口述访谈，2012 年 12 月 29 日，上海。资料存于老科学家学术成长资料采集工程馆藏基地。
② 郁铭芳口述访谈，2012 年 12 月 13 日，上海。资料存于老科学家学术成长资料采集工程馆藏基地。

布”被确立为国家“六五”重大科技攻关项目。

然而，难题接踵而至。资金问题又成为横亘在郁铭芳前面的一道难关。

当时国外不愿出卖中小型的技术设备，而购买大型设备需要上千万元资金。国家仅能拨付 200 万元人民币，缺口很大。上海纺织局得知所需资金不菲，打起了退堂鼓。华用士为力推“丙纶喷丝直接成布”项目落地，找上海纺织局丁力面谈。他说，上海合纤所最早研制了降落伞用锦纶 6 长丝，在碳纤维、芳纶、聚酰亚胺纤维研究等高性能材料方面取得了很多成果，为国防建设做出了很大贡献，具有很强的科研基础，应该支持这个项目。华用士的一番说辞让丁力重拾信心。丁力表示愿设法帮助筹集资金，支持“丙纶喷丝直接成布”项目。1985 年，该项目被上海市经委确定为第四批技术改造项目。1986 年 2 月通过可行性报告。

当时，该项目计划投资 1 088 万元人民币。因外汇汇率调整，设备器材价格上涨，在实施中调整为 1 325 万元。其中国家拨付 220 万元，上海纺织局拨付 100 万元，向上海信托公司贷款 240 万美元（人民币 902 万元），尚缺 103 万元人民币由合纤所自筹。

在项目实施过程中，所需费用继续上涨。资金问题成为项目推进过程中的“肠梗阻”。1988 年 8 月 25 日，经郁铭芳请求，市纺织局、市计委、市经委、市财政局、上海信托公司在上海合纤所联合召开“丙纶喷丝直接成布项目”推进会。郁铭芳就项目进度、总投资额及调整原因、总利润、职工人数，以及原料供应和流动资金存在的问题做了汇报。与会者一致认为，丙纶喷丝直接成布项目技术先进，能为上海增加新技术和新产品，具有较高的经济效益。鉴于引进设备正在运输途中，部分设备刚到达上海港口而美元汇率、设备原料价格均在上涨，各个部门应该尽力协调解决问题。

经过讨论商定，总投资不足部分由上海信托公司支持告贷，所需流动资金向上海市工商银行借贷。

项目贷款 240 万美元，按照计划到 1993 年还清本息约 18 356.7 万元。后来，项目顺利投产，获得了较好的经济效益，贷款提前还清。“当时上海市所有项目贷款能按时还清的寥寥无几，能提前还清的绝无仅有。”丁力回忆道。

颇费踌躇的引进

紧随而至的就是技术设备引进，这也是一件颇费踌躇的事情。

为缩短研究周期，提高研究起点，尽早实现产业化，郁铭芳决定引进技术设备进行工艺试验和开发。起初，他想从西德购买。早在1983年，西德莱芬豪斯公司对世界宣称已完全掌握非织造布技术，并且成功实现规模化生产。同年9月29日，应西德莱芬豪斯公司的邀请，纺织部组织了包括郁铭芳、上海化纤公司经理薛纪发、上海纺织局科技处处长黄翼青、上海合纤所工程师程厚在内的"化纤喷丝直接成布"考察团赴西德、奥地利考察。郁铭芳细致了解了这些国家的喷丝直接成布的工艺水平、应用市场和开发前景，认为莱芬豪斯公司的技术属于国际领先水平。1986年，向其提出购买技术设备意向，但300万美元的报价让郁铭芳无法接受，从西德引进的愿望落空了。

当时意大利的非织造布技术也很先进，与西德相比并不逊色。不久，纺织部又组织了郁铭芳、薛纪发、黄翼青、程厚等人赴意大利考察。考察团于1986年8月13日启程，先后赴罗马、佛罗伦萨、米兰、威尼斯、帕多瓦等地考

图7-1 郁铭芳(左二)与程厚(左一)等在意大利帕多瓦市考察合影

察非织造布技术。其间,郁铭芳详细了解了各公司喷丝直接成布设备和工艺情况,在考察 NEW 公司时,他发现该公司虽有加工制造整套设备的图纸,可实验室内仅有一台一个部位的实验设备,而且技术不够成熟。但郁铭芳认为该公司的核心技术与西德的莱芬豪斯公司的基本一样,且操作方便。经权衡比较,他决定引进 NEW 公司的设备技术。“那时我相信,依靠我们研究所的技术力量,能克服引进不成熟设备带来的风险。”经过讨价还价,最后以 200 万美元的价格草签了一份引进合同。黄翼青回忆道:“老郁英语很好,又懂技术,所以每次与老外谈判都击中要害。别看他平时温文尔雅,可谈判时经常据理力争,有时甚至咄咄逼人。”①

回沪后,郁铭芳向上海纺织局汇报了考察情况和关于设备引进事宜。1986 年 11 月,上海纺织局、上海市经委委托上海信托公司和意大利 NEW 公司签订引进喷丝成布生产线合同,部分设备由我国自己配套。根据合同,NEW 公司 1988 年 4 月底交付设备,6 月底运抵上海,年底完成安装,1989 年投入实验和生产,可生产涤纶和丙纶两大类长丝非织造布(无纺布),产品可用于医药卫生、土木建筑、人造革地毯、农业用布。②

1987 年,郁铭芳与程厚再赴意大利 NEW 公司验收产品。郁铭芳认真察看设备,发现生产线有缺点,要求公司请技术设计人员按照提出的建议进行改进。依照郁铭芳提出的改进办法,果然解决了如何将不成功产品取下来的问题。

郁铭芳的专业能力赢得了 NEW 公司负责人的叹服。出于敬重,当然也为感谢郁铭芳为他们带来财源,他亲自开车载着郁铭芳到郊外的古堡吃饭。饭后,以每小时 239 千米的速度驱车返城。当时天色已暗,郁铭芳坐在车上提心吊胆。NEW 公司一位技术人员打趣道:“他开车一般人不敢坐,你真是胆大不要命。”

艰难的消化与创新

立项一波三折,组织实施同样备尝艰难。

---

① 黄翼青口述访谈,2012 年 12 月 29 日,上海。资料存于老科学家学术成长资料采集工程馆藏基地。
② 上海合成纤维研究所技术档案,上海合成纤维研究所档案室藏档。

项目组织实施必须组建一个团队。1988年,因年龄原因,郁铭芳不再担任所长,仅保留总工程师一职。遴选一个项目行政负责人协调处理日常事务成为当务之急。可这殊为不易。因为非织造布技术是一个全新的研究领域,一般的技术人员感觉陌生,而且中层干部中每个人都有比较固定和熟悉的业务,没有人愿意接受这个挑战,后来,合纤所党委副书记何闺兰毛遂自荐,主动挑起了这副担子。何闺兰回忆说:

> 一般而言,项目负责人从中层干部中找个人就可以。我主动提出担任这个职务,完全出于对郁所长的敬重。我1965年从华东纺织工学院毕业就分到合纤所工作,对郁所长的工作能力和为人都非常了解。他以前领导了很多项目,倾注了很多心血,但申报成果时从来不愿意署自己的名字。大家都劝他,他总是说这是所长应该做的。现在这个项目在合纤所历史上可以说是空前的。郁所长对整个项目的技术、设备引进价格、项目生产能力都做了很深的考虑。这个项目在我国基本上是个空白,项目涉及工艺、设备、冷冻车间等很多方面,要协调这样一个项目很不容易。所以在这个节骨眼上我主动提出担任项目负责人,协助郁所长搞好这个项目。①

接着便成立一个无纺布车间。项目实施后最终需要产业化,这就必须组建一个生产车间。除技术人员外,工人从各部门抽调,包括总务科、后勤处、机动车间、仓库管理甚至食堂,他们基本上没有一技之长,“绝大部分是部门的边缘人员”。② 无纺布车间共有33人,郁铭芳戏称其为“乌合之众”。为让他们能够胜任工作岗位,郁铭芳采取了“强化培训,人人过关”的办法。首先要求技术人员对引进设备的工艺技术、工艺设备、电器装置知识认真吸收消化,然后再对车间工人进行培训考试。考试不能通过的,再进行培训,直到考试过关为止。据邹荣华回忆,“老郁要求很严格,规定考

① 郁铭芳口述访谈,2012年10月30日,上海。资料存于老科学家学术成长资料采集工程馆藏基地。
② 邹荣华口述访谈,2013年1月16日,上海。资料存于老科学家学术成长资料采集工程馆藏基地。

试没有通过的就不能上岗。他亲自给我们培训，还给工人上课。很多工人基础太差，有时我们难免会发点小火，这时老郁会找我们谈话，告诫我们一定要体谅工人师傅，要保持耐心。”[①]另外，他坚持“治军从严”，对不守劳动纪律的一律批评和予以处罚。有一次，上班期间车间职工觉得没有事情，就凑在一起打牌。郁铭芳得知后对他们进行了严厉的批评，并且扣罚奖金。就这样，一群“乌合之众”被打造成了精兵强将，不少人后来成为部门的骨干。

设备的安装调试对郁铭芳来说更是一场大考。

从意大利进口的生产线不太成熟，要消化吸收改造是一个挑战，而且只能成功，不能失败。按照邹荣华的说法是“一场置之死地而后生的拼搏”。究其原因，与上海合纤所当时的单位性质和经营状况紧密关联。

1984 年 8 月，国务院颁发《关于开发研究单位由事业费开支改为有偿合同制改革试点意见》。次年 1 月，上海合纤所作为改革试点，被逐步取消事业费开支，从旱涝保收的事业单位变成了自食其力的实际意义上的企业单位，这在增加活力的同时，也产生了巨大的经济压力。与此同时，乡镇企业蓬勃发展，国营工厂与其联营办厂成为“时髦”。上海合纤所也在金山、嘉定办了两个联营厂，把以前主要的产品转移到联营厂生产。但相较经营更加灵活、享有更多政策优势的乡镇企业，明显缺乏活力，加上其他原因，上海合纤所的生产利润连年下降，经济压力倍增。而丙纶喷丝直接成布项目向银行举债 228 万美元，外汇比率又不断上涨。在此情况下，上海合纤所许多人把这个项目视为鸡肋甚至累赘，当时合纤所流行的一句顺口溜“左手一只鸡，右手一只鸭，背上一个硬疙瘩”就是明证。

郁铭芳没有退路，他深感责任重大，时常语重心长地对项目组同事说，“这个项目是我们合纤所的身家性命，我们要背水一战，不管遇到多大困难，都要坚持，哪怕脱一层皮也要搞好这个项目，否则合纤所就没有希望，要垮在我们手中。”[②]

---

① 邹荣华口述访谈，2013 年 1 月 16 日，上海。资料存于老科学家学术成长资料采集工程馆藏基地。

② 郁铭芳口述访谈，2012 年 12 月 13 日，上海。资料存于老科学家学术成长资料采集工程馆藏基地。

郁铭芳不断用言语激励和实际行动感染着大家，在随后的设备安装调试中，大家凝心聚力，战胜了许多难关。

鉴于资金紧张，当时从意大利 NEW 公司引进的技术设备不成熟，没有一条完整的生产线，只有一个纺丝部位的试验线。按照合同规定，设备安装由 NEW 公司负责，但郁铭芳将项目组所有的技术人员分成工艺组、设备组、电气组、工程组，要求他们与 NEW 公司技术人员对接。刚开始，大家认为这是一个引进项目，安装是外国公司的事情，项目组成员仅在现场如实记录一下安装过程中发生的一些问题即可，存在一种事不关己的心态。郁铭芳对项目组的这种态度提出了义正辞严的批评，告诫大家无论做什么事情都要立足自己，不要有依赖思想，凡事要多思考、多问几个为什么，要尽快完成安装调试，“我们的时间耗不起。”

随后，郁铭芳每天坐镇现场，了解安装、调试的每一个环节。晚上主持召开碰头会，要求技术人员汇报安装、调试情况。邹荣华回忆说：

> 老郁首先听取我们汇报意大利技术人员安装调试的过程、内容，然后追问我们，为什么会出现这种情况，遇到这情况你们会怎么办。有的人准备不够，没有多思考，回答不得要领，结结巴巴，他就大光其火。每次开会我们都很紧张，但有个好处，就是逼着我们多琢磨，多动脑，对我们的业务能力有很大帮助。①

设备安装磕磕碰碰，并不顺利。为破解难题，郁铭芳白天到车间现场指挥，晚上加班加点，与一位同事一道翻译 NEW 公司带过来的技术资料。没过多久，就将 18 卷、近百万字的技术资料全部翻译出来，然后召集技术人员开会讨论，在充分消化吸收的基础上，解决了外方技术人员久攻未克的难关。

好不容易安装成功，可调试生产中却又卡壳了。

---

① 郁铭芳口述访谈，2012 年 10 月 30 日，上海。资料存于老科学家学术成长资料采集工程馆藏基地。

根据合同，每条生产线年产量要达到 1 000 吨，每天需要 4 吨试料。[①] 可从小试到生产很不稳定，遇到喷丝成网困难、厚薄不均等问题。与传统纺丝设备不一样，纺粘法设备的拉伸、铺网都是通过风来控制。而 NEW 公司技术人员采取堵的强制办法，导致风压不稳定、风向不均衡，结果要么纺丝不好，要么不能成网，不能生产出符合要求的无纺布。NEW 公司技术人员反复调试，但屡试屡败，一筹莫展。

每天 4 吨试料浪费惊人，而最浪费不起的是时间。一次 NEW 公司技术人员调试之后回宾馆休息去了，郁铭芳就召集所有的技术人员开会，他逐一询问每个人对存在问题的一些看法，问他们有无解决办法。大家各抒己见，各自都谈了自己的想法。郁铭芳根据大家的思考，提出一个控制风向的方案。当晚，根据这个方案对设备重新进行安装调试，结果成功解决了因风向不稳产生的一些难题。邹荣华回忆说：

> 老郁其实当时对这个方案并无百分百的把握，他就逐个问我们，拆了之后能不能原样恢复？大家都说没问题。在调试成功后，老郁要我们恢复原样。第二天，我们跟老外谈，问他们能否尽快解决问题。他们实在没辙，向我们求饶。我们说是他们的生产线不合格，要给予设备补偿，他们满口答应。后来整套设备补偿了好几十万美元。不过他们对我们很感激，因为他们卖给我国好几条生产线都存在这样的问题，等于是靠我们帮他们解决的。[②]

在设备的安装调试阶段，郁铭芳为确保每个环节不出纰漏，他都坚守现场，亲力亲为。当时，引进的设备有两条生产线：一条是丙纶纺粘法生产线，一条是涤纶纺粘法生产线。其中，涤纶纺粘法有一个“干燥”技术环节，非常重要，而干燥设备为国产配套，因此郁铭芳格外关心。车间在工厂五楼，他一个晚上不停地楼上楼下跑，巡回查看机器运转情况，在确保机器在连续稳

---

① 上海合成纤维研究所技术档案，上海合成纤维研究所档案室藏档。

② 邹荣华口述访谈，2013 年 1 月 16 日，上海。资料存于老科学家学术成长资料采集工程馆藏基地。

定运转后才安心离开。他一夜没有合眼,匆匆吃过早餐又马不停蹄地赶赴与外商谈判现场,整整36小时没有休息。讲述当时的情景,邹荣华至今还异常激动:

老郁不放过任何一个细节,不仅听汇报,还亲临现场。那个晚上,正好我在现场,看到他楼上楼下来来回回跑,心中既充满敬意,又很难受。一个60多岁的老人,一个晚上不睡觉,而且车间噪声那么大,一般的年轻人都很难坚持呀。第二天又顾不上休息,还要去跟外商谈判。他的这种精神对我们是一种感染,觉得不好好干,对不起老郁。①

设备调试妥当后需要日夜开工连续生产。郁铭芳本可放松心情,不必昼夜劳顿。但他还是不敢大意,经常与工人师傅和技术人员上"三班倒",与他们同吃同住同睡。有一天晚上,设备调试妥当,自动化的设备运行自如,纺丝机正在等待升温投料时,劳累一天的工人师傅在车间外休息喝茶。郁

图7-2 1990年,郁铭芳(右三)参加上海合成纤维研究所"丙纶喷丝直接成布"项目鉴定会(左二为纺织工业部副部长何正璋)

① 邹荣华口述访谈,2013年1月16日,上海。资料存于老科学家学术成长资料采集工程馆藏基地。

铭芳正好到车间观察，推开门一看，屋子里火星点点、烟雾缭绕，郁铭芳一边大声喊叫工人师傅，一边迅速地切断火源，避免了一触即发的火灾。事后得知，是一个工人师傅不小心将一根木头拉在设备上，而随着机器长时间的运转，中间箱体的热传导到木板上，达到燃点就着火了。

获“终身成就奖”

经过艰难攻关，终于获得成功。项目形成的喷丝直接成布(后被定名为“纺粘法”)工艺是在化纤制造过程中将喷出的丝网粘合成布，是从聚合物到成布的连续化生产的新技术，与传统工艺相比可省去化纤纺丝后卷曲、切断、纺织整套工艺，流程大为缩短。1989 年该项目正式投产，年生产能力达 1 000吨，产品为各色中薄型丙纶纺粘非织造布，广泛用于医疗卫生中的手术衣、防护服、消毒包布、口罩、尿片、妇女卫生巾等，家庭装饰中的贴墙布、台布、床单、床罩等，服装用布中的衬里、粘合衬、絮片、定型棉、各种合成革底布等，工业用布中的过滤材料、绝缘材料、水泥包装袋、土工布、包覆布等；农业用布中的作物保护布、育秧布、灌溉布、保温幕帘等。

20 世纪 80 年代末 90 年代初，社会上对非织造布产品很陌生，对其性能和用途知之甚少。因此，产品面世后，营销又成为一大难题。那时候，电视、报纸广告很少，营销方式以厂家派人携带产品参加商品展销会为主。据邹荣华回忆，第一次赴上海工人文化宫参加展销会，摊位前稀稀拉拉，鲜有人问津。人们对该产品缺乏了解，有人认为非织造布“感觉像纸，放在水里会化掉”。

为了打开市场，郁铭芳号召大家，要举全力跑市场，打开销路，尽早偿还贷款。何闺兰回忆说：

> 那个时候，郁总压力很大。他要我还有总工程师办公室三个副总工程师全部去促销，办公室的任务他一人承揽下来。我们带着一帮人

四处跑,有时他自己也去。不管展销会还是研讨会,只要有机会就派人去推介产品,几乎到了逢会必与的地步。我们上过北京,去过偏远农村。农业部引进一个项目,要在北京四季青农场使用非织造布种植黄瓜,我们得悉情况就马不停蹄赶过去洽谈。后农场采用了我们的产品,并被命名"丰收布",既保温又透气,获得了一定好评。但最终打开局面的是在广东。有一家公司做席梦思,海绵下面要用无纺布代替纱布,需求量很大,销路就此逐渐打开。①

不懈努力终见成效,无纺布逐渐受到市场的热捧,经济效益日益显现,仅 3 年就还清全部贷款。1990 年,"丙纶喷丝直接成布"课题顺利通过纺织部鉴定。1992 年获上海市科技进步二等奖。

郁铭芳从意大利引进非织造布生产线,通过"引进、消化、开发、再创新"最终成功应用了纺粘法非织造布技术,为我国推广应用无纺布技术发挥了先导作用,为日后我们较深入地了解各种纺粘设备机型的内部结构、生产工艺和技术管理,起到一个典范作用。之后,在此基础上,开始研制了我国自产设备,并且使国产设备逐步占领了市场。设备价格的大幅下降,使纺粘非织造布工业在我国得以快速发展。应当说这种"先引进后开发"的做法,是我国纺粘布高速发展的一项十分成功的经验、一条快捷发展成功的道路。早在 2006 年,全国纺粘布的生产能力已达 81 万吨,实际产量达 53 万吨,这个数字冠盖全球。中国的非织造布技术从无到有,目前已稳居世界纺粘法非织造布大国地位。毫无疑问,这与郁铭芳筚路蓝缕的开拓性贡献密不可分。

2011 年 11 月 15 日,中国第 18 届纺粘和熔喷法非织造布行业年会在常州召开,中国产业用纺织品行业协会会长李陵申在做题为"国家产业用纺织品行业'十二五'规划的政策和工作重点"的报告时指出,产业用纺织品是我国纺织工业由大国向强国转变的战略选择,是纺织结构调整与产业升级的重要途径,是由比较优势向竞争优势转型的重要举措。鉴于郁铭芳在非织

① 何闺兰口述访谈,2013 年 1 月 16 日,上海。资料存于老科学家学术成长资料采集工程馆藏基地。

造布行业的突出贡献，中国产业用纺织品行业协会纺粘法非织造布分会授予其“终身成就奖”。纺粘法非织造布分会名誉会长华用士，纺织工程技术专家徐朴、郭合信也同获此殊荣。

第八章 投身上海重大工程

20 世纪 90 年代，即将引退的郁铭芳接受了人生中的又一挑战，参加上海市重大工程“年产 7 万吨聚酯项目”筹建工作。作为总工程师，他参加了项目评估、可行性研究、工艺路线的确定、引进设备的选型和谈判、设计协调、人员培训、调试开车等工作，并见证了从上海纺织涤纶总厂到上海联吉合纤有限公司的发展。

上海纺织史上的大手笔

1989 年，郁铭芳在完成国家科技攻关项目“喷丝直接成布”（即纺粘法非织造布）项目后，年逾六十的他准备从上海合成纤维研究所退休了。意想不到的是，他想为自己的化纤事业画上句号的打算，却因上海纺织史上的一个大手笔而暂时搁置了。

这个大手笔就是上海纺织涤纶总厂年产 7 万吨聚酯的项目。20 世纪 80 年代，上海纺织工业原料主要依赖外地或进口，从产能上呈宝塔型，即纺纱比织布小，织布比印染小。随着各地逐步建立起门类齐全的化纤工业，各地自身的原料需求也大幅上升，导致上海面临纺织原料短缺的困境。上海市纺织局曾经组织五路大军外出找原料，但收效甚微。当时，上海出口贸易额的三分之一靠纺织。纺织系统作为上海市的创汇大户，连续几年经济“滑坡”，其重要原因之一就是纺织原料的供应十分紧缺，严重影响了上海纺织上缴外汇任务的完成。① 筹建上海自身的纺织原料供应基地，成为压在上海纺织系统乃至上海市政府肩上的重担。时任上海市市长的朱镕基为此感到很苦恼。

> 最苦恼的是上海不是粮、棉、煤产地，原材料都得靠外地，现在计划没保证，市场没形成，一些工厂由于缺少能源、原材料而经常停产。② ……上海不能只搞加工工业，也得赶快搞几个最紧缺的、经济效益最好的原材料项目。……又如塑料、化学纤维、石化原料等项目，资金投下去，一两年就可以发挥效益。③

原上海纺织工业局副局长丁力对此也深有体会：

> 朱镕基从国家经委副主任调任上海市市长后，亲自写条子请全国各省市资助上海纺织原料。黄菊副市长也陪同上海纺织工业局副局长到新疆、山东去要原料。但是情况都不理想，因为大家都搞纺织了，这下上海感觉就紧张了。朱镕基市长就提议上海纺织工业局搞一个 3 万吨的大化纤。相对当时化纤只有一两千吨的规模，3 万吨是很大的规模。④

---

① 上海市计委、经委：《关于上海纺织涤纶总厂年产 3.7 万吨聚酯“九四”专项项目建议书的批复》，沪计工(1989)631 号，1989 年 11 月 12 日，上海联吉合纤有限公司档案室藏档。

② 朱镕基. 接受日本驻沪记者联合采访时的谈话，1988 年 10 月 21 日，引自《朱镕基上海讲话实录》。北京：人民出版社，2013 年，第 202 页。

③ 朱镕基. 在上海科技工作会议上的讲话，1988 年 8 月 12 日，引自《朱镕基上海讲话实录》。北京：人民出版社，2013 年，第 168 页。

④ 丁力口述访谈，2013 年 1 月 16 日，上海。资料存于老科学家学术成长资料采集工程馆藏基地。

1988年7月，上海市副市长顾传训责成市计委、市纺织工业局持其亲笔信，送纺织工业部部长吴文英、副部长季国标，希望纺织工业部支持上海建设聚酯工程。很快，季国标副部长代表吴文英部长函复同意上海建设该工程。年底，上海纺织工业局向市政府报告建设“大涤纶”工程项目。1989年3月，上海纺织工业局向纺织工业部、市计委上报了《年产七万吨聚酯，其中包括三万吨涤纶短纤维工程项目建议书兼计划任务书》。4月，纺织工业部批复同意项目建设意见。其后，季国标副部长到上海了解项目情况。上海纺织工业局副局长丁力、上海化学纤维公司总经理相凤祁等再到北京汇报，国家计委副主任郝建秀、纺织工业部领导均表示支持。①

为加快项目进度，同时考虑到上海资金筹措和外汇平衡的具体情况，上海市计划对该项目分两期建设，一期为3.7万吨聚酯工程，二期为3万吨连续缩聚直接纺丝涤纶短纤维工程。其后，这一项目先后被上海市经委列入1990年“九四”专项、1992年上海市工业重点建设项目、1994年上海工业重大骨干项目，成为上海纺织系统新中国成立以来的最大工程项目。

经上海纺织工业局批准，上海纺织涤纶总厂年产3.7万吨聚酯“九四”专项项目由上海化学纤维公司承建。经对奉贤、金山和宝山三个地区进行对比，考虑投资费用省、征地费用低，项目最终选址在奉贤星火农场附近，具体地点位于惠州路以南，南随塘河以北，明城路以西的区域。

在筹建工作紧锣密鼓进行之际，物色各方面人选成为当务之急。上海化学纤维公司总经理相凤祁找年届退休的郁铭芳相商，希望他“能帮助一起上这个大项目”。② 是退休回家颐养天年还是继续接受挑战？郁铭芳选择了后者。因为上海合成纤维研究所在涤纶短纤维方面做过很多工作，郁铭芳也组织领导过国家科委的“年产300吨涤纶短纤维中间试验”项目，他觉得是能够搞这样一个大项目，并下定决心，“去了以后一定要把它完成得比较

---

① 上海纺织涤纶总厂：上海纺织涤纶总厂大事记，上海联吉合纤有限公司档案室藏档。

② 相凤祁口述访谈，2013年1月9日，上海。资料存于老科学家学术成长资料采集工程馆藏基地。

好”。[①] 很快，时任上海合成纤维研究所总工程师的他借调到了筹建中的上海纺织涤纶总厂。

一波三折的项目方案

1989 年 11 月 18—25 日，由上海化学纤维公司相凤祁、尹文淦带队，郁铭芳、周富浩等一行六人赴广东佛山、福建厦门等地的化纤厂考察聚酯生产的工艺、设备。1990 年 4 月 6 日，郁铭芳正式来到上海纺织涤纶总厂筹建办公室工作，担任技术负责人，时任办公室负责人为周富浩。5 月，谢宇江也来到筹建办公室，成为郁铭芳的助手，具体负责技术工作。筹建办公室当时的办公地点设在长宁区新华路 643 号，条件比较简陋，仅有两间办公室。进入夏天后，办公室没有空调，屋内没有风，很是闷热，他们就把办公桌搬到走廊

图 8－1　20 世纪 90 年代初，郁铭芳（左二）与上海纺织建筑设计公司人员在研讨工作

① 郁铭芳口述访谈，2012 年 12 月 13 日，上海。资料存于老科学家学术成长资料采集工程馆藏基地。

里通风。郁铭芳带着谢宇江一起去查阅国内外相关技术资料,并与设计部门、外商的技术部门进行交流讨论,做整个项目的基建扩初设计。

该项目先要进行招标,美国杜邦公司、德国吉玛公司都参加了投标。在与外商进行技术谈判时,郁铭芳向外方提出一个问题:如果7万吨一起搞,投资比分两期搞大概要相差多少。对方估计大致要相差1 000万美元,而且因为分两期建设,外国技术人员要派两次,也会增加不少费用。郁铭芳分析下来觉得还是要7万吨一起实施。

> 分两期搞,一是投资比较大,二是即使我们在第一条线生产的时候再搞第二条线,由于两条生产线都在一个车间里,对第一条线的生产也会造成很大影响,所以我感觉还是要7万吨一起搞。这样整个项目就节省了1 000万美金,而且也加快了建设进度。因为与7万吨一起搞比,你搞了一个3万吨,后来又要搞4万吨,肯定要至少相差一两年的时间。所以,我在那时提出了这样一个想法。①

1990年11月16日至12月7日,为了解国外聚酯生产技术和设备情况,郁铭芳参加上海纺织工业局引进7万吨聚酯设备考察组,赴美国对杜邦公司进行引进设备考察。他们在考察后发现两个问题:一是技术问题。由于聚酯纤维是一种常规纤维,杜邦公司不再将其作为研发重点,仍采用两步法的老工艺,先生产聚合物切片再纺丝。而德国吉玛公司是一步法。原料进去后可直接纺丝,也可以生产粒子,工艺流程短、成本低。二是经济问题。一套年产3万吨聚酯设备需耗资1 000万美元,年产6万吨聚酯设备则需1 200万美元,两者仅相差2 00万美元,投资更少。而当时,国家计委在全国批准的几个聚酯项目规模均为3万吨。

在美国考察时,郁铭芳和丁力同住一个房间。丁力回忆说:

> 我们发现这个情况后,就在美国开会,一直开到晚上两点钟,讨论

① 郁铭芳口述访谈,2012年12月13日,上海。资料存于老科学家学术成长资料采集工程馆藏基地。

究竟是3万吨还是6万吨,这个事情怎么处理。我问老郁怎么样,老郁认为应该是6万吨的好。我说我就赞成搞6万吨,能够节约800到1 000万美金,这不是很好嘛!全国要搞这么多,你都是搞3万吨,这个对全国损失也很大的,后来就定下来搞6万吨。这个定下来,3万吨的问题我们去解决。①

经过讨论,考察小组决定向市领导提出修改建设方案。接着,上海纺织工业局就向上级申请变更整个项目的生产规模。变更难度很大。之所以会特别提到3万吨,其中牵涉一个很棘手的问题。按照当时国家的审批权限规定,投资在3 000万美元之内的项目上海市就可以批准,如果项目两期一并实施,投资就超过3 000万美元,需要国家计委批准。丁力提议称为"一个身体两条裤脚管",即项目主体是6万吨,但是分两期进行,第一期是3万吨粒子,第二期是3万吨纺丝。上海纺织工业局向上海市汇报后,最终定下方案。

1991年,上海市计委、经委批准上海纺织涤纶总厂年产3.6万吨聚酯工程调整项目生产规模。引进设备从配料到后缩聚为7万吨生产能力,但最终规模(切粒、包装)仍维持3.7万吨。原年产直接纺涤纶短纤维3万吨,改为年产直接纺涤纶短纤维1.5万吨和直接纺涤纶长丝1.5万吨。项目总投资人民币51 281万元,其中引进设备用汇4 700万美元,国内配套人民币2.6亿元。用汇部分由市建设银行筹措外资解决,国内配套贷款部分由市建行向国外融资。② 上海的聚酯项目当时在国内聚酯行业中属于技术最先进、产量规模最大的。

这一年,郁铭芳与上海纺织工业局、上海化纤公司的人员一起,到上海石油化工总厂考察了引进杜邦公司聚酯设备情况,到江苏仪征化纤联合公司考察了引进吉玛公司聚酯设备情况。通过同外商技术交流、去国外考察

---

① 丁力口述访谈,2013年1月16日,上海。资料存于老科学家学术成长资料采集工程馆藏基地。

② 上海纺织工业局:《关于上报上海纺织涤纶总厂"九四专项"续建年产1.5万吨涤纶长丝和1.5万吨涤纶短纤维工程项目建设书的报告》(沪纺(91)规第1253号),1991年12月7日,上海联吉合纤有限公司档案室藏档。

和国内参观，郁铭芳对几家厂商技术和设备的优缺点进行了非常细致的对比分析，提交了引进设备的对比报告和选型建议。他认为吉玛公司和杜邦公司的技术和设备各有特点，但综合起来，“上海纺织涤纶总厂以引进吉玛公司技术和设备为宜”。①

1991 年 8 月 27 日，上海对外贸易公司与德国吉玛股份有限公司为上海化学纤维公司签订了《上海纺织涤纶总厂年产 3.7 万吨聚酯切片工程设备合同》。和吉玛公司签约时，因涉及 6 万吨的规模，商定只签约不见报。孰料，《解放日报》随后报道了上海纺织工业局、上海化学纤维公司 6 万吨化纤项目的新闻。国家计委要求上海方面就此做出解释。上海市计委、上海纺织工业局、上海化纤公司都派了人去开会，丁力、郁铭芳也去了，会上对这一“合理”但不“合法”的做法作了解释。后来项目手续都合法了，但耽搁了一段时间。② 项目方案终于尘埃落定。由于该项目系上海市工业系统 1991 年重点项目之一，按照市长要求年底必须开工，郁铭芳在筹建办的工作也紧张起来了。

聚酯项目成功投产

参与筹建工作

1992 年 1 月 3 日，郁铭芳来到上海奉贤星火农场，参加上海纺织涤纶总厂年产 7 万吨聚酯项目奠基仪式，并和相凤祁一同挥锹埋下了奠基石。那时的星火农场还是一片菜地，地里面种着大头菜。农场的环境比较艰苦，交通不便，从农场到市区要 2 个多小时，遇到堵车甚至要 3 个小时。4 月，因上海

① 郁铭芳手稿《上海纺织涤纶总厂七万吨聚酯切片引进设备主要厂商德国吉玛和美国杜邦-凯美推克斯的技术比较》。资料存于采集工程数据库。

② 丁力口述访谈，2013 年 1 月 16 日，上海。资料存于老科学家学术成长资料采集工程馆藏基地。

纺织涤纶总厂在工商登记注册时经市工商查询审核，有名称混同的情况，正式更名为“上海纺织涤纶公司”。5 月 8 日，经上海化纤公司批准，郁铭芳担任上海纺织涤纶公司总工程师。此后，郁铭芳先后两次出国对引进设备进行技术考察。

1992 年 9 月 21 日至 10 月 6 日，郁铭芳参加上海化纤公司组织的上海纺织涤纶公司 7 万吨聚酯切片项目考察组，赴德国、西班牙、奥地利考察。考察组成员包括上海化纤公司管委会主任相凤祁、上海纺织涤纶公司经理周富浩等 6 人。作为该项聚酯项目引进合同的签约单位，德国吉玛公司是考察组访问的第一站。郁铭芳一行参观了公司的工程设计部、试化验中心和实验工场，并进行了技术交流。其后，考察组又参观访问了 Honeywell 公司、Neumag 制造厂、Thalhammer 制造厂、Fleisser 制造厂等 5 家设备制造厂，西班牙巴塞罗那 Laseda 聚酯工厂、德国 Deggendor 聚酯纤维厂。

1993 年 9 月 26 日至 10 月 12 日，郁铭芳参加上海化纤公司组织的“上海 7 万吨聚酯项目短纤维考察团”，赴泰国、印度尼西亚、香港特区的有关公司、工厂、银行进行考察访问和洽谈。考察团团长为相凤祁，其他成员还有中国纺织总会规划发展部沈兰珍、上海化纤公司副总经理钱大栋等。郁铭

图 8-2　1992 年 1 月 23 日，郁铭芳（前排左二）参加德国吉玛公司聚酯项目设备引进合同签字仪式

图 8-3　1992 年 9 月，郁铭芳（左二）与相凤祁（右一）等在奥地利考察德国吉玛公司聚酯项目设备

芳随考察团一行对泰国曼谷的泰美龙（Thai Melon）聚酯工厂和暹逻（Siam）聚酯工厂以及印尼雅加达的 Yasinta 聚酯工厂、Yadistira 聚酯工厂以及香港的伟事达企业、金夏公司等进行考察访问，进一步了解了德国吉玛公司和德国纽马格（Neumag）公司涤纶短纤维的技术。

在和德国吉玛公司进行引进设备的技术谈判中，郁铭芳利用熟悉技术和英文较好的优势，据理力争，取得了一系列成果。主要包括：采用 PTA（聚酯的主要原料之一）直接送入生产车间料仓，取消了大容量（2 000 立方米）的不锈钢中间料仓；产品聚酯切片直接送入打包间，取消了切片中间料仓；首先采用了先进的 PTA 进料自动计量装置等措施。这些措施对降低建设投资、改善生产车间环境起到一定作用。另外，经过测算，郁铭芳发现后缩聚釜的出料泵规格较小，在生产量达到设计指标时的运转速度已接近机械允许的高限，不利于设备保养。他要求外方提高规格，经过外方内部讨论后，认为意见正确，同意将出料泵规格提高一挡。这不但有利于设备保养，而且为以后提高负荷、使产量从 8 万吨增加到 10 万吨（2000 年已实现）创造了条件。

该项目被列入了 1993 年上海市政府的重大项目、关门项目。所谓的关门项目即要严格按照工作节点推进，当年年底必须安装完毕，因而工期是越来越紧。在项目进行过程中,由于涉及各项因素,包括土建、外方设备到货、中外方配合安装等,遇到诸多问题。其中一个突出问题就是中方和外方安排的工作进度不同,存在很大矛盾。在现场施工过程中,中方经常为此与外方代表发生意见分歧。在出现重大矛盾时,中方就请郁铭芳出来协调。郁铭芳德高望重,外方的现场代表对其很尊重。作为总工程师,郁铭芳承担着很大的压力,不仅亲自做技术指导,遇到技术难题积极出面,与外方项目经理等工程技术人员直接磋商、协调。有一次,根据节点要求,电器仪表的设备必须进场了,但外方坚决不同意,双方闹得不欢而散,最后还是郁铭芳出面说服了外方代表,使设备准时进场。① 此外,外方为保证进度,对安装现场也提出很多要求。因为是国企,为了满足这些要求,公司就发动党员带领大家进行现场大扫除。近 70 岁的郁铭芳也是冒着高温和大家一起打扫卫生,令周围人很感动。

按照上海市政府的要求,1993 年底项目如期安装完毕,并受到市政府的表彰。德国吉玛公司对于项目的安装成功也非常满意。郁铭芳他们后来又应邀去德国,在验收设备时做交流,双方建立起良好的合作关系。

投产前的紧张日子

在 7 万吨聚酯项目一期工程建设时,二期工程也在规划中。1993 年 6 月 15 日,经上海市外资委批准,上海化纤公司与德国吉玛公司合资成立上海联祥合纤有限公司。1994 年,上海联祥合纤有限公司更名为上海联吉合纤有限公司,投资总额为 7 500 万美元。合资后,外方副总经理认为项目要能够正常投产至少需要半年。1994 年 4 月项目开始调试,中方人员面临的压力很大,能不能在短时间内使引进的设备正常运行,还要打个问号。但是必须抓紧进度,这样一是可以减少项目调试的成本,二是可以早日投产早出效益。郁铭芳给大家不断地鼓励打气,向有关技术人员一再说明整套装置从理论上讲应该不会有什么问题。

---

① 谢宇江口述访谈,2013 年 1 月 15 日,上海。资料存于老科学家学术成长资料采集工程馆藏基地。

对于一项庞大的技术工程而言，往往细节决定成败。郁铭芳非常注重技术细节，认为能不能把握各种小的环节以及技术细节，是能否正常生产的关键。当时，大家都没有参与过如此大规模的工作，缺乏经验，吉玛公司的技术图纸又比较难看懂。为了帮助大家真正掌握技术，郁铭芳从消化资料入手进行充分的准备。他发动所有工程技术人员，一起翻译引进的外方设备资料以及调试、操作所需的资料，还请原上海合成纤维研究所做情报工作的王心明和汪之江两位高工来帮助翻译资料。在此基础上，郁铭芳组织一些新进的技术人员和操作人员进行培训。他主动放弃休息时间精心备课，深入浅出地讲解理论基础和操作环节，培训过程中也是一再强调细节问题。自称是“郁总学生”的谢宇江回忆道：

> 郁总在技术上作风非常严谨。一就是一、二就是二，有时候我们在培训过程当中他会提一些问题。他的要求就是你不会不要紧，不要不懂装懂，你懂就是懂，或者你说懂了多少，还有多少不懂。他最反感的就是你在技术问题上模模糊糊的，可能、大概、也许，这个是他最反感的。他在技术上的要求是不能似是而非，一定要准确，要追求一个实事求是的态度，不能不懂装懂。同样，发现问题、解决问题，要注重在一些细节上面的落实，不能糊里糊涂，这个不是我们技术人员解决问题的态度。你一定要搞清楚这个问题的症结在什么地方，有针对性地采取一些有效措施。我对这个印象非常深刻。[①]

郁铭芳还很注意技术工人的培训。通过努力，他争取到了送新职工到江苏仪征化纤厂实习三个月的机会。不过，实习过程中也出现了一些情况。因为仪征化纤厂的生产正常，新职工去实习就是坐在那里看看，只管抄抄表就算好了。郁铭芳中途也去实地查看、了解职工的实习情况。听到他们说好像没什么好学习的，郁铭芳就专门给他们做报告，希望工人们珍惜实习机会，不能坐等厂里员工来，或是简单看人家去抄表什么的，应该多跟着去跑

① 谢宇江口述访谈，2013年1月15日，上海。资料存于老科学家学术成长资料采集工程馆藏基地。

跑，记住出现的一些问题是怎么解决的。后来，工人们也比较高兴地这样做了。①

在具体调试开车时，郁铭芳提出要不断地总结提高，尤其是在操作环节中发生的一些问题。有一次，负责夜班操作的人员，在操作过程中打开一个乙二醇的阀门，结果忘记关阀门，一晚上都在漏。因操作人员没有经验，未能发现。第二天一早上班后，大家大吃一惊，地沟、排废池里面流满了乙二醇，味道很重。乙二醇属于易燃易爆的液体，情况很危险。谢宇江非常生气，现场处理后就把当班人员狠狠地训斥一顿。闻讯赶来的郁铭芳表现得很冷静。“他说这个追究责任的事情放在后面，我们当务之急是先总结原因，赶快形成一份书面材料，补充操作程序，马上让所有的运转班都可以了解，不能再犯同样的错误。”②

后来，在整个调试过程中，公司就提出同样的错误不能犯第二次，一旦发生一些操作失误或者碰到一些问题，都要在现场及时解决，并马上通报给所有的技术人员、操作人员，避免同样问题的再次发生。由于采取了这一措施，技术人员、操作人员很快掌握了该套装置，仅用一个多月，整个装置就完全平稳运转，达到设计的产量和质量。1994 年 6 月初，合资双方共同对项目进行验收。德国吉玛公司很是惊讶，他们原来预想至少要半年，没想到那么快就验收了。

在调试安装时，各项工作比较紧张。因为调试、开车需要连续进行，设计中间还会有一些错误，需讨论之后作进一步改正，以保证及时投入生产。郁铭芳感到这对工作有很大影响，为了方便，他干脆住在奉贤，睡在公司宿舍里面，一个星期回市区的家一次，有时碰到一些特殊情况时，一个星期都不回家。

与同事们住在一起的日子，郁铭芳依旧保持着非常有规律的生活，不抽烟、不喝酒，每天早上按时起床，坚持练习一套自创的健身方法。他在生活方面的自律给周围人留下深刻印象。住在奉贤的日子里，郁铭芳也有感到

---

① 郁铭芳口述访谈，2012 年 12 月 13 日，上海。资料存于老科学家学术成长资料采集工程馆藏基地。
② 谢宇江口述访谈，2013 年 1 月 15 日，上海。资料存于老科学家学术成长资料采集工程馆藏基地。

图 8-4 1994 年 9 月，郁铭芳在上海聚酯工程项目现场

比较麻烦的地方，最主要的问题就是海风很大。因为星火工业开发区靠近海边，只要有一些海风吹过来，被单、被套之类的就会吸收含盐的水分，睡进去的时候很不舒服，所以常常要拿出来晒一晒、洗一洗。但总的来说，郁铭芳觉得这些问题都是可以克服的。①

正式投产

1994 年 6 月 15 日，“年产 7 万吨聚酯项目”一次投产成功，达到日产 240 吨聚酯切片的生产能力。由于当时涤纶非常热门，市场需求旺盛，一举实现了当年投产、当年还贷、当年出口、当年盈利。至当年 10 月，建成投产的上海市重大骨干工程项目共有 9 项，每年总计可新增产值 40 余亿元。纺织工业部重点建设项目中聚酯项目有多家，包括四川自贡聚酯工程、湖南湘潭聚酯工程、江苏苏州聚酯工程（合资）、石家庄聚酯工程等，产能均在 6 万吨左右。② 上海联吉合纤有限公司项目在“八五”期间全国同类项目中率先投产，投产以后中国纺织总会③的领导、时任黄菊市长都前来视察，对项目也比较

① 郁铭芳口述访谈，2012 年 12 月 13 日，上海。资料存于老科学家学术成长资料采集工程馆藏基地。
② 中国纺织总会：纺织工业“九五”重点建设项目。《化纤信息》，第 9 期，第 18 页。
③ 1993 年 3 月，纺织工业部撤销，成立中国纺织总会，为国务院直属事业单位。

满意。丁力认为“老郁在这里面起了很大的作用,但他低调又不到处去讲”。[①]

由于该项目系与外方合资,上海联吉合纤有限公司也成为德国吉玛公司的一个示范项目。吉玛公司与客户洽谈合同需要参观一些生产厂时,就组织到联吉公司参观。吉玛公司在国内的几个项目如江苏仪征等的工程技术人员也前来培训,另外也有印度、韩国、俄罗斯等国的技术人员前来培训。那几年,联吉公司的效益非常好,前来洽谈的客户车辆在厂门口都排起了长龙。

项目投产成功后,郁铭芳考虑到自己年龄已大,准备正式退休,此前他已经延长了好几年的工作,每年都需向上级单位提出申请。郁铭芳从后继有人的角度,主动推荐原上海联吉合纤有限公司副总工程师谢宇江接任总工程师一职,自己则退居二线。从发挥技术指导作用的角度着想,他受聘担任了上海联吉合纤有限公司的技术顾问。

紧接着,上海联吉合纤有限公司进行二期扩建年产 3 万吨直接纺丝涤纶短纤维项目。该项目采用直接纺丝技术,生产出的纤维可以直接交由纺织厂加工制造。二期工程扩建时,最初以每亩 1 万元征购的土地已升值至 30 万元一亩,中方就以土地作为投资。郁铭芳作为技术顾问也参与了项目筹建,参加和德国吉玛公司等外商的技术谈判。

郁铭芳结合以前在上海合成纤维研究所开展涤纶短纤维实验研究的经验,检查了德国吉玛公司提供的初步设计,发现有些地方需要改进:第一,纺丝时需要一个泵将高聚物打到纺丝设备中去,经计算泵的容量太小,对于增大的供量计量泵要加大一倍;第二,因涤纶短纤维小实验时已是两次拉伸,这次在一次拉伸后也要加两次拉伸的设备,这样纤维性能可以比较稳定;第三,考虑到今后在涤纶短纤维纺丝时还能够纺细旦纤维,要增加具有小型孔径的喷丝板;第四和第五条则关于改进自控系统等。郁铭芳就写信向德国吉玛公司提出以上五点建议。吉玛公司同意按前三条意见修改,对最后两条意见则作了解释,特别是对第一条意见表示了特别感谢。因为如果纺丝

---

① 丁力口述访谈,2013 年 1 月 16 日,上海。资料存于老科学家学术成长资料采集工程馆藏基地。

时达不到 7 万吨的预计总产量,设备装上之后仍需退下来,德方必须重新对设备进行改装,将会导致非常大的损失。所以,吉玛公司的一个项目经理后来在见到郁铭芳时,还专门表示了谢意。

1995 年 7 月,中方与吉玛公司正式签订了引进设备与技术合同。郁铭芳离开联吉公司后,这一项目通过进一步的改进和挖潜,将聚酯生产能力从 7 万吨提升至 10 万吨,并获得上海市科学技术进步一等奖。

第九章 中国化纤梦

院士的遗憾

郁铭芳一直认为夫人姜淑文为自己付出太多，他心中早存一个愿望，就是退休后偕妻子畅游世界，以聊补自己的亏欠。1995 年年初，郁铭芳从上海联吉合纤有限公司总工程师岗位上退下后，便携姜淑文去新西兰探望自己的小儿子郁勤，同时无忧无虑地体验一下异域风情。

回国不久，原纺织工业部副部长、中国工程院院士季国标打来电话，欣喜地告诉郁铭芳当选院士的消息。郁铭芳感到十分意外。“我傻眼了，自己竟然当选为院士了。”[①]这一年，中国工程院首批增选 216 名院士，上海有包括市长徐匡迪在内的 20 名专家学者当选为 6 个学部的院士，郁铭芳和中国纺织科学研究院梅自强、中国纺织大学周翔共同当选为农业、轻纺与环境工程学部的院士。郁铭芳是经上海纺织工业局推荐的，在其候选院士的推荐表上，有这样一段评语：“为人谦虚，待人诚挚。对科学，保持高度。为人处

① 郁铭芳口述访谈，2012 年 12 月 13 日，上海。资料存于老科学家学术成长资料采集工程馆藏基地。

图 9－1　1995 年 7 月 12 日，郁铭芳(右一)在北京参加中国工程院第二次院士大会期间与周翔(左一)、梅自强(左二)院士合影

世，保持低调。”

7 月 11 日至 15 日，郁铭芳到北京第一次参加中国工程院院士大会。他对中国工程院院长朱光亚的讲话记忆尤为深刻。朱光亚认为，虽然院士是学术上的最高荣誉称号，但并不一定是学术水平最高的，还有很多优秀人才由于种种原因未能进入院士行列，他希望新增选的院士一定要好好珍惜这份荣誉。郁铭芳感觉自己只是做了一些应该做的工作，国家却给了这么大的荣誉，当选院士“对我是一个机会，也是一种教育”。他认为，院士要德才兼备。在“才”的方面，要不断学习，在自主创新过程中知难而上。在“德”的方面，要始终脚踏实地搞科研，不为“人情关系”而做假，尽心尽力扶植年轻人。①

郁铭芳把“院士”这一称号看作是一种鞭策，不是换取某些利益的资本。那时，作为纺织界的四位院士之一，他经常接到一些省市组织的成果评审和鉴定会的邀请。一次，一家单位邀请郁铭芳参与鉴定染整学科领域的某项成果。郁铭芳婉言拒绝。他认为，染整和纤维虽同属纺织领域，但自己的研

① 彭德倩、徐敏：新科院士今揭晓，老院士共论“院士话题”——院士精神：先天下之忧而忧。《解放日报》，2007 年 12 月 27 日，第 4 版。

究领域是合成纤维，在染整领域并非权威，于是他推荐了另一位染整领域的专家参加鉴定。对于专家鉴定，郁铭芳一直非常慎重。这一点，他的大儿子郁雷也深有体会。

> 他对很多事情很执著，做事情规规矩矩。以前上海纺织局要进行鉴定，他专门做鉴定委员会主任。有时人家感觉不大行，就会给我讲，让他不要太认真，手抬抬就过去了。我爸爸说那就不要请我了，签字要负责任的。一次跑到一个化纤厂，以前鉴定从来没有不通过的，我爸去了面子一板，说不好通过，写的什么乱七八糟。①

院士是我国学术界的最高荣誉。但郁铭芳当选院士后并没有沾沾自喜，反而在多个场合表达了自己的遗憾：作为长期从事合成纤维科技工作，先后担任上海合成纤维实验工厂、上海合成纤维研究所主要负责人达 30 年之久的科技工作者，眼看着还要靠引进技术和设备来建设生产工厂，不能不说是一大憾事。他说，经过化纤人的努力，我国实现了化纤工业从无到有、从有到大的发展，但难掩其中的尴尬，就是我国仅是化纤大国，而非化纤强国。郁铭芳表示，早在 1998 年，我国的化纤产量已超过美国，位居世界第一。2008 年总产量已达到 2 405 万吨，占世界总产量的 57%，成为名副其实的世界化纤生产大国。但我国在科技创新能力、自主品牌建设、产业创新体系等方面与发达国家相比还存在较大的差距。

随着科技的日新月异，化学纤维不仅成为满足和丰富人民生活的必需物资，而且也是国防建设与经济发展中其他领域如航天航空、石油化工、电子通信、农业水利、土木建筑、交通运输、医疗卫生等不可或缺的重要材料。郁铭芳深切感到，要实现从“化纤大国”向“化纤强国”的跨越，必须以时不我待的精神，加大我国自主创新力度，着力培养更多化纤人才。

---

① 郁雷口述访谈，2013 年 1 月 19 日，上海。资料存于老科学家学术成长资料采集工程馆藏基地。

践行“化纤梦”

潜心育人　以爱育爱

中国化纤梦，一直是我国化纤人的不懈追求，也是郁铭芳孜孜追求的目标。而要实现中国化纤梦，人才最为关键。怀揣着培养化纤人才的愿望，2001 年 12 月，他应邀加盟东华大学，担任东华大学教授、博士生导师、东华大学校学术委员会委员。

东华大学是国家“211 工程”重点建设院校，其“材料科学与工程”学科在上海乃至全国都拥有举足轻重的地位，2001 年被批准为国家重点学科。其中，化纤学科创建于 1954 年，曾拥有让郁铭芳十分钦佩的钱宝钧、方柏容等化纤领域的知名教授。因此，加盟东华大学后，他欣然到材料科学与工程学院担任教职，并担任材料学科评议组组长、材料科学和工程学院学术委员等职务。

郁铭芳在主持重大科研、引领学术发展的同时，还尽心尽力培育学生，引导他们健康成长。

图 9－2　2002 年 4 月，郁铭芳在东华大学材料学院办公室工作

图 9－3　2012 年 9 月 23 日，郁铭芳的学生为其庆祝生日

郁铭芳给大一新生和大四毕业生开设了“材料导论”、“材料方法学”课程。“材料导论”课程主要是讲述材料科学的作用与价值，提高学生学习的兴趣；“材料方法学”课程讲授如何创造材料，引导学生学以致用。郁铭芳普通话不好，为此很苦恼，担心影响授课效果。为弥补表达上的欠缺，他“老夫聊发少年狂”，学做 PPT 课件。学院领导、学生都劝他别“折腾”自己，但他“固执己见”，认为这样做既学了一技之长，又增强了表达效果，一举两得。

郁铭芳经常教育学生要树立良好学风，恪守科学道德。开门弟子钟继鸣回忆说：“我的毕业论文共列了参考文献 200 多篇，其中引用了 60 几篇。郁老师担心引用出错和翻译不准，花了整整两天时间把参考文献全部校阅一遍，返还时还打趣道，字比较小，眼睛也不行了，看得他眼睛都发胀。当时我很吃惊，以为他仅抽查看看，没想到一篇不落！”①

郁铭芳上大学期间，正处于烽火连天的抗战岁月，四年中辗转四处求学，条件异常艰苦。他时常以自己的亲身经历现身说法，勉励大学生要珍惜当前学习机会。在材料科学和工程学院新生入学典礼上，他操着并不标准的普通话，讲述自己艰难求学经历：当时学习没有固定场所，借用的临时校

① 钟继鸣口述访谈，2013 年 5 月 9 日，上海。资料存于老科学家学术成长资料采集工程馆藏基地。

舍非常简陋，大部分时候没有操场、图书馆、实验室、食堂、宿舍，甚至连一套完整的教材都没有。查点资料还要通过老师打招呼到附近的一个工厂图书馆去。有时上课时还能听到外面枪声四起。

郁铭芳非常重视学生思想品质的培养。2001 年 5 月，他与季国标、梅自强、蒋士成、孙晋良、周翔六位院士参加东华大学研究生座谈，会上他强调要成为一个有用之才，一定要先学会做人，“一个人的道德素质比业务素质更重要，要成为院士也要先学会做人”。

2007 年 1 月，郁铭芳出席在京举行的“高性能纤维的现状和发展”学术交流会。其间，接受记者采访时他结合自己的经历，寄语年轻学子和青年科技工作者：要发扬艰苦奋斗、迎难而上的精神。要学习唯物主义辩证法，树立正确的人生观。在物质方面适可而止，不可过于追求。对工作要怀有强烈的事业心和责任感！

为激励学生崇德向善，郁铭芳为钱宝钧教育基金增资 24 万元，奖励那些品德优良的学生。他认为，现在奖学金主要奖励那些成绩突出的学生，而成绩一般但道德高尚的没有机会得到褒奖，这对学生的成长不利。他说，现在市场经济条件下，社会上的不良习气向校园侵袭，部分学生沾染了一些不良习气，一定要想办法在学生中营造一种遵纪守法、恪守诚信、团结互助的氛围，引导学生明辨是非、知耻明礼。

学院领导多次建议他将捐资的 24 万元设置为“院士奖学金”或“郁铭芳奖学金”。但均遭婉拒，他说：

钱宝钧先生是我们国家著名的化纤专家，他创立了我国第一个化学纤维专业，1996 年获得了首届中国工程科技奖，为我国纤维科学和纺织教育的发展作出了重要贡献。我 1969 年去长春应化所参加一个学术会议时第一次结识他，1978 年我们一起去北京参加全国科学大会，虽然交流并不多，但我非常敬佩他，在他 100 周年诞辰纪念册上我题词“一代宗师”。钱先生 1985 年设立了五爱奖学金，鼓励学生爱祖国、爱人民、爱劳动、爱科学、爱社会主义。1996 年他不幸去世，1999 年奖学金更名为钱宝钧教育基金。为表达我对钱先生的敬重，也为了传承钱先生对化纤科技的追求,对教育事业的热爱,对青年学子的关心,我非常乐意将24 万元注入钱宝钧教育基金里。①

2006 年 10 月 29 日,郁铭芳参加在天津工业大学举行的香港桑麻基金会颁奖典礼。香港桑麻基金会由著名实业家、爱国人士查济民先生于 1992 年创立,旨在通过对科技进步和优秀人才的奖励,进一步促进纺织工业的开拓与发展。桑麻基金会在东华大学、天津工业大学、浙江理工学院、北京服装学院和西安工程科技学院设立了相应的奖励金,多年来在激励纺织科技工作者、纺织高校学生和纺织教育工作者振兴纺织方面发挥了积极作用。

郁铭芳对于桑麻基金会奖教金充满期待,他曾给染整工程技术专家杜燕孙写信时说:"我感到我国化纤工业研究水平与发达国家有较大差距,主要原因是人才老化和流失、科研经费不足……桑麻奖教金为培养我国青年科技工作者起了很大作用。"②在颁奖典礼上,他欣然为获奖学生授奖,勉励他们勤奋学习、积极向上,为实现中国纺织强国梦不懈努力。

2009 年 11 月 6 日,郁铭芳再次参加在东华大学举行的香港桑麻基金会颁奖典礼,与香港桑麻基金会主席、香港查氏集团董事长查美龙,香港桑麻基金会高级顾问、受托人、中国纺织工业协会会长杜钰洲一同为 2009 桑麻奖获得者颁奖。

郁铭芳满怀慈爱之心,无论学生经济困难、遭遇重病抑或社会发生灾难,他总是毫不犹豫伸出援助之手。2008 年汶川大地震后,他响应党和政府号召,带头捐资 2 万元,其中 1 万元为特殊党费;2009 年,材料学院有一个研究生不幸患了肺癌,他得悉后毫不犹豫捐助 1 000 元。近年,郁铭芳还捐助了宁波鄞州正始中学单亲家庭学生庞梦妮,在给庞梦妮回信中鼓励她好好学习,将来做一个对社会有用的人。2012 年,郁铭芳向老家新建的鄞州首南中学捐资 3 万元。

---

① 郁铭芳口述访谈,2012 年 11 月 23 日,上海。资料存于老科学家学术成长资料采集工程馆藏基地。
② 郁铭芳写给杜燕孙的信,资料存于老科学家学术成长资料采集工程馆藏基地。

图 9-4 1999 年 9 月，郁铭芳参加宁波“甬籍院士故乡行”活动时给小学生签名

帮扶济困已成为郁铭芳的一种习惯。他的助手徐燕华回忆，一次学院组织“希望工程”爱心捐款活动，恰好郁铭芳出差在外，回来得悉情况后，郑重其事地告诉她，以后遇到这种情况一定先替他垫上。

郁铭芳是位望之蔼然、近之亦亲的长者，非常平易近人，处处关心帮助别人。有一件小事让钟继鸣印象深刻：

> 有一次材料学院承办国际纤维材料大会，我担任大会志愿者，当时扛两箱矿泉水去会场，正好在楼道里碰到了郁老师，他要帮我扛一箱，我想郁老师 80 多岁了，这怎么能行，跟他说我一个人扛没问题。虽然他没有扛，但下台阶时总是走在前面并且扶着我，生怕我一不小心跌倒。①

郁铭芳待人谦逊有礼，哪怕对勤杂人员也是如此。对别人托付之事，总是想方设法去完成。一次，一个不识字的扫地阿姨在地上捡到一张借书证，看到慈眉善目的郁铭芳走过，便请他帮忙转交失主。郁铭芳二话不说，满脸微笑地一口答应，当天就将借书证寄还失主。

---

① 钟继鸣口述访谈，2013 年 5 月 9 日，上海。资料存于老科学家学术成长资料采集工程馆藏基地。

智助化纤发展

郁铭芳的大部分人生与化纤行业的项目工程连在一起。年过古稀后，他开始主持论坛、参加会议，为中国化纤发展贡献智慧；著书立说、担任行业杂志编委，在理论上指导纺织化纤行业发展。

2002 年 12 月 5 至 6 日，东方科技论坛在东华大学举行，论坛主题为“现代纺织与上海纺织业结构调整”。鉴于郁铭芳的学术造诣和业界影响，他被推为大会执行主席，主持了这次学术研讨会。

东方科技论坛是上海市人民政府、中国科学院和中国工程院共同发起和主办，面向全国的具有综合性、前瞻性、战略性的科学技术研讨会，主要讨论国家和上海重点发展的生命科学、材料科学、信息科学等前沿技术和关键问题，在激励创新意识、促进知识和技术创新等方面发挥了重要作用。

在为期一天半的会议中，包括中国纺织工业协会会长杜钰洲，中国工程院院士季国标、梅自强、孙晋良、姚穆等在内的 13 位专家都做了内容丰富的学术报告。郁铭芳认真组织，并引导相关专家进行了富有创造性的讨论。郁铭芳在大会总论中指出：

图 9－5　2002 年 12 月 5 日，郁铭芳参加第 25 期东方科技论坛

> 纺织材料历来是关系人民日常生活的重要材料。我国纺织业在新中国成立以来为解决人民穿衣问题和开发产业用新型纺织化纤材料方面取得了辉煌业绩。2001 年虽然面临全球经济衰退等困境，但我国纺织工业的纤维加工总量已经达到 2 690 万吨，位居世界第一。加入 WTO 后，将为纺织品服装出口创造更有利的条件……实际上，整个纺织材料工业，连同与其相关的工艺、设备生产所形成的相关产业，是英、美、日、德、法等发达国家工业化时的先导产业和支柱产业，对这些国家的工业化发展功不可没。现在，对许多国家而言，仍然是经济发展中的支柱产业，在国民经济建设中发挥着重要作用。任何轻视现代纺织工业的想法都没有道理……当务之急是要加强自主创新，转变市场结构，推动产业升级。

此外，郁铭芳还与季国标、孙晋良、蒋士成等中国工程院院士以及美国加州大学戴维斯分校孙刚教授，于 2010 年 6 月共同主持了主题为“生物质纤维及生化原料研讨会”的东方科技论坛，来自美国内布拉斯加大学、新加坡国立大学以及清华大学等 21 家单位的近 50 位专家参加了会议讨论。经过热烈讨论，大会就“在发展生物质纤维过程中，要引入全生命周期研究，进行能源、经济和生态环境效应的综合评估”等五个问题取得了共识。

图 9－6　2010 年，郁铭芳与院士们合影（左起依次为孙晋良、蒋士成、梅自强、季国标、郁铭芳、姚穆、周翔）

图 9-7　2004 年 5 月 25 日，郁铭芳在第 83 届世界纺织大会上作报告

2004 年 5 月 23 至 26 日，在全球纺织界最具影响力、号称纺织界“奥运会”的第 83 届世界纺织大会在东华大学举办，来自 40 多个国家和地区的 600 多位专家学者与会，他们围绕世界纺织业的现状和发展进行了深入讨论。中国纺织工业协会会长杜钰洲在开幕式上做了题为“迎接世界纺织工业发展的新世纪”的主题报告。郁铭芳在大会的院士论坛上做了题为“化学纤维的发展与未来”的发展报告。他说：

> 从 19 世纪 90 年代粘胶纤维问世以来，化学纤维已经走过了一百多年的发展历程，特别在 20 世纪 30 年代尼龙实现工业化后，发展更为迅速，取得了丰硕的成果。今天，世界化学纤维的总量已经超过天然纤维的总量，而且其应用更加广泛，是人们日常生活和国民经济建设中不可或缺的重要材料。展望未来，化学纤维的发展将取得更大的辉煌。

“中国制造”是我国纺织化纤行业乃至整个国民经济建设中无法绕开的话题，现在已经成为专家们讨论的热点。但早在十年前，郁铭芳等院士就呼吁要由“中国制造”向“中国智造”转变。他与翁史烈、郭重庆、孙晋良、周翔等院士，在 2004 年 3 月举行的“中国制造与自主品牌”研讨会上指出，“中国制造”仅仅是中国经济在 21 世纪参与全球分工的基础。“中国制造”是中国踏上经济强国的必由之路，它可以为我们引进外资、引入先进技术，解决中国暂时的问题。但从长远看，“中国制造”不可能打造出强大的中国。郁铭芳等专家呼吁，“中国制造”仅是目前的权宜之计，中国经济发展的战略应该是加强技术创新，推进产学研战略联盟，形成自己的核心技术、知识产权、自主品牌。据《中国青年报》报道：“专家们的观点给许多沾沾自喜于‘中国制造’的国人泼了一盆冷水，给‘中国制造’敲响了一次警钟。”①

2009年由国务院审批、作为十大产业振兴计划之一的《纺织行业调整和振兴计划》，提出了纺织产业总量年均增长10%以及全行业实现单位增加值能耗年均降低5%等相关目标。为推进目标顺利实施，中国工程院2010年8月23日在上海举办了主题为“纺织产业领域新材料开发和生态制造关键科学与技术战略研究”论坛。郁铭芳与包括中国工程院副院长樊代明在内的10余位院士及相关领域专家60余人与会为中国纺织产业会诊把脉。专家们认为，我国虽是纺织产业大国，但和国际先进水平相比，仍存在信息化水平低、行业集中度低、自主名牌少以及对纺织纤维原料短缺认识尚不足等“顽疾”。至于如何攻克“顽疾”，郁铭芳等人开出了“良方”：开发环保节能新材料、开拓市场是方向，推动纺织工程科技进步是关键。

进入21世纪以来，各学科的交叉与融合，衍生了许多新的纺织研究方向和新的纺织产业生长点。为培育和发展战略型新兴产业，推动纺织科技创新的步伐，中国纺织工程学会2011年10月20至22日在上海召开“2011中国纺织学术年会”。出席会议的除郁铭芳、季国标、姚穆、周国泰、周翔、蒋士成、孙晋良等7位院士外，还包括中国纺织工业协会副会长王天凯、中国纺织工业协会副会长兼中国纺织工程学会理事长孙瑞哲以及全球顶尖的纺织科研专家学者和国内外科技型企业的领导及技术专家520余人。专家们在讨论中表示，加强学术力量与产业发展的系统对接，注重培养纺织人才，实现纺织工业规模扩张型让位于质量效益型、消费增长与资源环境承载能力相匹配、传统产业与新产业的跨界融合，是推动产业发展的必由之路。会议期间，郁铭芳主持了纤维材料论坛，并为8位“2011中国纺织学术带头人”荣誉

---

① 任悟察：中国制造的路能走多远。《中国青年报》，2004年3月5日，第3版。

获得者授奖。

2012年10月23至24日，主题为“学术引领，协同创新”2012中国纺织学术年会继续在上海召开。郁铭芳与周翔等6位中国工程院院士悉数到场，作为颁奖嘉宾为“2012中国纺织学术带头人”获得者颁奖。会议期间，郁铭芳等专家围绕纤维材料、现代纺织加工技术、技术纺织品、科研成果发布与孵化、染整技术改造等议题，进行跨领域、跨学科的学术交流，取得了许多成果。正如中国纺织工业联合会副会长、中国纺织工程学会理事长孙瑞哲所说，纺织学术年会为纺织业的学术、产业对接与资源转换搭建了交流合作的桥梁和思想碰撞的平台。

此外，郁铭芳还先后参加了不少重要的国内外学术会议：2006年7月10至18日，赴英国谢菲尔德大学、伦敦大学进行学术访问，参加“聚合物纤维2006”国际会议；同年10月28日，参加在天津举行的“中纺圆桌·院士”论坛，与中国工程院纺织专业6位院士和中国社科院1位学部委员齐聚此次论坛，围绕“纺织科技创新与产业化应用”这一主题“华山论剑”；同年11月4日，参加由国务院学位办公室、教育部学位管理与研究生教育司主办、在上海召开的“2006年纺织科学与工程博士生国际学术论坛”；2011年8月16日，参加由纤维材料改性国家重点实验室等五家单位举办的“2011年先进纤维与聚合物材料国际学术会议”等。

随着经济全球化和高新技术改造传统产业进程的不断加快，纺织行业竞争日益激烈。为推进中国纺织强国的建设步伐，力争在2020年使我国纺织工业达到世界同期较先进水平，中国纺织工业协会2003年起草了《纺织工业科技进步发展纲要》（下简称《纲要》），并向部分专家征求意见。郁铭芳认真阅读《纲要》，向中国纺织工业协会会长杜钰洲写信，提出了一些具有建设性的意见。①

我觉得《纲要》总结了改革开放20多年来我国纺织工业取得的巨大成绩，以及和发达国家相比存在的差距。指出了今后5～10年中国纺织

① 郁铭芳给杜钰洲的信，2002年10月，资料存于老科学家学术成长资料采集工程馆藏基地。

科技的指导方向和发展目标，并具体地指出了要依靠科技解决的28项关键技术和10项重点新型成套关键设备，这些将会有力推动我国从纺织大国向纺织强国迈进。下面我对《纲要》提出几点不成熟的意见，供参考：

1. 《纲要》提出“以市场为导向，以技术创新为手段”。我认为其中的“技术创新”改为“科技创新”比较全面，而且与《纲要》中的说法一致。

2. 一(二)部分中“人才培养”内容似较少，而人才是科技进步的重要基础。我认为要增加篇幅。另外，目前我国现有纺织院校大部分改名，划归不同部门管理，但仍然保持了纺织特色，为我国培养了大量的优秀人才，是否可将有关学校近年来培养的博士、硕士、学士的数据和改革开放前的做个对比。

3. “用电子信息技术改造和提升纺织、染整和服装加工服务”一句中应加上“化纤”。

4. 作为科技进步发展纲要，文中谈到“大豆蛋白纤维”，还是改为“大豆蛋白改性纤维”更符合科学命名。

郁铭芳重视人才培养的理念、振兴化纤的情怀以及科学严谨的态度，在字里行间显露无遗。

除了给《纺织工业科技进步发展纲要》提出修改意见，他还于2000年3月4日给原纺织工业部副部长，中国工程院农业、轻纺、环境学部主任季国标院士致函，就“高新技术在纺织工业中的应用和发展‘十五’国家级重点项目”建言。他从工程产业化项目、工业性实验项目、应用研究开发项目、技术升级项目四个方面作了比较详细的补充和修改。

此外，郁铭芳还进行许多理论著述，为中国化纤发展指明方向。1986年4月，发表论文“对‘七五’期间中国发展涤纶的几点看法”；1992年，以第一作者撰写的论文“聚丙烯纺粘法非织造布生产工艺的研究”获陈维稷优秀论文二等奖；1998年12月，发表论文“21世纪的化纤和化纤工业”，文章指出，21世纪的化纤和化纤工业将会取得更加辉煌的发展。Loycell再生纤维素纤维、聚酯纤维的新品种、细旦纤维、高性能特种纤维等将在21世纪得到更

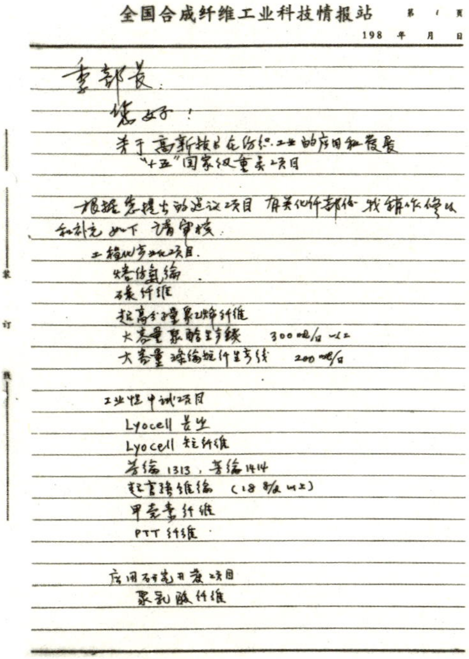

全国合成纤维工业科技情报站　第 1 页

198　年　月　日

季部长：

您好！

关于高新技术在纺织工业的应用和发展

"十五"国家级重点项目

根据您提出的建议项目 有关化纤部分 我稍作修改和补充如下 请审核。

工程化产业化项目

熔纺氨纶

碳纤维

超高分子量聚乙烯纤维

大容量聚酯生产线　300吨/日以上

大容量涤纶短纤生产线　200吨/日

工业性中试项目

Lyocell 长丝

Lyocell 短纤维

芳纶1313，芳纶1414

超高强维纶　(18克/旦以上)

甲壳素纤维

PTT 纤维

应用研究开发项目

聚乳酸纤维

图 9－8　2000 年 3 月 4 日，郁铭芳写给原纺织工业部副部长季国标院士的信

好的应用，催化剂、添加剂、溶剂、油剂等各种助剂将在 21 世纪的化纤发展中起到举足轻重的作用；2000 年 1 月，发表"化学纤维的发展前景"，文章表示，虽然一些国家和地区盲目扩建和 1997 年亚洲金融危机的爆发，造成了近 3 年来化学纤维严重的生产过剩、供需失衡、市场萧条的困难局面，但展望未来，化学纤维的科研和生产将在新世纪中继续进步和不断发展，具有更加广泛的用途；2003 年 9 月，发表"现代纺织在国民经济建设中的重要地位"，郁铭芳指出，现代纺织包含着纤维材料、纺织加工、相关产业应用生产链，具有解决人民穿衣和支援相关产业应用的社会效益以及上缴国家税利和出口创汇的直接经济效益，是一门需要重点发展的重要制造业。纺织工业应进一步深入改革开放、加强科学研究、提高技术水平，努力把中国一个纺织工业大国建设成为纺织工业强国。

为让人们进一步了解纺织，郁铭芳与孙晋良、刑声远、季国标按照科学性、知识性、趣味性和实用性原则，共同编著了《纺织新境界：纺织新原料与

纺织品应用领域新发展》,2002 年 9 月 1 日由清华大学出版社、暨南大学出版社出版。该书系统地、通俗地介绍了千年之交的纺织新原料和纺织品应用领域的新发展,向人们展示了在知识经济到来的前夕,纺织工业与高新技术相互交融、相互促进、共同发展的相互依存关系。

另外,郁铭芳还先后兼任了《纺织学报》编委、中国纺织出版社编委、《合成纤维》编委主任、中国技术市场协会顾问、中国纺织工业协会技术顾问、中国纺织工程学会常务理事、上海纺织工程学会顾问委员会副主任等职务,为中国化纤领域的发展方向、发展目标提供决策参考和理论指导。其中,他与《合成纤维》的渊源也值得一提。

郁铭芳非常重视情报信息工作,上海合纤所成立不久,在他倡导下成立了科技资料情报站,同时还办了《合成纤维》、《合成纤维文摘》、《快报》等刊物。其中,《合成纤维》创办于 1972 年,当时为内部刊物,主要刊登国内外化学纤维发展的动态。郁铭芳非常重视,亲自担任总编审。据王心明回忆,他非常细致地审阅每篇文章,对其中的差错进行认真修改。“工作量很大,作为一个领导很不容易。”刊物办得有声有色,在化纤领域颇具影响。1977 年,经国家科委批准由中国纺织信息中心和上海合成纤维研究所出版发行,主要报道我国合成纤维工业的新产品、新技术、新设备的研发进展、加工应用以及纤维产业链的技术进步和发展趋势,注重理论与实践相结合,技术与经济相结合,技术性强、信息量大、覆盖面广,成为中国科技论文统计源期刊,是合成纤维生产技术人员、管理人员、企业决策者及科研院所、高等院校师生等必不可少的优秀读物。

为更好地促进我国合纤工业跨世纪的发展,为全国合纤企业提供最佳的服务和更快更好更多地传递最新的合纤科技信息,1999 年 11 月 9 至 11 日中国纺织信息中心(原中国纺织科技信息研究所)、全国合成纤维科技信息中心和《合成纤维》编辑部共同在厦门召开了编委会成立及首次工作会议,郁铭芳被众望所归地推选为主任委员。

此外,郁铭芳还先后赴辽宁营口、内蒙古鄂尔多斯、浙江宁波等地参加中国工程院组织的“企业技术创新院士行”活动,为企业的技术创新体系建设和重大技术项目提供咨询论证。

图 9－9　2003 年 3 月，郁铭芳参加《合成纤维》编辑委员会工作会议

2011 年 7 月 23 日，郁铭芳带领包括国家杰出青年科学基金获得者、东华大学材料科学与工程学院院长朱美芳在内的 17 人创新团队，与江苏荣文合成纤维有限公司进行产学研合作，在太仓市璜泾镇建立“荣文合纤企业院士工作站”。为太仓和荣文合成纤维有限公司研发双组份复合弹性纤维、高性能纤维等，有力推动了产业升级。

荣获“光华奖”

郁铭芳一生致力于科技报国，视名利淡如水，但为国家作出了贡献，荣誉还是不期而至——2002 年，他斩获了“光华工程科技奖”这一殊荣。

光华工程科技奖，是由台湾实业家尹衍樑、陈由豪、杜俊元和全国政协副主席朱光亚共同捐资，经国家科技奖励办公室批准设立的，旨在对工程科技及管理领域取得突出成绩和重要贡献的中国工程师、科学家给予奖励，激励其从事工程科技研究、发展、应用的积极性和创造性，促进工作顺利开展，以取得更大成果。光华工程科技奖由中国工程院管理、承办，自 1996 年首届颁奖至 2002 年已是第四届，共有 55 位工程师、科学家获此殊荣。

图 9-10 2002 年 6 月 1 日，郁铭芳参加第四届光华工程科技奖颁奖典礼

2002 年 6 月 1 日，郁铭芳参加在人民大会堂举行的第四届光华工程科技奖颁奖典礼。这次共有 13 人获科技奖，其中包括以后获 2010 年度国家最高科学技术奖的科技界泰斗师昌绪院士。当从全国政协副主席宋健、钱正英、朱光亚手中接过证书、鲜花时，平时淡定的郁铭芳在心里也不免泛起一丝波澜。

中国工程院在获奖人介绍材料中这样评价郁铭芳："……50 年代参加筹建我国首家自行设计建设的合成纤维实验工厂，纺出了我国自己制造的第一根合成纤维。先后主持多种化学纤维研制。在反复论证、多方准备的前提下，率先提出关于喷丝直接成布科技攻关项目的建议。1990 年投身于上海市重大工程项目'年产 7 万吨聚酯切片'的建设工作，该项目对于改变上海纺织化纤原料依靠外来供应的局面具有重要意义。"

载誉而归的郁铭芳十分低调，没有告诉任何人。东华大学校部也是后来通过媒体报道才获悉此事。他一如既往地谦虚，在学校为他举行的庆祝大会上发言说：

> 我只是一个普通的科技工作者，在过去的 50 多年中，只是做了我应该做的工作，对国家和人民作出了很小的贡献，而且这些贡献也不是我

一个人做出的，是在党和人民的教育培养下，和我一起工作的同志们共同努力完成的。都是因为得到了老一代科学家的指点引路、同代杰出科技工作者的鼎力相助、后起之秀的无私奉献，都是众人拾柴火焰高的合力效应。

当然这并不是郁铭芳故作谦虚，而是他与生俱来的一种品质。早在 1997 年 2 月，他在接受《人民日报》记者姜泓冰采访时，第一句话就是："我只是做了些组织和领导工作，真正能写上自己名字的很少。"说话时"仿佛对记者感觉有些抱歉"。《中国纺织科技专家传略》中《郁铭芳传》的作者杨红亮为他写一篇传记性报道，郁铭芳特意写信嘱咐道："……本来我的工作很一般，研究所的成绩是全体同志共同艰苦努力创造出来的，不是我一个人的功劳。写稿时一定要实事求是，不要拔高。"①

① 郁铭芳写给杨红亮的信，资料存于老科学家学术成长资料采集工程馆藏基地。

第十章
幸福人生

郁铭芳家庭生活幸福美满，夫人姜淑文善良贤惠，一直以来默默承揽全部家务。儿孙孝顺懂事，三个儿子均有属于自己的稳定工作，孙子孙女就读复旦大学等名校。

美满家庭

1955年，郁铭芳与姜淑文结为伉俪。虽然姜淑文只是初中毕业，两人学历有差异，但并没有影响夫妻二人的沟通。姜淑文也很支持丈夫。郁铭芳与姜淑文结婚后，还与父亲一同分担家庭经济压力。姜淑文回忆，20世纪60年代，郁铭芳每月收入90多元，交给父母60元，交给她30元，自己只留10元不到做零用钱。他生活很节省，至今弟妹们都非常尊重这位大哥。[①] 1956年，大儿子郁雷出生后，全家搬到杨树浦国棉十七厂工厂宿舍和姜淑文的母亲同住。郁铭芳后来调到合成纤维实验工厂工作，一心扑在工作上，有段时

① 姜淑文：我与老郁，引自符利群著《郁铭芳传》。宁波：宁波出版社，2008年，第222页。

图 10－1　1996 年 3 月，郁铭芳兄妹合影（前左为郁铭娟，前右为郁珊娟，后左为郁漱芳，后右为郁孟娟）

间住在单位里，每周回家一次。姜淑文就默默地揽下全部的家庭事务。后来，姜淑文年岁大了，身体不太好，很少做"马大嫂"（"买、汏、烧"）的郁铭芳主动担负起做饭的任务。他用电饭煲烧饭，对加水刻度很讲究，会像做实验一样测算该放多少米、多少水，烧出的饭又好看又好吃。[①]

郁铭芳对钟爱的化纤事业十分投入，在儿子们的记忆里，父亲总是很忙，常常很晚回家。星期日或假日里，郁铭芳总是"霸占"着家里唯一的写字台，看书记录，抽屉里都是一本本记录着实验数据的簿子。郁雷记得读小学时有一次考试考了一百分，他告诉父亲后，父亲只是给他 3 角钱，说"好，出去玩吧"，然后又拼命做记录了。[②] 当然，郁铭芳也有有求于孩子们的时候，就是招呼他们去帮忙修自己仅有的一双黄皮鞋。

郁铭芳对儿子们很开明，支持他们学习，鼓励他们自己做决定。即便是在宣扬知识无用的年代，郁铭芳也会给孩子们买些书，像《十万个为什么》、旅游书籍等。二儿子郁田小时候喜欢涂涂画画，郁铭芳发现他的这一爱好后，就请人介绍他在业余时间去学画，支持他向美术方面发展。郁铭芳本希望郁田高考时报考同济大学建筑系，但郁田想专攻美术，要去考工艺美校，

① 郁田口述访谈，2013 年 1 月 19 日，上海。资料存于老科学家学术成长资料采集工程馆藏基地。
② 郁雷口述访谈，2013 年 1 月 19 日，上海。资料存于老科学家学术成长资料采集工程馆藏基地。

郁铭芳也很尊重他的选择。

郁铭芳不仅自己以身作则孝顺长辈，还经常教育子女尊老敬老。郁雷记得有一次外婆生病，瘦弱的父亲就把她从三楼背下来，然后用三轮摩托车改装的车子送去医院。① 他要求三个儿子在工作第一个月时，一定要拿点钱给自己的祖母。郁铭芳订下的唯一家规，就是不许子女抽烟喝酒，儿子们也就不沾烟酒。

虽然工作繁忙，但郁铭芳兴趣广泛，家庭氛围相当宽松愉快。家中有一张岳父姜汉卿留下的大写字台，郁铭芳就在家里和儿子们打乒乓球。兴致来时，也会"捉"一局围棋，拉一段二胡。当年国棉十七厂成立了文宣队，郁铭芳加入文宣队民乐组，利用业余时间进行文艺演出。他学的是二胡，其中第一曲民乐就是刘天华的《良宵》。郁铭芳并没有受过专业培训，但也许他具有与生俱来的艺术天分，拿起乐谱，稍微练了一会，就拉得有模有样。郁铭芳一直保留着摄影的爱好，自己冲印黑白照片。儿子从小也跟着他学习摄影，冲印照片。他还爱好旅游，晚年时一有机会就偕夫人游览。

图 10－2　1998 年 3 月，郁铭芳在家中与孙子、孙女下围棋

① 郁雷口述访谈，2013 年 1 月 19 日，上海。资料存于老科学家学术成长资料采集工程馆藏基地。

图 10－3　2008 年 6 月，郁铭芳全家合影［前排左起依次为郁晓捷（孙子）、郁铭芳、姜淑文、郁晓洋（孙女），后排左起依次为周白桦（长媳）、郁雷（长子）、郁勤（三子）、郁田（次子）、张瑾（二儿媳）］

郁铭芳的三个儿子中虽没有人从事科研工作，但都有着属于自己的工作和生活。郁铭芳在为孩子们起名时，取了“天地人合一”的“和”意境。大儿子郁雷毕业于上海纺织高等专科学校，后从事化纤织物进出口贸易工作。二子郁田（1960 年出生）自小爱好美术，毕业于上海美术专科学校，后在一家外资企业工作。小儿子郁勤（1962 年出生）毕业于上海交通大学，后考入新西兰奥克兰大学，定居澳大利亚。另外，孙女郁晓洋、孙子郁晓捷分别就读于上海财经大学、复旦大学，孝顺懂事，家人欢聚时其乐融融。郁铭芳感觉家庭还是非常幸福的。家庭是心灵的港湾，平淡祥和的家庭生活为他全身心地投入到化纤事业中提供了稳固的后方。

幸运人生

郁铭芳一直认为自己一辈子非常幸运：作为大家庭的长子长孙，深得长辈宠爱；从小学到大学一直能够接受良好教育；1956 年因国家对知识分子政策的改变而顺利进入化纤领域。尤其让他感念不已的是:曾经诊断肝部出现肿瘤,就在动手术的前一晚,肝病外科专家汤钊猷建议保守治疗,让他免除了打开腹腔和胸腔、切除三根肋骨之苦。

事情发生在 1983 年。当年,就在郁铭芳为非织造布项目奔波时,他到医院体检发现肝部出现肿瘤。项目申请还没有眉目,又查出患有肿瘤,一时间让他感觉茫然无措。要知道,那时肿瘤是一个谈之变色的病,妻子姜淑文忧心忡忡。上海纺织局、上海纺织局化纤公司相关领导也很重视,动员住院做进一步检查。郁铭芳怀着复杂的心情住进了复旦大学附属中山医院就诊。

当时 B 超的精确性较差,当值医生根据既往经验初步诊断肿块为恶性,建议尽快开刀手术。眼看着挨一刀已不可避免,但著名肝病外科专家汤钊猷[①]让他逃过一劫。

就在开刀前一晚,汤钊猷到郁铭芳所在的病房例行检查。他先询问病症,发觉一些症状可疑,后又仔细分析了 B 超和血液检查结果,一时还是难以判定肿瘤是良性还是恶性。经过一番思考后提出了两个方案:一是开刀,二是保守治疗。如果开刀,就要打开腹腔和胸腔,切除三根肋骨。毫无疑问,将会对身体产生很大伤害。保守治疗,就是静观其变,每星期进行一两次 B 超检查,如果肿块继续增大,可以确诊为恶性肿瘤,那就非开刀不可。如果没有增大,则可确定为良性肿瘤。汤钊猷建议保守治疗。郁铭芳经与家人商量,接受了汤钊猷的建议。

住院期间,郁铭芳心头压着两块石头,一为自己的身体疾病担心不已,还有“非织造布”这块心病让他挥之不去。他时常召集邹荣华等课题组成员开会,布置一些工作,交代有关事宜。还委派副所长去上海纺织局申请支持,听到再次“铩羽而归”的消息时,郁铭芳感到心急火燎。他急切地盼望着自己能早日出院。

日子在煎熬中一天天过去。一段时间后,肿瘤并无恶化迹象,汤钊猷确

① 汤钊猷(1930—),男,广东新会人,中国工程院院士,著名肿瘤外科专家,原国际癌症大会肿瘤会主席。毕业于上海医科大学(现复旦大学上海医学院),复旦大学肝瘤研究所所长、教授,从事肝癌临床诊治和基础性研究,使我国肝癌临床诊治水平长期处于国际领先地位,1994 年当选为中科院工程院士。

诊是良性肿瘤。经过约半年的治疗，郁铭芳逐渐康复。一场虚惊过去了。回想这段有惊无险的经历，郁铭芳对汤钊猷充满着无限感激：

> 我现在的身体非常好，这真的要感谢汤院士。2002 年我去北京参加院士大会，在飞机上正好与汤院士坐在一起，我跟他说，汤院士，你真是我的贵人呀。当年要不是你的建议，我如果开刀动手术，现在身体还不知道怎样呢！我不知怎样感谢你才好。汤院士笑着说，谢啥呀，治病救人本来就是我们的职责。①

① 郁铭芳口述访谈，2012 年 12 月 13 日，上海。资料存于老科学家学术成长资料采集工程馆藏基地。

结　语

科学不只是一种知识体系，还是一种研究活动和社会建制，这种活动的内部包涵了追求真理、构建理论、技术发明与应用、范式革命等；而其外部与社会经济、政治、文化相互影响、相互制约、相互促进。科学家正是这种社会活动的主体，他们进行科学社会活动的过程，即是科学社会建制内因与外因相互作用的过程，其学术成长经历恰是所从事学科发展历程的很好印证。

郁铭芳作为我国化纤界的拓荒者、推动者和见证者之一，他的学术成长，经历了我国化纤工业尤其是合成纤维工业的从无到有，乃至今天发展成为化纤大国的过程。

鲜明的学术成长特点

一是扎实系统的学术训练。郁铭芳经历过系统的教育，童年就读教会开办的慕尔堂幼稚园，其后入读私立湖州旅沪中小学、东吴大学附中、东吴大学。上幼儿园对他那个年代的人来说是非常难得和幸运的。小学、中学和大学均属名校，虽然历经战乱，但这些学校拥有良好的学习氛围、优秀的师资和科学的教学方法，这为他打下了扎实的知识基础，激发了浓厚的学习兴趣，养成了很好的学习习惯与方法。特别是他中学阶段在东吴附中学习时，数学老师的“Head Mark”教学方法，让他有了学数学的压力和动力。英语外教的发音训练使他能讲标准流利的英语，化学实验课激起了他一辈子对化学的兴趣。高中时期正当抗战，他的老师们为不受日本奴化教育，隐名办学，东躲西藏借教室，坚持给他们上课。入读东吴大学时期仍处战乱，学校辗转四处校舍办学，郁铭芳与其他同学一起，始终没有放弃学习。东吴大学汇聚了一批名师，如化学老师顾翼东、汪葆浚、严志弦、叶治标，数学老师徐景韩，物理老师陈宝珊等，都对郁铭芳影响深刻。他的毕业论文指导老师是著名的化学家顾翼东院士，顾院士的五个“W”治学研究方法对郁铭芳一生的学术成长产生重要影响，郁铭芳由此步入了化学研究领域。正是前期的完整教育和扎实的基础知识，为他积淀了厚实的学术素养和对科学研究孜孜以求的信念，激发其“做名科学家”的梦想，坚强地支撑他走过“文革”等困难岁月，最终走向成功。

二是紧跟国际研究前沿。郁铭芳具有高度的学术敏锐性，他非常关注国内外科技发展的趋势，对先进的科技信息具有高度敏锐性。早在20世纪50年代我国筹建化纤工业初期，他就通过对国外化纤发展情况的研究，与其他几位工程师一起向时任上海纺织工业局局长张承宗建议从进口设备起步搞化纤，事实证明这个方法在当时是事半功倍的，有效地打开了上海化纤工业创建的新局面。20世纪60年代郁铭芳在担任上海合成纤维研究所副总工程师时期，十分重视科技情报的搜集，在他的提议和组织下上海合纤所建立了科技资料情报站，专门搜集国际上有关化学纤维科学发展的情报，为日后化纤研究发挥了很大的参谋作用，从中郁铭芳及其同事们捕捉到了国外化学纤维除了解决穿衣问题，还广泛应用于工业，甚至航天、军工领域的信息，由此郁铭芳开始组织领导人员进行聚酰亚胺纤维、碳纤维腈纶原丝、芳纶等高性能纤维的研究。

三是坚持“引进消化吸收再创新”。郁铭芳组织领导或参与的项目研究总体上具有一个显著特点，即“引进、消化、吸收、再创新”。正是坚持技术装备引进和自主创新的有机结合，使得郁铭芳在组织参与服务国计民生的重大项目中成长为一名工程技术专家。20世纪50年代末60年代初，在锦纶的研制过程中，他们对北京合成纤维实验厂的国外设备和技术进行消化吸收、改进提高，建成了我国第一家自行设计、建造的锦纶生产装置车间；在20世纪60年代涤纶短纤维项目中，郁铭芳率先引进螺杆挤压纺丝机，替代传统的炉栅纺丝技术，并大胆组织"对洋设备开刀"，为涤纶工业化生产技术装备的国产化探索了经验；在20世纪80年代高速纺项目中，郁铭芳抓住合成纤维生产高速化、自动化、连续化的技术前沿，"仿创结合"，着力推进高速纺丝设备的国产化，为引进消化吸收再创新奠定很好的基础；在20世纪80年代末非织造布项目中，郁铭芳积极从意大利引进非织造布生产线，通过"引进、消化、吸收、再创新"，成功应用纺粘法非织造布技术，深入了解各种纺粘设备机型的内部结构、生产工艺和技术管理，在此基础上，又开始研制我国自产设备，并且使国产设备逐步占领了市场，设备价格大幅下降，使纺粘非织造布工业在我国得以快速发展。

分析郁铭芳的学术成长经历，目的是为探求其背后的影响因素。从科学建制内外因的角度分析，郁铭芳的成功与其个人矢志不渝的科学信念、始终怀持"科技报国"的科学精神密切相关；与其积极探寻的"引进、消化、吸收、再创新"这种继承性和创造性对立统一科学研究方法紧密相连；同时也与其经历跌宕起伏的时代磨炼、团队的良好合作以及民主和谐的家庭氛围等外部因素须臾不分。

科学的信念

纵观郁铭芳的学术成长过程，我们可以看到在其内心始终有着一个坚贞的信念支撑他渡过一个个学术生涯的难关和转折点，那就是科学的信念。在对郁铭芳的访谈中，他常常提及"要相信科学"。

一是要坚持对科学知识矢志不渝的追求。郁铭芳自入读小学至今，80余年来，他从未间断过对科学知识的探索和追求。从孩童时期爱好天文，少年时代对化学产生浓厚兴趣，大学时代对化学知识的渴求，到后来再执着于化纤领域研究过程中，虽然我国化纤技术长期落后于国外，但郁铭芳始终抱着对科学积极乐观、孜孜不倦的追求，他常说"外国人能够做到的，我相信我们中国人一定可以做到！"即便当选院士，步入晚年的他依然非常好学，只要是新的科学知识，他都会饶有兴趣地去学习和探索。

二是要坚持实事求是，以科学的态度看问题。20 世纪 90 年代，郁铭芳在参加上海市重大工程"年产 7 万吨聚酯项目"时，本着严谨求实的态度，结合生产实际和国外考察情况，对引进设备和方案进行了细致的技术比较和效益权衡，在充分的可行性研究基础上，提出将原先计划分两期建设的项目调整为一次性建设的重大建议，从而节约了大量资金，缩短了建设工期。项目实施过程中，作为总工程师的郁铭芳要求技术人员一就是一、二就是二，要始终坚持实事求是。

以国计民生为己任

与众多老科学家一样，郁铭芳身上怀有强烈的爱国主义精神和社会责任感。他们那一代人是"为国而生"的一代。抗战期间，小小年纪的郁铭芳就受到叔叔为国捐躯的深深感染。在 1949 年解放前夕，国民党加紧破坏上海的情况下，他亲身参与护厂斗争，这些都培育了郁铭芳朴素的爱国主义情怀。新中国成立初期，国家面临穿衣难困境，天然纤维发展又受限于客观条件，郁铭芳想国家之所想、急国家之所急，以服务国家为己任，放弃了当时纺织厂稳定、待遇较好的工作，主动选择步入化纤领域，立志为解决国民穿衣难作贡献，并在化纤研究上不断攻坚克难，这是他爱国主义精神的具体体现，更是他具有强烈的社会责任感，时刻以国计民生为己任的表现。之后，郁铭芳在化纤领域从事的每种纤维和每个项目的研究，均是出自国计民生之急需而进行的，最终为解决国民穿衣难问题和国防建设重大需求作出了重要贡献。

继承性和创造性的对立统一

科学的研究方法是科学家取得学术研究成果的重要手段，郁铭芳从事学术研究的过程，可以说就是继承性和创造性对立统一的过程，这也是贯穿其学术生涯的重要方法与特点。一方面，郁铭芳立足科技情报分析，保持高度的学术敏锐性和前瞻性，在既有研究进展的基础上，不断提出问题，把握研究方向，组织领导了一系列重大科技攻关项目。另一方面，坚持"引进、消化、吸收、再创新"。实际上，"引进、消化、吸收、再创新"既是郁铭芳学术研究的一个重要特点，又是他的重要科学方法。这种方法坚持继承性和创造性的统一，既充分依靠国外的先进技术，加快自身建设步伐，又积极发挥主观创造的能动性，使得国外技术更加适用于中国实际，更好地在国内发展，也因此实现了中国合纤工业的迅速崛起。

跌宕起伏的时代磨炼

俗话说，“时势造英雄”，社会的发展和时代的变迁对个人的成长和发展起着重要的影响和作用。对于郁铭芳而言，也同样如此。他的成长经历了我国发展史上波澜壮阔的八十余年，从战争时期的时局动荡、新中国成立初期的百废待兴、十年“文革”的浩劫、改革开放时期的迎头追赶直到新时期的蓬勃发展，可以说，时代造就了这位科学家。大学时代正值战乱，他辗转四处，坚持求学从不放弃。艰难困境磨砺了他自强不息的性格，这让他更加珍惜来之不易的学习机会；新中国成立初期，我国面临解决穿衣难和国防军工领域急切需要的困境，激发了他科技报国的强烈责任感，也为他指明了奋斗的目标，找准了学术发展的方向；“文革”期间，郁铭芳饱受磨难，砥砺了他坚毅不拔的品格；改革开放时期，他站上展示自身才华的更大舞台，以只争朝夕的精神努力追赶科技发展前沿。跌宕起伏的时代磨炼，铸就了他百折不挠的精神。

齐心协力的团队合作

郁铭芳始终强调他学术生涯中取得的所有成果，不能归功于自己一个人，他认为主要还是靠团队的共同努力，是大家集体的贡献。在郁铭芳学术研究早期，他一直是作为小组成员之一，与同事们一起参与研究了许多重要的项目，如中国第一根合成纤维锦纶、第一根国产军用降落伞锦纶等，这些成果是他们团队精诚合作、集体努力的结果。郁铭芳曾在访谈中提到，他的同事、卡普隆小组成员汤蕴瑜等同志在研制第一根锦纶时作出了重要贡献。后来，郁铭芳担任技术和行政要职后，曾组织领导过多个项目的研发，充分调动合纤所的研究力量，组成一个个协作团队，不断攻克涤纶短纤维、高速纺、高性能纤维等项目。即便到了花甲之年，还是与年轻人一起，并肩作战，完成了非织造布和聚酯重大工程项目。团队的力量是巨大的，一支齐心协力的团队在面临重大困难时，可以产生无限的正能量，个人在这样的团队中也可以快速成长。

重育善教的家庭环境

郁铭芳出生在一个重育善教、和谐幸福的家庭，尊老爱幼，相亲相爱。父母非常重视对子女的教育，尽力供养子女接受高等教育。他们还非常民主，尊重子女的选择。郁铭芳回忆他的成长历程，感到父母在其学习过程中给了他充分的自由和民主，在填报大学志愿选化学专业时，也完全由其自主选择，这对郁铭芳之后养成独立、自信的人格是非常有帮助的。在父母影响下，郁铭芳非常孝顺。作为兄长，他也竭力分担家庭重担，供应弟妹读书费用。

郁铭芳自己组建家庭后，夫妻恩爱，子孙孝顺有加，家庭非常和睦。他在访谈中谈到已经过世的妻子姜淑文，对她充满了感激之情。妻子陪伴他走过了半个多世纪，替他照顾和料理好家中一切，免除他许多后顾之忧，使他能够全心扑在工作和学术研究上。在他历经波折坎坷时，始终在身后默默支持和安慰他。郁铭芳感到自己能够取得成功，与妻子对他艰辛的付出和深厚的爱是分不开的。郁铭芳对自己子女的培养教育也非常民主，尊重他们的选择，支持他们自由发展，家庭气氛其乐融融。民主、自由、和谐的家庭氛围是郁铭芳取得成功的重要因素之一。

总的说来，郁铭芳在学术生涯上取得的成功，主要归因其坚定的品质和积极的人格特质等内因，同时又是家庭、学校、社会、团队等外部环境影响的结果。郁铭芳以前的同学、同事、上级领导谈起他都不吝赞美之词，“严谨、朴实、谦虚、淡泊名利”等，都是人们对他一致和最多的评价，也是他可贵品质的真实写照。他的一位老下属在谈到对他的敬仰之情时情不自禁地落泪。这样的老科学家值得所有的人敬仰、爱戴和学习，尤其是对年轻一代更是很好的榜样。他的学术成长经历可以激励一代代人奋发有为、勇攀高峰！

附录一
郁铭芳年表

1927年

10月3日，出生于上海市，祖籍浙江鄞县。父亲郁鸿甫，母亲钱佩玉。兄妹五人，排行依次为：郁铭芳、郁铭娟(女)、郁珊娟(女)、郁漱芳(男)、郁孟娟(女)。

郁鸿甫(1905—1994)，浙江鄞县人，毕业于华童公学(今上海晋元高级中学)。曾先后供职于工部局电力公司、泰兴洋行、纶丰洋行、纶昌纱厂、老凤祥银楼、中国人民银行华东区行、国营上海金银饰品厂、上海金属工艺一厂。

钱佩玉(1907—1991)，江苏苏州人。

1928年

8月13日，祖父郁瀛初去世。

1929年

3月30日，祖母张氏去世。

1932年

入读美国传教士安迪生夫妇1931年开办的慕尔堂幼稚园，经常与小朋友们在院子里荡秋千，听英文歌曲。

3 月，随家人参加上海煤业同业公会为五叔郁鸿章举行的出殡游行，受到很大触动。

1933 年

9 月，入读湖州旅沪同乡会创办的上海湖州旅沪中小学。小学期间好学上进，数学成绩名列前茅。

1937 年

抗战爆发，日军侵占上海，随学校迁至公共租界湖社内读书。

1938 年

9 月，因染伤寒症未能参加小学五年级期终考试和补考，又不愿按照学校要求重读五年级，经三叔郁鸿生推荐，直接入读避难于上海办学的东吴大学附属中学。

1941 年

9 月，进入东吴大学附属中学（太平洋战争爆发后重组为正养中学）读高中。因在一次化学实验课中，老师将不同液体混合而产生颜色变化激发了学习化学的兴趣。

1944 年

9 月，以正养中学总分第三名成绩直接入读私立华东大学化工系，并因入学成绩优异获减免学费。

1945 年

9 月，抗战结束后私立华东大学停办，东吴大学复校，入读东吴大学理学院化工系。大学期间先后辗转借用慕尔堂、育英中学、东吴大学法学院和圣约翰大学四处校舍学习。

1946 年

4 月,参加学校基督教青年组织“原子团契”。团契成员以化工系学生为主,偏重文娱活动,政治上保持中立,经常组织旅游。其间,养成摄影爱好。

6 月,学业成绩甲等,获理学院荣誉生称号。

1947 年

2 月,随四叔郁鸿君、六叔郁鸿全、姑父费昌年及叔叔之友共 6 人去台湾基隆、台北等地游玩。

夏,经于文潮父亲引荐,与大学同学于文潮、黄尚德、郎庆海在南京龙潭中国水泥厂暑期实习两个月。

1948 年

6 月 30 日,由私立东吴大学理学院化工学系毕业,获理学学士学位。毕业论文是关于印染用蓝色染料的研究,指导教师为顾翼东教授。

10 月 8 日,通过中国纺织建设公司招考,录用为公司染化研究试验室练习助理技术员,从事纺织原料等测试分析工作。

1949 年

1 月,调至中国纺织建设公司下属的上海第十七纺织厂化验室任助理技术员,负责浆料分析工作。

参加以纺织技职人员为主的中共地下组织“中国纺织事业协进会”(简称“小纺协”),为工厂工人业余夜校义务讲授化学、数学,协助地下党员、大学学姐王丽云编印《职工通讯》。

4 月下旬,参加中共地下组织领导的“反破坏、反屠杀、反迁移”的护厂斗争,以应对解放前夕国民党败逃台湾前对上海的破坏。在国民党军队进驻工厂后,与包括王丽云在内的 20 多名进步青年连续一个多月昼夜守在车间,直至上海解放前一天的 5 月 26 日。

11 月,加入中华全国总工会国营上海第十七棉纺织厂工会。

1950 年

在国营上海第十七棉纺厂“工人业余学校”主讲初中化学、数学。

1951 年

4 月，当选国营上海第十七棉纺厂工会小组长。

1952 年

1 月 5 日，加入新民主主义青年团。

1953 年

获国营上海第十七棉纺织厂第四季度标兵奖、增产节约生产奖。

担任国营上海第十七棉纺织厂工会第一科室车间委员会主席。

12 月 25 日，任国营上海第十七棉纺织厂试验科副科长。

1954 年

2 月，任国营上海第十七棉纺织厂生产技术科副科长。

6 月 15 日，经水桂棠、金棣介绍加入中国共产党，被批准为中共候补党员。学习阅读过《自然辩证法》、《联共(布)简明教程》、《毛泽东选集》、《论共产党员的修养》、《钢铁是怎样炼成的》等书籍。

1955 年

1 月 1 日，与姜淑文结婚。育有三子：郁雷(1956—　)、郁田(1960—　)、郁勤(1962—　)。

姜淑文(1932. 3—2009. 6)，江苏沭阳人。先后在国营上海第十七棉纺织厂、上海纺织工业局、上海市无线电三十二厂工作。父亲姜汉卿，母亲胡尉萱。

1956 年

2 月，提出“技术归队”要求，希望从事化学纤维研究工作。

4 月 18 日，受华东纺织管理局调派至国营上海第二印染厂，任工程师、生产技术科副科长。

10 月，脱产调至国营上海第二印染厂保卫科“肃反运动”小组，先后担任核心组组员、甄别定案小组组员，从事了一年的“肃反”工作。

1957 年

11 月，与包括陈善芝、汤蕴瑜、何德琨、王良堃、俞大卫、戴行洲、包启明、叶润秋、陆本勉等在内的 11 位技术人员被调至纺织工业部纺织科学研究院上海分院，参与化学纤维研究工作。主要工作为查阅国外期刊、资料和专利等，了解国际化纤发展情况及合成纤维的简要生产工艺。

1958 年

1 月，赴中国科学院长春应用化学研究所参加苏联专家关于纤维素纤维的报告会。途中结识华东纺织工学院副院长钱宝钧教授。

2 月 6 日，到卡普隆纤维厂筹建处工作。

2 月 18 日，与陈善芝、王良堃等党员工程师一起，赴上海市纺织工业局局长张承宗家，讨论如何发展化纤工业。郁铭芳等工程师提出从国外购买两套小型纺丝试验设备设想，获张承宗赞同。

3 月，在天山路 350 号建立上海合成纤维实验工厂，下设卡普隆小组、尼龙 66 小组、腈纶小组、涤纶小组、醋酯纤维小组。卡普隆小组成员包括陈善芝、郁铭芳、汤蕴瑜、何德琨等。

3 月，赴辽宁锦西化工厂采办生产锦纶所需聚合体原料已内酰胺。

3 月，经上海市纺织工业局批准，担任上海合成纤维实验工厂工程师。

4 月，带队到北京合成纤维厂参加筹建工作。

4 月，卡普隆小组在既无工艺又无设备的困境下，自行设计制造土设备，参照化工设备仿制高压釜，自制炉栅纺丝机，在试验室样机上成功纺出中国第一根合成纤维——锦纶 6 丝。

10 月，任上海合成纤维实验工厂中心试验室主任。

1959 年

10 月，参与研制的锦纶渔网参展中华人民共和国国庆十周年成就展。

11 月，经上海市纺织工业局批准，担任上海合成纤维实验工厂生产技术科副科长。

1960 年

1 月 19 日，朱德委员长视察上海合成纤维实验工厂，并与其亲切握手。

2 月，根据纺织工业部要求，上海合成纤维实验工厂成立包括郁铭芳在内的军用降落伞用锦纶研制小组，为一机部四局所属南京 513 厂研制降落伞用绸和绳、带、线配套急需卡普隆长丝。

5 月，经上海市纺织工业局批准，担任上海合成纤维实验工厂生产技术科科长。

11 月，郁铭芳所在的军用降落伞用锦纶研制小组试制成功 34 支卡普隆特品丝，成为中国第一根军用降落伞用锦纶长丝。

1961 年

6 月，作为工艺设计和技术负责人之一，参与领导筹建我国第一家用国产设备生产锦纶纤维的车间。

9 月 11 日，参加由国家计委与华东局计委联合在上海召开的合成纤维座谈会。

10 月 24 日，经上海市纺织工业局任命，担任上海合成纤维实验工厂副总工程师。

1962 年

郁铭芳所在的军用降落伞用锦纶研制小组成功提供为歼击机配套的 200 支锦纶 6 特品丝，各项技术指标、外观质量全部达到苏联标准。

1963 年

1 月 29 日，参加上海市科学技术工作会议，聆听出席此次会议的周恩来总理所作《建设社会主义强国,关键在于实现科学技术现代化》报告,内心倍受鼓舞。

1964年

1月,组织领导芳香族聚酰胺(芳纶1313)纤维的研究,标志着正式进入高性能纤维研究领域。该项目1984年获上海市科技成果二等奖。

4月,郁铭芳所在的军用降落伞用锦纶研制小组纺制300支锦纶66,由该产品制成的降落伞重量由17千克减至11千克,并经伞勤人员在飞机上试跳1 444具次,证明能满足作战、训练要求,质量相当于美国同类伞水平,更新了空降兵用伞的装备。

4月,国家副主席董必武视察上海合成实验工厂,题词:“为制造合成纤维摸索到门路,可喜可贺!扩充战果,继续跟进,总结经验,力争上游。这是我国建设社会主义自力更生的一个好榜样。”

5月,组织领导国家科委下达的“年产300吨涤纶短纤维中间试验项目”,决定从西德引进国内第一台螺杆挤压纺丝机及后处理设备,替代国内化纤厂普遍采用的炉栅纺丝技术。

10月1日,经国家科委主任聂荣臻提议,中共上海市委批准,上海合成纤维实验工厂改建为上海市合成纤维研究所。

11月,参加全国合成纤维第一次工作会议。

1965年

年初,引进的国内首台螺杆挤压纺丝机及后处理设备到所,随后组织安装调试,发现多个问题,大胆决定“在洋设备上开刀”,进行设备改装,并改进工艺路线。

7月30日,经上海市纺织工业局任命,担任上海市合成纤维研究所副所长兼副总工程师。

1966年

6月,为配合“65-1”及“〇九”工程,组织领导聚酰亚胺纤维研制工作。

该项目于1978年获全国科学大会奖。

组织领导的“年产300吨涤纶短纤维中试项目”通过鉴定。该成果为筹建国内自行设计制造安装的第一家涤纶短纤维厂——上海第二合成纤维厂（1968年建成投产，后为上海第十化纤厂）提供设计参考。螺杆挤压熔融纺丝技术由此被广泛采用，成为我国合成纤维工业熔纺的主流技术。

12月，受到“文化大革命”冲击，“靠边站”接受监督劳动，直至1969年12月。

1967年

1月，被打成“资产阶级反动学术权威”，曾成功引进国外技术和成套设备被说成“崇洋媚外”，遭到批斗，被关“牛棚”，接受劳动改造。

1969年

6月，上海合成纤维研究所革委会作出《郁铭芳情况综合报告》，多有污蔑不实之词。

10月，基于国防建设需要，国家科委、国防科委等给上海合成纤维研究所下达碳纤维研究任务，郁铭芳得以恢复工作，并担任上海合成纤维研究所生产组副组长，参与碳纤维研究领导工作。

1971年

10月，上海合成纤维研究所在郁铭芳直接领导下，成立了“碳素纤维专题小组”，研究聚丙烯腈及中强碳纤维原丝。该项目于1979年12月通过纺织工业部组织的专家验收。其中“中强型碳纤维的研制”项目1980年获纺织部科技进步二等奖。

1972年

2月，创办内部刊物《合成纤维》、《化纤文摘》，并担任期刊总编审。1977年经国家科委批准由中国纺织信息中心和上海市合成纤维研究所出版发行。

1973 年

1 月，组织领导“芳纶 1414 纤维”研究。该项目分别于 1981 年、1982 年、1987 年获纺织工业部科技进步二等奖、上海市科技进步一等奖、国务院国防工业委员会颁发的国防工业重大科学技术研究成果二等奖。

4 月 12 日，组织上海合成纤维研究所研究聚丙烯腈基碳纤维原丝，并供给上海碳素厂作为碳纤维复合材料研制的原料。

5 月 31 日，经中共上海纺织工业局委员会批准，任上海合成纤维研究所党委委员、革委会副主任。

1974 年

1 月，“批林批孔”运动开始，再次被打成“资产阶级反动学术权威”，遭到批斗。

1975 年

8 月 4 日，经上海纺织工业局革委会批准，任金山石油化工总厂腈纶厂核心成员，主抓生产。因造反派留其继续批斗，未能成行。

1976 年

7 月，担任年产 20 吨原丝、2 吨碳纤维中试车间项目总负责。

1978 年

3 月 25 日，中共上海纺织工业局委员会落实政策，为受打击迫害的科技人员平反。被任命为上海合成纤维研究所副所长。

6 月 2 日，经中共上海化纤工业公司委员会批准，任上海合成纤维研究所副总工程师。

3 月 18 日，作为上海市代表团成员之一出席全国科学大会。上海合成纤维研究所“碳纤维腈纶原丝和聚酰亚胺纤维”项目获全国科学大会奖。

9 月 2 至 9 日，参加在江苏无锡召开的国家科委纺织专业组、化纤专业组会议及中国纺织工程学会第三届理事会筹备会。

10 月，组织领导纺织工业部重点科研项目“涤纶长丝高速纺丝工艺与设备”研究。该项目 1981 年 3 月通过纺织工业部小试鉴定，1984 年 12 月通过纺织工业部中试鉴定，为国内独立自主发展长丝高速纺丝奠定基础。

1979 年

7 月 25 日，中共上海化学纤维工业公司委员会作出《关于郁铭芳同志的复查意见》，撤销 1969 年 6 月上海合成纤维研究所革委会作出的《郁铭芳情况综合报告》。

1980 年

11 月 11 日至 12 月 11 日，参加联合国工业发展组织安排的纺织工业部涤纶长丝纺丝和变形技术考察小组，赴美国参观杜邦公司、孟山都公司、塞拉尼斯公司、纽约理工学院、麻省理工学院和费城纺织学院。考察组认为高速纺丝技术已成为涤纶长丝主要生产工艺路线。

12 月 11 日，经上海纺织工业局批准，任上海合成纤维研究所所长兼总工程师。

1981 年

3 月，组织领导的“高强Ⅰ型聚丙烯腈原丝和碳纤维小试”项目在国内率先通过鉴定。“高强Ⅰ型碳纤维及原丝中试”项目于 1986 年获纺织工业部科技进步二等奖。

3 至 6 月，参加中共上海市工交党校第五期企业管理轮训班学习。

1982 年

2 月，在国内率先提出“喷丝直接成布”科技攻关建议。该项目后被列为“六五”计划国家科技攻关项目、上海更新改造第四批项目计划。1989 年正式投产，成功建成年产1 000吨丙纶纺粘法生产线，产值连年倍增，1993 年还清项目贷款 240 万美元，受到上海市重大项目办公室通报表扬。项目研究开发新的工艺技术，为发展我国非织造布技术发挥了先导作用。该项目在

1992 年获上海市科技进步二等奖。

7 月 2 日，参加上海市纺织工程学会第四届理事会会议。

7 月，组织领导的“涤纶高速纺丝及情报资料研究”获上海市人民政府颁发的上海市重大科技成果奖二等奖。上海合成纤维研究所为第一单位。

10 月 13 日，受聘为高级工程师。

11 月 18 日，作为全国合纤情报站单位负责人，参加在云南昆明召开的第二次全国合成纤维科技情报会议。

1983 年

2 月，作为科研组成员参加纺织工业部组织召开的全国纺织厅局长会议。

4 月 23 日至 5 月 12 日，担任上海化纤公司变形丝考察代表团团长，赴西德、瑞士考察国外变形丝和高速纺丝的设备及工艺等，共考察机械制造厂、化纤和纺织厂、仪器厂、工程公司、研究所等 18 家单位，提出变形丝发展方向、引进高速纺丝设备等建议。

4 月，组织领导由国家经委、计委、科委、财政部和纺织部下达的“六五”计划国家重点科技攻关项目“涤纶长丝高速纺丝机及其纺丝工艺的研究”。项目于 1985 年 12 月通过纺织工业部主持的鉴定，1987 年 3 月获 1986 年度上海市科技进步一等奖，1987 年 7 月获国家科技进步二等奖。项目的研制成功，标志着我国自力更生掌握了长丝高速纺丝的整套技术，打破了国外技术垄断。

9 月 29 日至 10 月 24 日，与上海化纤公司经理薛纪发、上海市纺织局科研处长黄翼青、上海合成纤维研究所工程师程厚一起赴意大利考察非织造布的工艺水平、应用市场和开发前景。经过考察比较，决定从意大利进口设备。

1984 年

6 月，参与编撰的《中国大百科全书 · 纺织卷》由中国大百科全书出版社出版。

9 月 17 日至 10 月 16 日，作为国家科委组织的碳纤维技术和设备引进考察团成员之一，赴美旧金山、波士顿、洛杉矶、纽约等城市考察碳纤维生产、应用及设备制造技术，对碳纤维技术和设备有了进一步具体了解。

1985 年

1 月，贯彻落实国务院《关于开发研究单位由事业费开支改为有偿合同制的改革试点意见》，在上海合成纤维研究所组织开展改革试点工作，建立了一系列内部考核、奖惩办法。

6 月，被评为上海化纤公司先进党员。

6 月 26 日，依据上海市人事局下发的《关于事业单位年百分之三工作人员越级晋升工资档次的通知》，因工作表现突出，晋升一级工资 18 元。

10 月，获纺织工业部“先进工作者”荣誉称号。

11 月 18 至 22 日，参加由中国纺织工业部与联合国工业发展组织在北京联合召开、主题为“中国化纤工业发展与改革开放政策”的第一届北京国际化纤会议。

1986 年

4 月，在《石油化工技术经济》刊物发表文章“对‘七五’期间我国发展涤纶的几点看法”。

6 月，参加在江苏镇江召开的全国化纤产品调研中心工作会议。

10 月 13 至 29 日，参加纺织工业部组织的喷粘无纺布技术考察团，赴意大利考察无纺织物工程公司的喷丝成布技术。其间，详细了解了喷丝直接成布设备和工艺情况，对设备制造和产品应用提出建议，同时就设备购买进行商业洽谈。

1987 年

6 月 22 至 26 日，参加由上海纺织科学研究院、上海国际科技公司和全国非织造布技术信息交流网组织召开的“第二届上海国际非织造布技术研讨会与展览会”。

11 月 26 至 29 日，参加由中国纺织工业部主办、主题为“涤纶与腈纶行业发展策略”的第二届北京国际化纤会议。

1988 年

3 月 22 至 31 日，赴意大利参加喷丝成布技术研讨会，考察纺粘法非织造布设备。经过洽谈，决定斥资1 088万元人民币从意大利引进 3. 2 米喷丝直接成布设备一套。

9 月 22 至 23 日，参加由中国非织造布技术协会(筹)和上海纺织科学研究院等单位联合召开的“第三届上海国际非织造布会议”。

10 月，获国防科工委“献身国防科技事业”荣誉证章。

1989 年

2 月，当选第四届《纺织学报》编委。该刊由中国科学技术协会主管、中国纺织工程学会主办。

5 月，被聘为上海市纺织工程学会非织造布学术委员会副主任。

7 月，被评为上海纺织工业局优秀党员。

7 月 11 日，鉴于承担的“六五”计划国家科技攻关项目“喷丝直接成布”研究尚未结题，上海合成纤维研究所根据国务院关于延长高级专家离休退休若干问题暂行规定，决定延聘其至 1990 年 12 月退休。

12 月，被上海合成纤维研究所评为社会主义建设先进生产者。

1990 年

3 月，借调到上海纺织涤纶总厂参与年产 7 万吨聚酯项目筹建工作。

7 月，晋升教授级高级工程师。

10 月，参加由中国纺织工程学会非织造布专业委员会、全国非织造布技术协会与上海纺科院、上海纺织品公司、上海国际科技公司共同主办的“第四届上海国际非织造布讨论会”。

11 月 16 日至 12 月 7 日，参加上海纺织工业局引进 7 万吨聚酯设备考察组，赴美国对杜邦公司进行引进设备考察，对设备制造和产品引进等技术问题提出许多建设性意见。

1991 年

1 月 8 日,被化学工业出版社聘请为《化工百科全书》条目撰稿人。

2 月 20 日,延聘担任上海化纤公司年产 7 万吨聚酯切片项目总工程师。

6 月 14 日,组织领导的“纺丝直接成布技术产品”获纺织部“七五”计划期间优秀新产品奖。

9 月 4 日,以第一作者身份撰写的“聚丙烯纺粘法非织造布生产工艺的研究”论文,获中国纺织工程学会组织评选的第二届陈维稷优秀论文二等奖。

1992 年

1 月 3 日,参加上海纺织涤纶总厂年产 7 万吨聚酯工程奠基仪式。

5 月 8 日,经上海化纤公司批准,担任上海纺织涤纶公司总工程师。

9 月 21 日至 10 月 6 日,参加上海化纤公司组织的涤纶 7 万吨聚酯切片项目考察组,赴德国、西班牙、奥地利参观考察德国吉玛公司、纽马克公司等 8 家单位,验收引进设备情况。

10 月,享受国务院政府特殊津贴。

11 月 5 日,被聘为《石油化工技术经济》编辑部第四届编委。

1993 年

10 月 5 日,被上海合成纤维研究所评为“为上海合成纤维研究所 35 年来辛勤工作的科技人员、工人、管理干部”。

9 月 26 日至 10 月 12 日,参加上海化纤公司组织的赴泰国、印度尼西亚技术设备考察组,对泰国 Thai Melon 聚酯工厂和 Siam 聚酯工厂以及印尼 Yasinta 聚酯工厂、Yadistiro 聚酯工厂等有关单位进行考察访问,进一步了解德国吉玛公司和纽马克公司涤纶短纤维技术。

1994 年

6 月 15 日,“年产 7 万吨聚酯项目”一次投产成功,达到日产 240 吨聚酯切片的生产能力，实现当年投产、当年还贷、当年出口、当年盈利。

6 月，担任上海化纤公司、德国吉玛公司合资创办的上海联吉合纤有限公司技术顾问。

1995 年

5 月 23 日，当选中国工程院环境与轻纺工程学部院士。该次增选是中国工程院成立后的首次增选，共有 216 名为我国工程技术作出重要贡献的专家当选。

1998 年

9 月 29 日，在《纺织导报》上发表“高性能纤维的发展现状和趋势”的文章。

9 月 16 日，经上海纺织控股（集团）公司党委会、董事会决定，任上海化学纤维（集团）有限公司第二届董事会成员，任期三年。

12 月 15 日，在《针织工业》上发表“21 世纪的化纤和化纤工业”的文章，指出 21 世纪的化纤和化纤工业将会取得更加辉煌的发展。

1999 年

7 月，赴辽宁省营口化纤厂，参加中国工程院组织的“企业技术创新院士行”活动，做题为“世界化纤工业发展趋势以及聚酰亚胺与工程塑料的生产和应用”的报告。

9 月 14 日，参加由中国科学院路甬祥院长领衔的“甬籍院士故乡行”活动。其间，与另外 31 位院士一起在新辟的月湖畔甬籍院士“院士林”栽下银杏树。

2000 年

1 月，在《合成纤维》发表“化学纤维的发展前景”的文章。

9 月 19 至 21 日，参加由国家经贸委和中国工程院联合组织的“上海石化股份有限公司技术创新院士行”活动，应邀做题为“碳纤维原丝聚丙烯腈长丝研究”专题报告。

2001 年

5 月 21 日，与包括季国标在内的 5 位中国工程院院士和东华大学研究生座谈，就人生理想与纺织业发展进行交流。

5 月，受聘担任西安工程科技学院名誉教授。

6 月 13 日，当选为中国纺织工程学会常务理事。

10 月，受聘担任中国纺织建设规划院专家委员会委员。

12 月，调入东华大学，受聘担任教授、博士生导师，校学术委员会委员、学位评定委员会委员。

2002 年

3 月，受聘担任中国纺织工程学会第五届化纤专业委员会委员。

6 月 1 日，参加在北京人民大会堂举行的第四届中国光华工程科技奖颁奖大会，获中国工程院光华工程科技奖。

7 月 20 至 28 日，与包括中国工程院副院长沈国舫在内的中国工程院农业轻纺与环境工程学部 25 名院士一起赴内蒙古考察，就西部大开发中区域经济的可持续发展、产业结构调整、环境与生态问题建言献策。在鄂尔多斯市委市政府组织的“关于羊绒纺织发展问题的探讨”会议上建言鄂尔多斯集团，增加科技投入，开发低比例羊绒系列产品。

9 月 1 日，与孙晋良、邢声远、季国标共同编著的《纺织新境界：纺织新原料与纺织品应用领域新发展》，由清华大学出版社、暨南大学出版社出版。

12 月 5 至 6 日，担任由上海市人民政府、中国科学院、中国工程院联合主办的第 25 期“东方科技论坛”执行主席并主持相关会议。

2003 年

3 月，受聘担任中国纺织出版社编审委员会委员。

5 月，被评为上海市教育系统优秀共产党员。

8 月，受聘担任中国技术市场协会理事会顾问。

9 月 18 日，在《中国纺织报》上发表“现代纺织在国民经济建设中的重要地位”的文章。

10 月，在东华大学第十九届学术科技文化节上为本科生做题为“21 世纪的化学纤维”讲座。

2004 年

3 月 1 日，参加在上海召开的“中国制造与自主品牌”研讨会。与包括翁史烈、孙晋良在内的 5 名院士指出，要实现中国经济腾飞，必须加大创新力度，推动我国从“中国制造”到“中国创造”转变。

7 月 31 日，赴宁波参加“邓小平同志诞辰 100 周年暨邓小平同志关于‘宁波帮’指示发表 20 周年”大型纪念活动。

9 月，受聘担任中国纺织工业协会科学技术顾问。

2005 年

8 月 26 日，受聘担任上海纺织控股(集团)公司科技顾问。

10 月 17 日，当选为中国工程学会高级顾问。

12 月，担任验收组专家参加由上海市合成纤维研究所承担、东华大学参与的上海市重点科技攻关项目“千吨级芳砜纶产业化关键技术研究”验收会。

2006 年

2 月 23 日，主持的“高性能碳泡沫的成型技术及结构和性能研究”项目，通过上海市科委组织的验收。

4 月 14 日，出席由中国纺织工业协会科技发展部、中国产业用纺织品行业协会组织召开的“国产纺粘熔喷复合非织造布(SMS)生产设备研制及产品开发项目”鉴定会，并担任鉴定组专家。

7 月 10 至 18 日，赴英国谢菲尔德大学、伦敦大学进行学术访问，参加“聚合物纤维 2006”国际学术会议。

10 月 29 日，参加由著名实业家、爱国纺织企业家查济民先生创立的、在天津工业大学举行的香港桑麻基金会第13次颁奖典礼。

11月4日，参加由国务院学位委员会办公室和教育部学位管理与研究生教育司主办、东华大学承办的“2006纺织科学与工程博士生国际学术论坛”。

2007年

3月28日，与季国标一起担任技术顾问的“100吨/年对位芳纶聚合体制备中试研究”项目鉴定会在江苏省常熟市举行。中国纺织工业协会组织了中国工程院院士孙晋良、姚穆等专家对项目进行评审。专家认为该研究具有独创性、先进性，攻克了发达国家在航天及国防领域“王牌材料”的技术难关，达到国际先进水平。

7月，参加北京“高性能纤维的现状和发展”学术交流会。

9月21至23日，参加“院士专家宁波行”系列活动，深入雅戈尔日中纺织印染有限公司，为公司发展建言献策。

12月26日，在当年两院院士增补名单公布后，接受《解放日报》专访，表示“院士”称号是一种鞭策，而非获取某些利益的“资本”，希望新科院士们珍惜荣誉、戒骄戒躁，力求德才兼备。

2008年

5月22日，积极响应党和政府号召，伸出援助之手，捐资人民币20 000元，以帮助5月12日四川汶川发生里氏8.0级强烈地震后的赈灾工作。

2009年

10月22至24日，参加由东华大学纤维材料改性国家重点实验室、美国纽约州立大学石溪分校化学系和阿克隆大学高分子科学与工程学院主办的“2009先进纤维与聚合物材料”国际学术会议。

2010年

4月15日，出席广东新会美达锦纶股份有限公司与东华大学材料科学与工程学院联合培养工程硕士及项目研究合作签约仪式。

6月16至18日，出席由上海市人民政府、中国科学院、中国工程院联合主办，东华大学纤维材料改性国家重点实验室承办，主题为“生物质纤维及生化原料研讨”的东方科技论坛第150次学术研讨会。与中国工程院季国标院士、孙晋良院士、蒋士成院士和美国加州大学戴维斯分校孙刚教授共同担任执行主席。

8月23日，参加由中国工程院主办、中国工程院环境与轻纺工程学部和上海市中国工程院院士咨询与学术活动中心共同承办的“第103次工程科技论坛——纺织产业领域新材料开发和生态制造关键科学与技术战略研究”。

10月15日，出席由中国工程院主办、长春经济技术开发区承办的“生物质纤维及生化原料产业化、工程化战略研讨会”。

2011年

3月27日，带领包括国家杰出青年科学基金获得者朱美芳在内的17人创新团队，与江苏太仓市荣文合成纤维有限公司进行产学研合作，在太仓璜泾镇成立“荣文合纤企业院士工作站”。

10月21至22日，参加由中国纺织工程学会主办、在上海召开的“2011中国纺织学术年会”。

11月11日，出席在江苏丹阳举行的“中国碳纤维及复合材料产业发展战略研讨暨江苏恒神发展成果发布会”。会上，恒神公司正式宣布全国首条千吨级碳纤维及复合材料生产线成功投产的喜讯。两院院士、我国材料科学泰斗、国家最高科技奖获得者师昌绪发来贺信。

11月15至16日，在江苏苏州召开的中国第18届(2011年)纺粘和熔喷法非织造布行业年会上，与华用士等4人获中国产业用纺织品行业协会纺粘法非织造布“终身成就奖”荣誉。

2012年

10月23至24日，参加由中国纺织工程学会主办、主题为“学术引领，协同创新”的2012中国纺织学术年会。

2013 年

1 月 25 日，参加由浙江省宁波市科协在上海举行的“2013 上海甬籍和在甬建站院士座谈会”。

2 月 26 日，参加在北京举行的中国工程院重点咨询项目“我国纺织产业科技创新发展战略研究(2016—2030)”启动会议。

附录二
郁铭芳主要论著与专利目录

一、论文

[1] 郁铭芳,王心明.对七五期间我国发展涤纶的几点看法[J].石油化工技术经济,1986(2):2-9.

[2] 郁铭芳,程厚.对我国非织造布用化纤原料发展的几点看法[C].中国纺织工程学会1989全国学术年会论文第37号.

[3] 郁铭芳,程厚.纺粘法非织造布工艺技术的探讨.未发表,1989.

[4] 郁铭芳,程厚.我国非织造布用化纤原料发展前景[C].第四届上海国际非织造布讨论会论文集,1990:21.

[5] 郁铭芳,程厚.聚丙烯纺粘法非织造布生产工艺的研究[C].陈维稷优秀论文奖论文汇编,1992:14-19.

[6] 郁铭芳,程厚.低压气流拉伸热轧粘合法聚丙烯纺粘非织造布的生产工艺研究[M].中国科学技术学术文库·院士卷 农业.轻纺与环境工程:916(原载《第二届陈维稷优秀论文奖论文汇编,纺织工业出版社,1992).

[7] 郁铭芳.化学纤维工业的现状和今后发展趋势.未发表,1996.5.

[8] 郁铭芳.细旦新化纤与轻薄型纺织新产品[C].上海市纺织工程学会96科技论坛,1996.10.

[9] 郁铭芳.中国化纤工业的发展和非织造布工业的关系[J].产业用纺织品,1998(1):4-5.

[10] 郁铭芳.细旦纤维的发展趋势及前景[J].纺织导报,1998(1):8-10.

[11] 郁铭芳.高性能纤维的发展现状和趋势[J].纺织导报,1998(5):2-4.

[12] 郁铭芳.21世纪的化纤和化纤工业[J].针织工业,1998(6):38-42.

[13] 郁铭芳. Close ties lead to growth in China's manmade fiber and Nonwoven industry [J]. Internatiaonal Fiber Journal, 1998, (6): 4-8.

[14] 郁铭芳. China's manmade fiber industry struggles with Asian flu, but recovery's in sight [J]. Internatiaonal Fiber Journal, 1999, (2): 8,95.

[15] 郁铭芳.化学纤维的发展前景[J].合成纤维,2000(1):3-5.

[16] 郁铭芳.聚丙烯腈基碳纤维原丝的工艺研究[J].金山油化纤,2001(4):1-4.

[17] 郁铭芳.化纤新材料在中国医疗卫生方面的应用现状和发展[J].合成纤维,2003(1):5-7.

[18] 郁铭芳.中国化纤工业的新发展和非织造工业的前景[J].产业用纺织品,2003(1):1-2.

[19] 郁铭芳.现代纺织在国民经济建设中的重要地位[N].中国纺织报,2003-9-18(2).

二、著作

[1] 郁铭芳,孙晋良,邢声远,季国标.纺织新境界:纺织新原料与纺织品应用领域新发展[M].北京:清华大学出版社,2002.

三、专利

[1] 郁铭芳,王依民,王燕萍,王新营,张长星,倪建华.一种沥青碳泡沫材料的制备方法[Z]. CN200410066289.3,2004.

[2] 王依民,王燕萍,郁铭芳,邹黎明,倪建华,潘湘庆.一种沥青碳泡沫材料的制备方法[Z]. CN200510023994.X,2005.

[3] 郁铭芳,王依民,王燕萍,王新营,锺继鸣.一种沥青碳泡沫材料的制备

方法[Z]. CN200510027824. 9,2005.

[4] 郁铭芳,王依民,倪建华,潘湘庆,王燕萍. 一种环形碳泡沫结构材料的散热器[Z]. CN200520047533. 1,2005.

[5] 郁铭芳,王依民,倪建华,潘湘庆,王燕萍. 一种锯齿帽形碳泡沫结构材料的散热器[Z]. CN200520047535. 0,2005.

[6] 郁铭芳,王依民,倪建华,潘湘庆,王燕萍. 一种锯齿形碳泡沫结构材料的散热器[Z]. CN200520047534. 6,2005.

[7] 郁铭芳,王依民,王燕萍,倪建华,徐爱华. 一种新型的碳泡沫材料的制备方法[Z]. CN200510111532. 3,2005.

[8] 王华平,刘崴崴,李达,屠晓萍,赵天瑜,杨斌,张玉梅,郁铭芳. 一种离子液体为溶剂的纤维素纤维制备中溶剂的回收方法[Z]. CN200510111966. 3,2005.

[9] 王华平,刘崴崴,赵天瑜,屠晓萍,李达,张玉梅,郁铭芳. 纤维素纤维纺丝原液的制备方法[Z]. CN200610023543. 0,2006.

[10] 王依民,郁铭芳,王燕萍,朱江疆,徐燕华. 一种中间相沥青碳泡沫材料的改性方法[Z]. CN200610026909. X,2006.

[11] 杨玲玲,张玉梅,王华平,郁铭芳,邓晶,张青. 高分子量丙烯腈聚合物在离子液体水溶液中的制备方法[Z]. CN200810202510. 1,2008.

参考文献

[1] 东华大学人事档案室所藏郁铭芳人事档案.

[2] 上海合成纤维研究所档案室所藏档案.

[3] 上海市档案馆所藏档案.

[4] 苏州大学档案馆所藏档案.

[5] 上海市闸北区档案馆所藏档案.

[6] 上海联吉合纤有限公司所藏档案.

[7] 钟公庙街道志编撰委员会. 钟公庙街道志[M]. 宁波:宁波出版社,2011.

[8] 上海市地方志办公室. 上海名建筑志[M]. 上海:上海社会科学院出版社,2005.

[9] 上海闸北区志编纂委员会:上海闸北区志[M]. 上海:上海社会科学院出版社,1998.

[10] 闸北二中校庆办公室. 闸北二中百年校庆纪念画册[M]. 内部资料,2006.

[11] 陶水木. 湖社浅探[J]. 湖州师专学报(哲学社会科学版),1998 年第 3 期.

[12] 王国平. 东吴大学简史[M]. 苏州:苏州大学出版社,2009.

[13] 上海通志编纂委员会. 上海通志[M]. 上海:上海社会科学院出版社,2005.

[14] 东吴大学上海校友会,苏州大学上海校友会.《东吴春秋:东吴大学建校百十周年纪念》。苏州:苏州大学出版社,2010 年.

[15] 王国平,张菊兰,钱万里,张燕等. 东吴大学史料选辑(历程)[M]. 苏州:苏州大学出版社,2010.

[16] 徐燕,周以恒. 在稀土化学等领域取得丰硕成果的著名化学家顾翼东[EB/OL]. http://www.gmw.cn/content/2005-12/07/content_338536.htm,2005-12-07.

[17] 郁铭芳. 为人师表养正气,诲人不倦法完人——深切怀念恩师顾翼东院士. 东吴上海会讯,2011 年 12 月.
[18] 杨恒源. 抗日战争时期的东吴大学[J]. 苏州大学学报(哲学社会科学版),1988 年第 4 期.
[19] 郁铭芳. 参加中国工程院第二次院士大会感. 东吴上海会讯,1995 年 8 月.
[20] 上海金融志编纂委员会. 上海金融志[M]. 上海:上海社会科学院出版社,2005.
[21] 中国近代纺织史编辑委员会. 中国纺织事业协进会地下斗争史料[M]. 内部资料,1990.
[22] 中国民主建国会上海市委员会、政协上海市委员会文史资料委员会. 上海文史资料选辑上海民建专辑[M]. 上海市政协文史资料编辑部,2006.
[23] 上海人民政府志编纂委员会. 上海人民政府志[M]. 上海:上海社会科学院出版社,2005.
[24] 沈新元. 化学纤维手册[M]. 北京:中国纺织出版社,2008.
[25] 吴鹤松等. 钱之光传[M]. 北京:中共党史出版社,2011.
[26] 纺织工业部研究室. 新中国纺织工业三十年(上、下册)[M]. 北京:纺织工业出版社,1980.
[27] 锦西化工总厂志编撰委员会. 锦化志第一卷(1940—1985)[M]. 内部刊物,1987.
[28] 上海长宁区志编纂委员会. 长宁区志[M]. 上海:上海社会科学院出版社,1999.
[29] 李瑞. 中国化纤工业技术发展历程——赤子的答卷[M]. 北京:中国纺织出版社,2004.
[30] 符利群. 郁铭芳传[M]. 宁波:宁波出版社,2008.
[31] 纺织工业部经济研究中心. 纺织品价格文件汇编(1982. 8—1984. 12)[M]. 内部刊行,1984 年.
[32] 陈锦华. 国事忆述[M]. 北京:中共党史出版社,2005.
[33]《何正璋传》编辑委员会. 何正璋传[M]. 上海:上海社会科学院印刷厂,2001.
[34] 朱镕基:朱镕基上海讲话实录[M]. 北京:人民出版社,2013 年.
[35] 中国科学技术协会. 中国科学技术专家传略[M]. 北京:中国纺织出版社,2007.
[36] 李宣海. 爱国奉献 创新求实——院士精神研究报告[M]. 上海:上海教育出版社,2007.
[37] 上海市宁波经济建设促进协会,上海市宁波同乡联谊会. 同建新上海[M]. 上海:东方出版中心,2006.
[38] 王桧林,郭大钧. 中国现代史(第三版)1949—2002 下册[M]. 北京:高等教育出版社,2011.

[39] 中华人民共和国科学技术部. 中国科技发展 60 年[M]. 北京:科学技术文献出版社,科学出版社,2009.

[40] 中共中央党史研究室. 中华人民共和国大事记[M]. 北京:人民出版社,2009.

[41] 当代中国丛书编辑部. 当代中国的纺织工业[M]. 北京:中国科学出版社,1984.

[42] 上海纺织工业志编委会. 上海纺织工业志[M]. 上海:上海社会科学院出版社,1998.

[43] 口述上海编委会. 口述上海:纺织工业大调整[M]. 上海:上海教育出版社,2007.

[44] 曹振宇. 中国纺织科技史[M]. 上海:东华大学出版社,2012.

[45] 周启澄,屠恒贤,程文红. 纺织科技史导论[M]. 上海:东华大学出版社,2003.

[46] 周启澄,王璐,程文红. 纺织染概说[M]. 上海:东华大学出版社,2004.

[47] 王菊. 近代上海棉纺业的最后辉煌(一九四五——九四九)[M]. 上海:上海社会科学院出版社,2004.

[48] 张云. 张承宗传[M]. 香港:香港国际文化机构,2010.

[49] 董纪震,孙桐,古大治. 合成纤维生产工艺学上册[M]. 北京:纺织工业出版社,1981.

[50] 董纪震,何勤功,濮德林. 合成纤维生产工艺学中册[M]. 北京:纺织工业出版社,1981.

[51] 董纪震,吴宏仁,陈雪英. 合成纤维生产工艺学下册[M]. 北京:纺织工业出版社,1981.

后　记

自 2012 年 6 月我校接到郁铭芳院士学术成长资料采集任务至今，我们始终怀着忐忑不安的心情，生怕不能如期如质完成任务，到如今终于告一段落，形成了此研究报告，可谓历经了千辛万苦，克服了种种困难。虽然我们知道这远不足以展现郁铭芳的学术精神和品格，但至少可以缓解一直以来的担心和焦虑。回望这段时间，学校领导、郁铭芳和他的家人、曾经的同学、同事及相关部门领导均给了我们以莫大的支持和帮助，让我们深深感动，也成为我们前进的不竭动力。

学校对于此次采集任务的重视和支持，给了我们强大的保障。学校专门成立校采集工作领导小组和工作小组，设立专项配套经费，保证我们顺利地完成采集任务。其间，校党委书记、副书记、副校长等领导陆续到小组工作办公室慰问和指导我们的工作，向我们强调此项工作的重要意义，鼓励我们认真做好采集工作。由党办、宣传部、人事处、科研处、档案馆等部门负责人组成的采集工作领导小组成员，非常支持我们，为我们创造了很好的工作条件。工作小组成员所在的各部门负责人和同事们亦是如此，小组成员承担的采集工作花费了大量的工作时间和精力，但他们给了我们足够的帮助和包容，让我们得以安心完成采集任务。

采集工作一路走来，始终有郁铭芳对我们无私的关爱和支持相伴。一年半来小组成员和郁铭芳建立了深厚的感情，因为他曾担任总工程师，所以大家习惯叫他“郁总”。我们是郁总家的常客，在他家中采集资料时，他充分信任我们，任由我们翻箱倒柜地寻找资料，只要觉得有用，全部交给我们整理，还时常会送一些自己找到的资料给我们；在挑选照片时，他逐张为我们讲解，还应我们之需把许多珍贵老照片交由我们扫描；郁总自己不吃零食，但是每次我们去他家，他都会特意为我们准备许多好吃的食品。他非常细心，只要哪样我们说好吃，下次去他必定会多准备一些；他还经常请我们吃饭，每次都要阿姨多做几道菜；每次从他家告别，无论刮风下雨，他总会站在阳台目送我们直到我们在他视线中消失。对于他的热情，我们觉得过意不去。他总对我们说：“你们和我孙子孙女一般大，你们去自己爷爷那里，他们肯定也是非常喜欢的，到我这里也一样啊！”郁总对我们的这份厚爱，我们深深为之感动，大家时常说，“郁总对我们如此的好，不做好这次采集工作，太对不起郁总了！”郁总对此次采集同样付出了许多，和我们一起讨论访谈提纲，完成了长达近 13 小时的直接口述访谈，为我们学术上释疑解惑……他既是我们敬仰的长辈，又是我们学习的榜样，还是我们一起工作的“战友”。

郁总的家人非常配合此次采集任务，积极参与家庭生活的拍摄，尤其是他的长子郁雷，给了我们很大的帮助，热情地接待我们到他家中（郁总曾经的寓所），帮我们翻找资料，还接受了我们的采访，跟我们讲述他所了解的有关父亲的故事。郁总曾经的同学、上海合成纤维研究所的老同事们都热情地接待了我们上门访谈，有些还欣然接受我们的邀请到学校来做视频访谈。其中一位 90 多岁的老同志赵子耀是郁总国棉十七厂的同事，激动地拉着我们的手，久久不放，向我们讲述他们早年的经历，还提供给我们他珍藏的、记载当时纺织系统地下党组织斗争史的资料。郁总当年上海合成纤维实验工厂的老同事江慰曾不但接受访谈，还欣然提供自己珍藏近 60 年的中国第一批锦纶样袜，供我们借展国家博物馆举办的“科技梦 · 中国梦”——中国现代科学家主题展。上海合成纤维研究所现隶属上海纺织科学研究院，该所的档案管理员由研究院人事科的沈斌同志兼任，每次我们去采集档案，他都会耗上一整天，全程陪同协助。还有我们曾经造访的中国纺织工业联合会、中央档案馆、上海市档案馆、上海市黄浦区档案馆、上海市闸北区档案馆、上海联吉合纤有限公司、苏州大学档案馆、南京中航工业宏光空降装备有限公司(原513厂)、方大化工集团(原锦西化工厂)等单位都为我们的采集工作提供了大力帮助。可以说,没有各方面的帮助,我们不可能采集到这么多的重要成果。

还有,小组成员积极参加了中国科协组织的分批培训、上年度采集小组工作中期评估及验收观摩会、本年度采集小组工作中期评审会,以及教育部组织的现场经验交流会暨中期工作汇报会等,聆听到了王春法、樊洪业、张藜、吕瑞花等领导和专家的许多宝贵指导意见。我们还经常就采集过程中的具体问题时不时地请教张藜和吕瑞花老师,她们总是不厌其烦地为我们释疑解惑。小组所属管理方教育部科技委的领导们同样非常关心和重视我们的工作,每到关键节点就会友善提醒和指导,还特地为我们去中央档案馆查阅资料开具介绍信等。他们给予我们的有效指导和帮助,让我们少走了许多弯路,提高了工作效率。

最后,还想记述的是,我们采集小组这个团队,一年半的时间里,大家同甘共苦、齐心协力,为着出色完成采集工作这个目标努力奋进。还记得狂风暴雨、风雪交加中,我们在四处奔波上门访谈老同志;寒来暑往,我们不放弃找寻各类可能的档案卷宗,趴在桌上,蹲在地上,“掸尘拾金”;酷暑难耐的日子,我们默默关在办公室拼命学习与写作;即便前往景色秀丽的地方采集,也顾不上多看几眼风景,每次总是来也匆匆,去也匆匆……所有的艰辛与苦累,在我们挖掘到珍贵史料、访谈到鲜为人知的史实时都化作了欣喜与激动。采集过程中,我们从郁总和老前辈们身上学习到的崇高精神,足以让我们每个人受用一生;工作中,我们彼此之间形成的默契和协作是意外的无价之宝,来自不同部门、互不深交的同事,如今成为互相关心、互为勉励的“一家人”了,这着实要感谢此次采集工作!祝我们的郁总、所有的老前辈们身体健康!祝所有关心、帮助我们的领导、朋友们平安幸福!祝我们采集小组所有成员一生平安!

本书的执笔者分别为:导言、第四章、结语戴叶萍,第一、二、三、五、八章张燕,第六、七、九、十章彭这华,统稿何雅。

郁铭芳院士学术成长资料采集小组
2013年11月于东华大学

老科学家学术成长资料采集工程丛书
已出版(50种)

《卷舒开合任天真:何泽慧传》
《从红壤到黄土 :朱显谟传》
《山水人生:陈梦熊传》
《做一辈子研究生:林为干传》
《剑指苍穹:陈士橹传》

《情系山河:张光斗传》
《金霉素·牛棚·生物固氮:沈善炯传》
《胸怀大气:陶诗言传》
《本然化成:谢毓元传》
《一个共产党员的数学人生:谷超豪传》

《含章可贞:秦含章传》
《精业济群:彭司勋传》
《肝胆相照:吴孟超传》
《新青胜蓝惟所盼:陆婉珍传》
《核动力道路上的垦荒牛:彭士禄传》

《探赜索隐　止于至善:蔡启瑞传》
《碧空丹心:李敏华传》
《仁术宏愿:盛志勇传》
《踏遍青山矿业新:裴荣富传》
《求索军事医学之路:程天民传》

《一心向学:陈清如传》
《许身为国最难忘:陈能宽》
《钢锁苍龙　霸贯九州:方秦汉传》
《一丝一世界:郁铭芳传》
《宏才大略:严东生传》

《此生情怀寄树草:张宏达传》
《梦里麦田是金黄:庄巧生传》
《大音希声:应崇福传》
《寻找地层深处的光:田在艺传》
《举重若重:徐光宪传》

《魂牵心系原子梦:钱三强传》
《往事皆烟:朱尊权传》
《智者乐水:林秉南传》
《远望情怀:许学彦传》
《没有盲区的天空:王越传》

《行有则　知无涯:罗沛霖传》
《为了孩子的明天:张金哲传》
《梦想成真:张树政传》
《情系粱菽:卢良恕传》
《笺草释木六十年:王文采传》

《妙手生花:张涤生传》
《硅芯筑梦:王守武传》
《云卷云舒:黄士松传》
《让核技术接地气:陈子元传》
《论文写在大地上:徐锦堂传》

《铃记:张兴铃传》
《寻找沃土 :赵其国传》
《虚怀若谷:黄维垣传》
《乐在图书山水间:常印佛传》
《碧水丹心:刘建康传》